本书受中央团校（中国青年政治学院）出版资助

RESEARCH

ON

CHINESE

YOUTH

SOCIAL

PARTICIPATION

IN THE NEW ERA

新时代中国青年
社会参与研究

马玉娜——著

社会科学文献出版社
SOCIAL SCIENCES ACADEMIC PRESS (CHINA)

序　言

在全面建设社会主义现代化国家新征程上，青年不仅是改革的受益者，更是国家发展的参与者。青年一代的责任与担当日益凸显，成为推动社会进步的重要力量。习近平总书记十分重视和关心青年在社会实践中的锻炼成长。他指出，社会是个大课堂。青年要成长为国家栋梁之才，既要读万卷书，又要行万里路。① 作为"强国一代"的青年的社会参与实践，助力社会治理新格局的形成。

在我国，党和政府历来高度重视青年、关怀青年、信任青年，始终把青年视作实现中华民族伟大复兴、推动社会进步的有生力量。新中国成立七十余年来，从社会主义革命和建设时期青年成为国家建设突击队，到改革开放和社会主义现代化建设新时期青年成为社会发展生力军，再到中国特色社会主义新时代青年成为中国特色社会主义的建设者和接班人，各阶段青年社会参与的实践为新时代引导青年有序、理性、合法地参与社会实践提供了许多有益的启示，也为青年社会参与的研究工作提供了有益的借鉴。在此过程中，坚持党的领导是青年能够有效组织起来的关键，为青年在实现中华民族伟大复兴的进程中担当历史重任提供了政治和组织保证。

进入新时代，国家高度重视青年的社会参与，在政策和实践层面予以大力推动。党的二十大报告指出，要完善社会治理体系，健全共建共治共享的社会治理制度，提升社会治理效能，畅通和规范群众诉求表

---

① 转引自马国栋《把青春写在中国大地上》，《求是》2019 年第 9 期。

达、利益协调、权益保障通道，建设人人有责、人人尽责、人人享有的社会治理共同体。青年是社会的中坚力量，是推动社会治理共同体构建的重要一环。2017年4月，中共中央、国务院印发的《中长期青年发展规划（2016—2025年）》，明确将青年社会融入与社会参与作为十个重要的青年发展领域之一，并将"青年更加主动、自信地适应社会、融入社会。青年社会参与的渠道和方式进一步丰富和畅通，实现积极有序、理性合法参与"等列为发展目标。这一推动青年社会参与的政策行动，为实践提供了方向指引。在发展措施上，健全党领导下的以共青团为主导的青年组织体系、引领青年有序参与政治生活和社会公共事务、鼓励青年在经济社会发展中充分发挥生力军和突击队作用、引导青年社会组织健康有序发展、支持青年参与国际交往等，成为推动青年社会参与的重要举措。

回顾世界青年议题的发展历程，早在1985年，国际青年年世界会议的主题就是"参与、发展、和平"，即引导青年积极参与社会生活，促进社会发展进步，鼓励青年热爱和平。当时，国际青年年世界会议明确提出"保护青年"和"鼓励青年做贡献"并重，要求采取有利于青年的协调一致的行动方案，并促进青年参与研究、决策和解决国家、地区及国际的重大问题。国际上关于青年发展的研究取向也经历了一个从"问题视角"向"优势视角"转变的过程。基于问题取向的青年发展视角认为，青年本身应该改变，而不是他们所生活的不利环境应当改变。这一视角把青年视为政策的对象，而不是拥有权利和能力的行动者。但是，自20世纪90年代初尤其是进入21世纪以来，青年发展模式从预防/干预转向规划校外环境的积极青年发展（Positive Youth Development），相关研究强调不应将青年视为有待解决的问题，而应将其视为可以发展的资源、社会改变的推动者、参与和发展的伙伴。[1]

---

[1] Richard M. Lerner, Jacqueline V. Lerner, Selva Lewin-Bizan, Edmond P. Bowers, Michelle J. Boyd, Megan Kiely Mueller, Kristina L. Schmid, & Christopher M. Napolitano, "Positive Youth Development: Processes, Programs, and Problematics," *Journal of Youth Development* 6 (3) (2011): 38-62.

　　国内学者对青年社会参与的研究主要从参与式发展理论、世代理论、增能理论、社会发展理论、社会空间理论等理论视角出发，聚焦"谁来参与""参与什么""参与深度""为何参与""如何参与"等议题。总的来说，当代青年主体意识不断增强，参与能力不断提升，参与实践涉及政治、经济、社会、文化等诸领域，并突出体现在教育发展、运动旅游、生命健康、助老助残、城市融合、生态环保、文化倡导、交友娱乐、公共安全、权益维护等方面。推动青年社会参与不仅关系到数量庞大的青年的健康成长、全面发展和价值实现，而且对于促进社会治理体制创新与推进国家治理体系和治理能力现代化具有十分重要的意义。当前，在中度老龄化加速、社会个体化趋势增强、代内分化趋势明显、网络多元化冲击等诸多挑战因素并存的背景下，青年社会参与呈现新需求、新特点。在中国式现代化建设中，有效推动青年有序、理性合法地参与社会治理显得尤为重要。

　　本书在梳理中国青年社会参与的主要理论及相关研究、历史发展轨迹、主要经验和实践逻辑的基础上，基于国家宏观统计数据，采用"空间-制度"二重结构分析法，对青年社区参与现状进行定量研究，呈现新时代青年社会参与的基层实践样态；同时围绕青年社会参与的重点领域——乡村振兴和城市社会治理——开展案例研究，以总结经验、分析问题，并提出对策建议。本书的研究发现有助于为青年积极有序、理性合法的社会参与提供理论参考和实践借鉴，为动员广大青年在中国式现代化建设中挺膺担当提供智力支持。通过本研究可以看出，在社会实践的广阔天地中，中国青年坚定理想信念、锤炼意志品格、增长本领才干，正以更加自信的态度、更加主动的精神，适应社会、融入社会。在全面建设社会主义现代化国家新征程上，以青年社会参与助推社会建设，有效激发社会活力，凝聚各方共识，推动构建共建共治共享的社会治理共同体，将青年的参与热情和创新智慧汇聚成扎实推进中国式现代化建设的青春力量。

目　录

第一章　中国青年社会参与的背景和意义

　　青年是整个社会中最积极、最有生气的力量。青年兴则国家兴，青年强则国家强。2022 年 5 月，习近平总书记在庆祝中国共产主义青年团成立 100 周年大会上指出，"要激励广大团员青年在实现中华民族伟大复兴中国梦的新征程上奋勇前进"①，这为当代青年的社会参与指明了方向。当今世界正处于"百年未有之大变局"，实现中华民族伟大复兴中国梦，不仅需要青年，更要成就青年；不仅需要青年进行社会参与，更应推动青年进行社会参与，为青年的社会参与提供广阔的舞台。党的十八大以来，青年的社会参与度不断提高，在科技创新、脱贫攻坚、乡村振兴、绿色发展、社会服务等各领域各方面都能看到青年的身影。新时代中国青年的社会参与，不仅增强了青年自身的社会责任感和历史使命感，还为国家发展和社会进步贡献了力量，为实现中华民族伟大复兴注入了新活力。

第一节　青年社会参与的背景

一　青年社会参与的时代背景

（一）实现中华民族伟大复兴中国梦的历史要求

党的二十大报告明确提出"从现在起，中国共产党的中心任务就

---

① 习近平:《在庆祝中国共产主义青年团成立 100 周年大会上的讲话》，http://dangjian. people. com. cn/n1/2022/0511/c117092-32418944. html，最后访问日期：2025 年 5 月 3 日。

是团结带领全国各族人民全面建成社会主义现代化强国、实现第二个百年奋斗目标，以中国式现代化全面推进中华民族伟大复兴"①。这一战略定位标志着中华民族伟大复兴进入了不可逆转的历史进程，为促进新时代青年发展指明了方向。中国青年是实现中华民族伟大复兴的先锋力量。② 在中国革命、建设和改革的各个历史时期，中国青年都以其独特的活力和创造力书写了与时代同行的壮丽篇章。从五四运动的呐喊，到投身抗日战争和解放战争的洪流，再到社会主义建设时期的艰苦奋斗，以及改革开放时期的开拓创新，一代代中国青年始终与国家民族同呼吸、共命运。历任党和国家领导人都高度肯定青年在国家发展中发挥的关键作用。习近平总书记更是对新时代青年寄予厚望，在庆祝中国共产党成立 100 周年大会上强调指出："新时代的中国青年要以实现中华民族伟大复兴为己任，增强做中国人的志气、骨气、底气，不负时代，不负韶华，不负党和人民的殷切期望！"③ 这不仅是对青年地位的高度肯定，更是对青年承担历史使命的明确要求。这意味着青年不仅要具备坚定的理想信念，更要全面提升能力素质、强化责任担当、培养全球视野。

（二）社会结构转型带来的挑战

改革开放以来，中国逐步从计划经济体制向市场经济体制转变，从农业社会向工业社会和城市社会迈进。这些历史性的变革极大地释放了社会活力，促进了经济持续增长，但也带来了社会结构、利益格局、价值观念和群体关系等方面的复杂调整。④ 这些调整深刻影响着当代中国青年的成长环境、社会心态及社会参与方式，构成了理解新时代青年社

---

① 《习近平：高举中国特色社会主义伟大旗帜 为全面建设社会主义现代化国家而团结奋斗——在中国共产党第二十次全国代表大会上的报告》，https://www.gov.cn/xinwen/2022-10/25/content_5721685.htm，最后访问日期：2025 年 5 月 3 日。

② 共青团中央中国特色社会主义理论体系研究中心：《中国青年是实现中华民族伟大复兴的先锋力量》，http://theory.people.com.cn/n1/2019/0507/c40531-31070828.html，最后访问日期：2025 年 5 月 3 日。

③ 习近平：《在庆祝中国共产党成立 100 周年大会上的讲话》，《求是》2021 年第 14 期。

④ 李梅：《中国 70 年社会变迁与结构转型》，《探索与争鸣》2019 年第 6 期。

会参与不可或缺的时代背景。

中国社会转型是一个仍在进行中的复杂历史进程，这一历史进程带来的阶层分化[①]、利益多元化[②]、价值观多元化[③]等结构性挑战，对当代中国青年的成长和发展产生了广泛而深远的影响。青年既是这些结构性挑战的经历者和适应者，也是社会变革的积极推动者和未来塑造者。青年在应对结构性挑战的过程中，以其独特的方式参与社会生活，既展现出对时代变迁的敏锐洞察力和创新活力，也面临压力与困惑。准确把握这些结构性挑战及其对青年的复杂影响，对于激发青年社会活力、引导青年积极投身中国式现代化建设，具有重要意义。

（三）网络信息技术带来的革命性影响

网络信息技术，特别是互联网、移动通信、大数据等的飞速发展和广泛应用，正在以前所未有的广度和深度重塑社会形态、经济发展模式、文化生态以及个体行为。这场由网络信息技术驱动的历史变革与改革开放以来的社会转型、城市化进程以及国家治理现代化建设深度交织，对社会各个群体，尤其是新时代的青年，产生了极其深远且复杂的影响。

网络信息技术的核心功能在于连接，这极大地提升了社会连接的可能性和便捷性，打破了传统社会基于地理空间和熟人网络的强连接模式。[④] 互联网构建了一个超越物理边界的虚拟社会空间，青年可以在此建立基于共同兴趣、亚文化或特定议题的"圈层"和社群，形成以弱连接为主体、线上线下融合的社会交往新模式。[⑤] 网络信息技术深刻改变了青年的日常生活方式、学习方式和工作形态，海量信息以前所未有

---

① 李强：《改革开放 30 年来中国社会分层结构的变迁》，《北京社会科学》2008 年第 5 期。
② 杨俊一：《论改革开放 30 年中国社会制度的变迁》，《上海行政学院学报》2008 年第 5 期。
③ 吴玉玲、孙中伟：《从"以生产为中心"到"以生活为中心"——中国人工作-生活观念变迁研究（1990—2018）》，《社会学研究》2023 年第 4 期。
④ 方楠：《互联网时代的"新差序格局"——微信圈层场域中社交结构与关系格局的变迁与重组》，《河北科技大学学报》（社会科学版）2020 年第 1 期。
⑤ 廉思：《重视互联网时代青年社会关系的正向塑造》，https://www.rmlt.com.cn/2024/0724/708207.shtml，最后访问日期：2025 年 5 月 3 日。

的速度传播，使青年成为数字信息的生产者和消费者。[①] "斜杠青年""数字游民"等新兴群体出现，模糊了工作与生活的界限；数字平台塑造了青年的消费习惯和休闲模式。

网络信息技术为青年提供了前所未有的社会参与平台，大大拓展了青年社会参与的广度和深度。新媒体成为青年获取信息、表达意见、关注公共议题和参与社会事务的重要渠道。通过微信群组织、微博"发声"、短视频"打卡"等方式，青年能够更快速地聚集和行动、更便捷地互动，实现了"指尖上的参与"，创新了社会参与方式。网络信息技术带来的革命性变革重塑着青年群体工作、学习和生活的方方面面，极大地改变了青年的价值观念以及信息获取、社会交往和社会参与的模式，深刻影响着新时代中国青年的社会参与形态。

（四）新时代青年群体特质的变化

新时代青年群体作为最积极活跃的社会力量以及最具流动性和可塑性的群体[②]，其群体特质正经历着深刻而复杂的变化。这种变化并非简单的代际差异，而是受到政治、经济、社会、文化和技术等多重因素的共同驱动，深刻影响了青年的个体成长、价值观塑造、行为模式养成以及与之相关的群体互动和分化。[③] 理解这些变化及其内在机制，对于准确把握当代青年群体的现状及有效引导青年社会参与，具有至关重要的理论和实践意义。

群体的内部分化是新时代青年群体的显著特征。有研究将城市就业青年分为五类：内生性群体、建制性群体、杠杆性群体、示范性群体和原子性群体[④]，这些群体在网络参与度、个体化程度、社会心态等方面表现出差异性。不同代际和不同成长环境下的青年群体，对传统与现

---

① 刘桂茹：《从审美共享到价值共创：数字媒介场域青年的国潮消费与认同表达》，《理论月刊》2025 年第 5 期。

② 廉思：《中国式现代化与青年发展》，http://theory. people. cn/n1/2025/0509/c40531-40476267.html，最后访问日期：2025 年 5 月 9 日。

③ 聂晨：《从"三明治一代"到"中坚青年"：多重责任下角色冲突与角色增益的比较讨论》，《中国青年研究》2021 年第 11 期。

④ 廉思：《当代中国青年群体的思想谱系》，《人民论坛》2021 年第 10 期。

代，以及国家、社会与市场等话语体系的接受程度和解读方式各不相同，在职业观、消费观、婚恋观、生活方式等方面存在差异。[①] 因此，需要深入了解青年群体特质的变化，把握这些变化对青年心理和行为的深层影响。要在坚持思想引领的同时，进行政策引导和强有力的组织动员，通过系统的政策设计、制度改革和资源配置，从根本上改善青年发展环境，促进青年实现更加全面、平衡和高质量的发展，为青年社会参与创造条件。

总的来说，青年社会参与的时代背景，既有经济发展带来的现实机遇，也有社会结构转型带来的挑战，还有网络信息技术带来的革命性影响，以及新时代青年群体特质的变化。在这样的时代背景下，青年应积极发挥自身的优势，不断提升自身素质和能力，积极参与社会事务，为社会发展贡献自己的力量。同时，社会也应为青年社会参与提供更多的支持和机会，促进青年与社会良性互动，推动青年与社会共同进步和发展。

二　青年社会参与的学科研究背景

（一）青年研究逐渐成为一门"显学"

青年是现代社会的产物。在前现代社会，不存在社会类别的"青年"[②]，即使是作为生理现象的青年期，也是由社会的经济发展状况决定的。伴随着工业化、城市化、现代教育体系等的发展，才出现了现代意义上的青年。[③] 20 世纪 80 年代以来，我国的青年研究作为社会科学研究的一个重要分支方向，逐渐成为一门"显学"。青年研究之所以逐渐成为一门"显学"，与其研究议题的广度和深度密切相关。早期的研究更多地聚焦于青年的社会化、教育、就业等基础性议题。随着我国社

---

① 复旦发展研究院：《中国青年网民社会心态调查报告（2024）》，https://fddi.fudan.edu.cn/_t2515/ef/72/c19047a716658/page.htm，最后访问日期：2025 年 5 月 3 日。

② 刘珊：《中国青年社会参与研究》，华中科技大学出版社，2022，第 16 页。

③ Mitterauer Michael, "Servants and Youth," *Continuity and Change* 5 (1) (1990)：11-38.

会结构的变迁、信息技术的发展以及青年发展环境的变化，青年研究的议题不断丰富和深化，涵盖青年群体的多重面向及其面临的现实挑战。当前研究的核心议题呈现高度的现实关怀和跨学科特征，主要体现在以下几个方面。

一是青年就业与创业。这是长期以来备受关注的核心议题。相关研究不仅关注宏观层面的青年就业状况、就业援助政策等[①]，还深入探讨了微观层面的个体人口学特征、就业心态、职业选择、家庭社会经济背景、社会资本要素等诸多因素的影响[②]，同时特别关注高校毕业生的就业岗位需求和"慢就业""灵活就业"等青年就业现象，以及数字经济发展催生的"两栖青年""斜杠青年""数字游民"等新就业形态从业青年的特点、面临的挑战和治理对策。此外，青年技能人才、青年农民工等特定青年群体的就业困境与发展路径，以及青年创新创业、返乡创业的机制与影响等相关议题也受到广泛关注。

二是青年的生理健康和心理健康。相关研究涉及青年肥胖、近视等生理健康问题，以及学业压力、就业压力、社交困境、情绪障碍等导致的心理健康问题。[③] 研究多强调从治疗导向转向早期预防和干预导向，并着重探讨气候变化、数字技术等因素对青年健康的深远影响。

三是青年社会认同与文化认同。青年的国家认同、政治认同、文化认同、社会交往方式等议题的研究[④]，深入揭示了青年群体在社会快速变迁中的身份建构过程、群体归属需求以及文化消费特征[⑤]，网络媒介有助于增强青年群体对国家的积极情感，有效的网络空间治理与意识形

① 陈玉萍：《中外青年就业援助政策措施研究》，《湖北社会科学》2013 年第 10 期。
② 李中建、袁璐璐：《体制内就业的职业代际流动：家庭背景与学历》，《南方经济》2019 年第 9 期；李春玲：《青年群体就业心态演变新趋势》，《人民论坛》2022 年第 8 期。
③ Yannan Guo, Ziruo Xu, Hexiao Ding, Cailing Wang, Xinran Peng, Yuping An, Jing Wang, Wangjing Hu, Sicheng Li, Zhengyang Hui, & Wei Xia, "The Experience and Influence of Youth in China in Coping with Stressful Life Events During the Post-COVID-19 Pandemic Era: A Qualitative Study," *BMC Public Health* 25 (1) (2025): 1421.
④ 牛奔：《新时代青年政治引领的价值、挑战和策略》，《北京青年研究》2021 年第 2 期。
⑤ 张琳、杨毅：《从"出圈"到"破圈"：Z 世代青年群体的圈层文化消费研究》，《理论月刊》2021 年第 5 期。

态建设可以应对全球化与互联网发展带来的多元文化和价值观冲击,使青年的国家认同保持稳定。①

四是青年与家庭代际关系。相关研究涉及教育-工作匹配、工作-家庭冲突、代际流动、主观福利、孝道观念、隔代照料等议题②,探讨了家庭结构和家庭代际关系对青年发展的影响,关注家庭代际关系从"权威控制"向"协商平等"的转变,以及各类结构性矛盾如何重塑家庭互动模式。③

五是数字生活的影响。数字平台带来的信息污染、网络欺凌、网络成瘾、数字素养、算法伦理问题等,构成了青年研究的新领域。相关研究主要关注技术对青年认知、行为和价值观的重塑,指出青年群体逐渐营造出一种兼具图像性、连接性与体验性的数字体验主义生活风格④,并强调数字生活面临认知窄化和心理风险等挑战。⑤

六是青年社会参与。相关研究重在探讨青年群体在志愿服务、社区活动、公益行动、网络议政等领域的参与模式、动机、影响因素及其社会意义。⑥ 青年社会参与深刻影响着社会治理、文化传承和民主政治的发展,与本研究的主题直接相关。

这些多元而深刻的研究议题,使青年研究不再停留在简单的社会问题描述层面,而是基于多学科视角深入分析青年与复杂社会环境互动的深层机制,体现了青年研究作为社会科学研究重要分支方向的综合性和交叉性特征。

---

① 权小娟、郑明珠、宋希斌、缪晓雷:《中国青年国家认同的变迁趋势(1990—2018)——时期与世代效应》,《青年研究》2025年第1期。
② 王敬、海莉娟:《传统与现代之间:代际失衡、青年妇女夺权与家庭养老弱化》,《中国青年研究》2019年第3期。
③ 杨菊华:《家庭结构八大转变与政策回应》,《人口学刊》2025年第1期。
④ 朱丽丽、李慕琰:《数字体验主义:基于社交网络的青年群体生活风格》,《新闻记者》2017年第9期。
⑤ 王竹立、吴彦茹:《数智时代的知识管理:知识不确定性的挑战及应对策略》,《现代远程教育研究》2024年第1期。
⑥ 张华:《1949—2009:中国青年社会参与的特点和历史经验》,《中国青年研究》2009年第10期。

（二）多学科对青年社会参与进行了深入探索

青年社会参与是现代社会发展和国家治理现代化的关键议题，对青年个体的公民素养养成、社会资本积累、自我价值实现，以及激发社会活力、促进社会公平正义、推动政治文明建设具有深远意义。[①] 关于青年社会参与的理论探索，正日益呈现社会学、政治学、心理学和传播学等多个学科交叉融合的趋势，多学科共同构建理解青年社会参与行为及其复杂影响的理论框架。在我国的现实情境下，这一理论探索不仅借鉴了国际学术观点，更贴近中国独特的社会结构变迁、政治体系特点以及新媒体技术环境，与我国关于青年发展和国家治理的理论构建形成密切互动。

社会学将青年社会参与置于宏观社会结构变迁和微观个体生命历程的交织中进行考察，核心理论/视角包括结构视角、生命历程理论和文化视角。结构视角强调改革开放以来中国社会的深刻变化，如快速城市化、人口结构变迁、高等教育规模扩张、互联网普及等[②]，如何塑造了青年群体的社会地位、机会结构、身份认同和行为方式。采用生命历程理论的研究则进一步细化，关注特定历史时期的代际共同体验和个体人生轨迹对青年社会参与意愿和行为的影响，如数字化转型、家庭结构小型化等，认为青年是经历重大社会变迁并带有鲜明时代烙印的独特群体。[③] 文化视角关注文化变迁对青年社会参与形式的影响，从传统的政治参与、社团活动、志愿服务、社区参与[④]，到新兴的网络参与、公益行动等。这些参与形式既是青年介入公共事务、表达利益诉求、影响公共决策的过程，也是个体实现自我发展、积累社会资本和增强社会效能

---

① 胡献忠：《同频共振：中国式现代化与新时代青年现代人格塑造》，《中国共青团》2024年第12期。
② 李强、王昊：《中国社会分层结构的四个世界》，《社会科学战线》2014年第9期。
③ 操小晋、朱喜钢、邓元媛、余思奇：《生命历程理论视角下青年群体的县域城镇化与地方认同——基于Y县的个案研究》，《城市发展研究》2021年第12期。
④ 谌鸿燕：《大学生志愿者参与社区治理的文化动员机制》，《当代青年研究》2022年第1期。

感的重要途径。① 相关研究基于大规模社会调查、实证分析和个案研究等，深入探讨了社会结构、阶层地位、受教育水平、城乡差异、流动状态等因素如何结构性地影响青年社会参与的渠道及参与程度，以及青年社会参与如何反过来影响社会变化并推动社会制度作出适应性调整。②

政治学将青年社会参与视为民主政治建设和国家治理的重要组成部分，强调其在提升公民素养、促进政治整合、维护社会稳定中的重要作用。民主参与理论是其重要的理论基础。该理论认为公众广泛而平等的参与是实现真正民主和良好治理的关键，这与我国全过程人民民主重大理念相契合。③ 青年被视为现代化建设的生力军，通过获得党员、团员，或人大代表、政协委员、基层群众性自治组织成员等多种身份进入公共决策体系，表达民意，参与政策制定和监督。④ 相关研究关注青年参与公共决策和政治生活的正式渠道与非正式渠道，认为青年在网络平台上的参与（如网络议政、政策讨论）打破了传统物理空间的限制，拓展了表达空间，是提升青年政治参与度、促进信息流通、推动民主议事和政策回应的重要途径。⑤ 2017 年 4 月，中共中央、国务院印发的《中长期青年发展规划（2016—2025 年）》⑥，对拓宽青年有序政治参与的渠道提出了明确要求，为青年政治参与提供了制度框架。然而，相关政治学研究也指出，尽管不断建设制度化渠道，但如何确保青年社会参与的有效性、有序性以及如何平衡"去中心化"的网络表达与宏观治理需求⑦，仍是理论和实践面临的挑战。

---

① 丁元竹：《新时代我国社会工作的新担当与新作为》，《人民论坛》2025 年第 10 期。
② 刘浩：《县域青年、精英再生产与乡村人才振兴》，《中国青年研究》2021 年第 12 期。
③ 肖立辉：《全过程人民民主的理论逻辑与体系框架》，《人民论坛》2022 年第 1 期。
④ 彭庆红、田珊：《中国青年与中国共产党关系百年发展的回顾与思考》，《思想教育研究》2022 年第 7 期。
⑤ 彭榕：《"场"视角下的中国青年网络参与》，《中国青年研究》2012 年第 5 期。
⑥ 《中共中央、国务院印发〈中长期青年发展规划（2016—2025 年）〉》，https://www.gov.cn/zhengce/202203/content_3635263.htm#1，最后访问日期：2025 年 5 月 3 日。
⑦ "国务智库"编《复旦国家治理战略报告——常态化治理与全面深化改革》，https://sirpa.fudan.edu.cn/_upload/article/files/8c/fc/0a882c6347ceb210018cd6aa5141/bbde1d3d-3b90-47c9-9028-51724be10a55.pdf，最后访问日期：2025 年 5 月 3 日。

心理学在个体层面深入剖析青年社会参与的内在心理动机、心理需求和心理状态。相关研究强调，当代青年的心理需求具有多样性、层次性和矛盾性特征，主要体现在自我认同、社交关系构建和心理健康三个方面。[1] 青年渴望在社会中找到自身定位和价值、建立亲密关系、获得情感支持和认同，这些深层心理需求是驱动其参与社会治理的内在动力。[2] 社会参与为青年提供了满足这些需求的具体途径，如在社群中找到归属感、在志愿服务中获得成就感和效能感[3]、在互动中建立亲密关系。心理学研究也关注影响青年社会参与的负面心理因素，如学业压力、就业压力、社会竞争、经验不足、能力与社会需求不匹配等带来的挫败感、焦虑甚至逃避心理。[4] 此外，价值观不稳定、消费主义的冲击以及亚文化的兴起会影响青年在社会压力下的应对心态，并可能导致其从集体活动中抽离，影响其社会参与感的提升。[5] 从心理学视角来看，满足青年的多层次心理需求、关注其心理健康状况、增强其社会效能感和抗逆力，是涵育和激发青年参与社会治理的基石。

传播学聚焦新媒体和互联网对青年社会参与方式和形态的深刻影响。作为"互联网原生代"，当代青年高度依赖网络平台获取信息、进行社交和表达观点。互联网的低门槛、互动性、匿名性和便捷性极大地降低了青年的社会参与门槛，拓展了其信息获取渠道和观点表达空间，增强了其话语权和社会参与意愿。[6] 传播学研究关注网络亚文化圈层的形成与互动、网络自组织形成的机制与特点、线上线下的联动参与等。相关研究还关注在新媒体环境下，如何在青年群体中进行有效的理论传

[1] 王玉：《基于当代青年需要心理的思想政治教育优化研究》，《心理学进展》2024 年第 7 期。
[2] 宋月萍、刘志强、唐士茹：《青年流动人口二代的社会融入：内涵、特征、困境及应对》，《中国青年研究》2024 年第 6 期。
[3] 熊艺锦、朱熙、范熙：《志愿行为与大学生亲社会倾向的关系：情绪调节自我效能感的中介作用》，《心理月刊》2023 年第 23 期。
[4] 徐淑娟、赵明芳：《压力传导机制在大学生职业生涯教育中的应用研究》，《江苏高教》2024 年第 6 期。
[5] 王海稳、魏超：《消费主义对当代青年身份认同影响机制分析》，《生产力研究》2017 年第 1 期。
[6] 叶大扬、陈志勇：《网络空间治理视角下短视频发展向度》，《东南学术》2021 年第 5 期。

播和价值引导，并强调传播策略的互动性和内容的吸引力，提出要适应青年的媒介使用习惯，利用动画、短视频及互动直播等，创新内容表达方式。① 然而，传播学研究也提示要关注网络参与带来的挑战，如信息茧房效应、网络谣言、非理性表达、身份误用以及匿名性带来的责任感缺失等风险。② 这凸显了加强网络空间治理和青年群体媒介素养教育、政治社会化引导的紧迫性。

多学科理论为理解青年社会参与提供了相对丰富的分析工具。社会学关注结构、文化等宏观因素对青年社会参与的社会基础和形式的影响；政治学关注青年政治参与的正式渠道和非正式渠道；心理学关注青年社会参与的内在心理动机、心理需求和心理状态；传播学强调新媒体的重要影响，分析了青年社会参与的新方式及网络参与的挑战。多学科相互补充，深入分析了青年社会参与这一复杂的社会现象。

第二节　青年社会参与的意义

一　中国式现代化建设的需要

党的二十大报告强调全党要把青年工作作为战略性工作来抓③，这充分体现了青年工作在中国式现代化建设中的战略地位。作为社会中最具活力和创造力的群体，青年的积极参与对于推动中国式现代化建设具有不可替代的重要作用。青年是新思想、新技术的接受者和传播者，也是国家发展战略的践行者和受益者，青年参与为中国式现代化建设持续注入青春动力和新鲜的血液。青年之所以成为中国式现代化建设的重要

---

① 王楠：《当代青年网络话语表达范式：生成、功能与引导》，《思想教育研究》2022 年第12 期。

② 蒋建国：《网络族群：自我认同、身份区隔与亚文化传播》，《南京社会科学》2013 年第2 期。

③ 《习近平：高举中国特色社会主义伟大旗帜 为全面建设社会主义现代化国家而团结奋斗——在中国共产党第二十次全国代表大会上的报告》，https://www.gov.cn/xinwen/2022-10/25/content_5721685.htm，最后访问日期：2025 年 5 月 3 日。

力量，在于其独特的群体特征和时代优势。当代青年思维活跃、受教育程度高，他们爱国进取、开拓创新，具有较强的适应力、创新意识和实践能力。这些特质使青年能够适应时代发展，积极拥抱社会变革，并在现代化进程中发挥引领作用，成为推动社会不断向前发展的内生力量。青年通过参与经济建设、科技创新、文化建设、社会治理等，推动社会发展进步。

党中央高度重视青年工作，并为青年参与中国式现代化建设创造有利条件。坚持党管青年原则，通过深化人才发展体制机制改革，构建包括教育培养、就业创业支持、创新激励、社会融入等在内的青年发展政策体系。① 尤其是在人才强国战略和科教兴国战略下，支持青年科技人才发展、培养高素质创新人才和专业技术人才成为青年工作的重点，为青年在科技攻关、成果转化等关键领域贡献力量提供制度保障和广阔舞台。② 国家通过制订各类青年人才计划、设立创新创业基金、完善科技奖励机制等，激励青年投身基础研究、开展关键核心技术攻关，确保现代化建设拥有坚实的人才基础。③ 共青团作为党和政府联系青年的桥梁与纽带，主动对接国家重大战略和任务，组织动员青年在中国式现代化建设中贡献青春力量。共青团通过组建"青年突击队"、开展"青年文明号"创建活动等，引导青年在急难险重任务中冲锋在前，在平凡岗位上建功立业。

二 进一步全面深化改革的需要

当前，中国正处于实现中华民族伟大复兴的关键时期，面对世界"百年未有之大变局"带来的深刻变化，以及"发展的不平衡不充分"

---

① 张晓静、牛冉：《深化人才发展体制机制改革》，http://edu.people.com.cn/n1/2024/0731/c1006-40289244.html，最后访问日期：2025年5月3日。

② 孙锐、孙一平：《充分激发青年科技人才创新创造活力》，http://www.china.com.cn/opinion2020/2024-10/25/content_117505712.shtml，最后访问日期：2025年5月3日。

③ 《中共中央办公厅、国务院办公厅印发〈关于进一步加强青年科技人才培养和使用的若干措施〉》，https://www.gov.cn/yaowen/liebiao/202308/content_6900452.htm，最后访问日期：2025年5月3日。

问题，进一步全面深化改革既是适应时代发展、应对风险挑战的必然选择，也是推进中国式现代化、推动高质量发展的强大动力。进一步全面深化改革将为青年发展创造更好的制度环境与社会环境，从而使青年的发展能够有更好的条件与基础。

进一步全面深化改革的需要主要体现在多个重要层面。首先是应对国内外复杂环境挑战的需要。当前，世界动荡不安，不确定、难预料因素增多，大国博弈加剧，地缘政治风险上升，全球经济复苏乏力且面临多重结构性困境。① 其次是推进中国式现代化建设的内在要求。中国式现代化是人口规模巨大的现代化、全体人民共同富裕的现代化、物质文明和精神文明相协调的现代化、人与自然和谐共生的现代化、走和平发展道路的现代化。② 习近平总书记强调，"进一步全面深化改革，要紧扣推进中国式现代化这个主题"③。推进中国式现代化内在要求我们必须进一步全面深化改革，进一步全面深化改革必然要紧紧围绕推进中国式现代化这个主题展开。最后是坚持以人民为中心的发展思想的必然要求。改革为了人民，改革也要依靠人民。随着我国社会主要矛盾转化为人民日益增长的美好生活需要和不平衡不充分的发展之间的矛盾，人民群众对教育、就业、医疗、住房、养老等公共服务和权利保障提出了更高要求，对公平正义、民主法治、生态环境等方面的期待也日益强烈。④ 要"坚持党的全面领导、坚持马克思主义、坚持中国特色社会主义、坚持人民民主专政，以促进社会公平正义、增进人民福祉为出发点和落脚点"⑤。改革只有植根于人民需求、依靠人民的力量，才能获得

---

① 付宇：《【理响中国】新时代中国特色大国外交勇毅前行》，http://www.qstheory.cn/20241224/0b3d1153c0ae4e3e93bab13b5d89381a/c.html，最后访问日期：2025 年 5 月 3 日。

② 《习近平：高举中国特色社会主义伟大旗帜　为全面建设社会主义现代化国家而团结奋斗——在中国共产党第二十次全国代表大会上的报告》，https://www.gov.cn/xinwen/2022-10/25/content_5721685.htm，最后访问日期：2025 年 5 月 3 日。

③ 《紧扣中国式现代化主题全面深化改革》，http://theory.people.com.cn/BIG5/n1/2024/0618/c40531-40258722.html，最后访问日期：2025 年 5 月 3 日。

④ 阮青：《正确把握社会主要矛盾和中心任务》，《人民日报》2022 年 2 月 9 日，第 7 版。

⑤ 《习近平：进一步全面深化改革中的几个重大理论和实践问题》，https://www.gov.cn/yaowen/liebiao/202501/content_6998715.htm，最后访问日期：2025 年 5 月 3 日。

持续的生命力并取得成功。

在进一步全面深化改革的过程中，青年作为最富有活力、最具创新精神的群体，其作用的发挥和潜力的激发显得尤为重要。进一步全面深化改革包含了对人才发展体制机制的改革，特别是要加快建设国家战略人才力量，完善青年创新人才发现、选拔、培养机制，更好地保障青年科技人员待遇，激发青年创新创业活力①，将青年人才的培养和使用作为改革的重要内容与支撑。青年是创新创业的主力军，青年的活力和创造力是打破旧体制、探索新模式的关键驱动力。在数字经济、人工智能、生物医药等前沿领域，青年以其敏锐的洞察力和快速学习能力，成为推动科技创新和产业转型升级的中坚力量，正是改革所需要的创新力量。

在进一步全面深化改革时期，青年的理性表达和有序的社会参与，有助于营造良好的改革氛围，化解社会矛盾，减少改革阻力。构建更加开放、包容、有序的青年参与机制，使青年成为改革的坚定拥护者、积极参与者和有力推动者，对于确保改革的顺利进行和目标实现至关重要。进一步全面深化改革既为青年提供了广阔舞台，也需要有效汇聚青年的创造活力。青年在参与改革的过程中，不仅贡献了自己的力量，也实现了自身的成长和发展，这种良性互动是改革持续深入的重要保障。改革与青年的紧密结合是确保中国特色社会主义事业不断向前发展的关键所在。充分发挥青年在改革中的积极作用，为青年参与改革创造有利条件，不仅是进一步全面深化改革的内在需求，也是青年发展的需要。

三　推进国家治理体系和治理能力现代化的需要

坚持和完善中国特色社会主义制度、推进国家治理体系和治理能力现代化，是关系党和国家事业兴旺发达、国家长治久安、人民幸福安康

---

① 杨静、王博：《加快完善青年创新人才发现选拔培养机制》，http://theory.people.com.cn/n1/2025/0106/c40531-40396281.html，最后访问日期：2025 年 5 月 3 日。

的重大问题，是实现"两个一百年"奋斗目标的重大任务，是把新时代改革开放推向前进的根本要求，是应对风险挑战、赢得主动的有力保证。[①] 推进国家治理体系和治理能力现代化，需要汇聚全社会的力量和智慧。青年在这一进程中扮演着多重关键角色，是不可或缺的重要力量。

首先，青年在巩固党的执政基础和维护社会稳定方面具有重要作用，这是深入推进国家治理体系和治理能力现代化的内在要求之一。青年是党的事业不断前进的重要依靠力量，引导和鼓励青年积极有序地参与社会事务，畅通诉求表达渠道，有助于党和政府了解社情民意、及时调整政策、化解社会矛盾。青年的广泛参与能够增强社会凝聚力，促进社会和谐稳定。有序的参与机制可以引导青年将积极性和创造力转化为建设性的力量，保障社会安定有序、国家长治久安，进一步巩固党的执政基础。对于青年来说，国家治理体系和治理能力现代化将为青年发展提供制度性保障，使青年发展的制度环境更加完善。[②]

其次，推进国家治理体系和治理能力现代化离不开青年的创新与发展。青年以敢于挑战、勇于探索的精神，成为社会创新的重要主体。青年在科技创新、经济发展、社会治理、文化繁荣等各个领域发挥着积极作用，带来新的思维方式，推动社会结构的优化和功能的完善。这种创新活力正是社会治理体系所需要的驱动力，有助于提升治理效能。青年在平台经济、零工经济、共享经济等新业态新模式中的探索与实践，给国家治理提出了新的课题。

最后，加强对青年的价值引领是推进国家治理体系和治理能力现代化的重要环节。青年是社会主义核心价值观的坚定信仰者、积极传播者、模范践行者。要加强对青年的价值引领，使其坚定马克思主义信

---

① 何毅亭：《马克思主义国家学说的新发展——党的十九届四中全会的"九个首次"》，https://www.12371.cn/2019/11/18/ARTI1574033620635459.shtml？from＝groupmessage，最后访问日期：2025 年 5 月 3 日。

② 郑长忠：《国家治理现代化与中国青年发展》，http://www.qstheory.cn/llwx/2019-11/11/c_1125215861.htm？ivk_sa＝1023197a，最后访问日期：2025 年 5 月 3 日。

仰，坚定中国特色社会主义信念，坚定实现中华民族伟大复兴中国梦的信心。要通过系统的思想政治教育，将社会主义核心价值观融入青年成长全过程，引导青年树立正确的世界观、人生观、价值观，使其更好地理解和认同中国特色社会主义制度，增强制度自信。① 这对于巩固和扩大党执政的青年群众基础、提升国家文化软实力具有基础性作用，是推进国家治理体系和治理能力现代化的重要体现。要推动青年通过参与理论学习、社会实践、文化活动等，自觉践行社会主义核心价值观，并在网络空间中传播正能量。

推进国家治理体系和治理能力现代化迫切需要青年的广泛、积极、有序参与。这不仅是因为青年是最有活力的群体，更是因为青年的参与直接关系到政治稳定、社会创新、治理效能的提升、共同思想基础的巩固以及人才队伍的建设。② 政府通过加强思想引领、完善制度保障、提供发展平台等多种方式，积极引导和支持青年在推进国家治理体系和治理能力现代化中发挥关键作用，确保青年力量转化为推进国家治理体系和治理能力现代化的强大动能。

四　加强国际人文交流合作的需要

在当前全球政治经济格局深刻变革、全球性挑战日益凸显、文明交流互鉴需求持续增长的时代背景下，加强国际人文交流合作的重要性、必要性和紧迫性日益凸显。青年在推动和深化国际人文交流合作中发挥着不可替代的作用，青年的积极参与是国际人文交流合作的内在驱动力。

首先，增进国际理解与互信是应对全球不确定性的基石，迫切需要青年深度参与。当今世界面临多重挑战，误解、偏见和信任赤字在一定

---

① 姜洁、杨昊：《以奋斗姿态激扬青春——新时代党的青年工作成就综述》，http://dangjian. people.com.cn/n1/2023/0619/c117092-40016591.html，最后访问日期：2025 年 5 月 3 日。
② 李琳琳：《青年在国家治理现代化进程中的使命担当》，https://m.gmw.cn/baijia/2020-07/ 20/34011183.html，最后访问日期：2025 年 5 月 3 日。

程度上阻碍了全球性问题的有效解决。[①] 人文交流是跨越国界、语言和文化隔阂的桥梁，能够促进不同国家的人民特别是青年之间的心灵沟通和情感交融。[②] 习近平总书记强调指出："'国之交在于民相亲'，而'民相亲'要从青年做起。"[③] 这深刻揭示了青年交往对夯实各国关系发展的民意基础、增进国际理解与互信的关键作用。通过面对面的交流、共同参与项目和跨文化体验，青年能够打破刻板印象，形成全面、客观的自我认知，为构建持久和平、普遍安全、共同繁荣、开放包容、清洁美丽的世界奠定坚实的民意基础。[④] 目前，青年已成为推动文明交流互鉴的重要力量，是构建人类命运共同体理念的积极践行者。通过国际交流，青年成为"读懂中国"并向世界介绍真实中国的生动载体。[⑤] 青年在国际舞台上的个人形象和言谈举止，影响着国家在国际社会中的形象。通过参与国际志愿服务、文化体验项目、学术交流等，青年以开放的心态和真诚的态度，展现了当代中国青年的风貌，增进了国际社会对中国的了解和认同。

其次，服务国家发展战略和构建人类命运共同体，对青年参与国际人文交流合作提出了实践要求。中国正在深入推进中国式现代化，积极参与全球治理体系改革和建设，推动构建人类命运共同体。共建"一带一路"倡议及全球发展倡议、全球安全倡议、全球文明倡议等的实施，都需要广泛而深入的国际人文交流合作作为基础。青年具有开放的思维、强烈的探索欲和跨文化适应能力，是这些宏大倡议的重要践行者和传播者。通过参与交流、志愿服务等项目，青年将个人理想与国家战略紧密结合，为政策沟通、设施联通、贸易畅通、资金融通、民心相通

---

① 孙吉胜：《全球信任赤字与重建信任的中国方案》，《人民论坛·学术前沿》2024年第8期。
② 邢丽菊、孙鹤云：《中外人文交流的文化基因与时代意蕴》，http://www.china.com.cn/opinion/theory/2020-02/26/content_75745530.htm，最后访问日期：2025年5月3日。
③ 《习近平出席第十五届中越青年友好会见活动时的讲话（全文）》，https://www.gov.cn/xinwen/2015-04/08/content_2843542.htm，最后访问日期：2025年5月3日。
④ 刘结一：《深刻把握构建人类命运共同体的重大价值和意义》，《人民日报》2024年4月30日，第9版。
⑤ 谌荣彬：《以青年为媒 促文化交流互鉴》，http://www.china.com.cn/opinion2020/2024-12/25/content_117628123.shtml，最后访问日期：2025年5月3日。

注入活力。① 青年在参与这些项目的过程中，不仅贡献了专业知识和智慧，而且通过与不同文化背景的青年协作，增进了对全人类共同价值和构建人类命运共同体理念的理解与认同，成为连接中国与世界的桥梁。②

再次，增强国家文化软实力和国际传播能力，需要青年发挥独特作用。在信息爆炸和文化多元的时代，国家形象的塑造和文化价值的传播更加注重鲜活、生动的个体叙事和互动。③ 青年在文化创新和传播中承担先锋角色，他们熟悉社交媒体、数字技术和新兴文化形式，能够以同龄人更容易接受、更具亲和力的方式讲述中国故事，传播中国声音，展现新时代中国青年的风采。留学青年是生动的"中国名片"，各类青年文化交流活动/项目（如"文化小大使"交流活动、"国际青年领袖对话"项目）使青年成为中外人文交流的"大使"。④ 青年在海外留学、工作和交流中，通过日常互动和社交媒体传播，展现真实、立体、全面的中国，有力提升了中国文化的国际亲和力和影响力。为此，青年要进一步提升跨文化交际能力、增强文化认同与自信，创新表达方式，利用多元平台与世界青年开展友好互动，从而为塑造可信、可爱、可敬的中国形象贡献力量。

最后，成长为具备全球视野和国际竞争力的高素质青年人才，是国家和时代赋予青年在国际人文交流合作中的职责使命。青年是国家的未来，青年发展离不开对外部世界的了解和适应。参与国际人文交流合作是青年拓宽国际视野、学习国际经验、提升自身能力和价值的有效途径。通过让青年参与跨文化教育、国际理解教育和实地交流实践，培养

---

① 《推动共建丝绸之路经济带和 21 世纪海上丝绸之路的愿景与行动》，https://www.mfa.gov.cn/web/zyxw/201503/t20150328_332173.shtml，最后访问日期：2025 年 5 月 3 日。

② 黄成：《青年对外交流促进中国特色大国外交》，https://www.gmw.cn/xueshu/2024-08/19/content_37513017.htm，最后访问日期：2025 年 5 月 3 日。

③ 赵月枝、王欣钰：《国际传播的"地方转向"：理论、资源与实践路径》，《宁夏社会科学》2025 年第 1 期。

④ 《教育开放 留学生成"中国名片"》，http://www.moe.gov.cn/jyb_xwfb/s5147/202010/t20201027_496773.html，最后访问日期：2025 年 5 月 3 日。

青年的批判性思维、复杂问题解决能力、团队协作精神、跨文化沟通能力和全球意识。① 这种思维、能力等的培养不仅关系到青年个人的成长和发展，更关系到国家能否拥有一支适应全球化的竞争和合作环境的高素质青年人才队伍。为此，要持续优化教育对外开放全球布局，为青年提供更多高质量的国际交流平台和机会，并强化支持保障，特别是对经济困难青年的支持保障，促进机会公平，使更多的青年能够走向世界，在国际舞台上锻炼成长。

加强国际人文交流合作的需要是多维度、深层次的，贯穿于增进国际理解、服务国家战略、应对全球性挑战、提升文化软实力和培养全球化人才等各个方面。青年作为国家发展的有生力量，其积极、有效、有意义的参与有助于密切国家间人文交流合作。中国政府高度重视青年在国际人文交流合作中的作用，并予以政策支持。未来，应继续优化相关政策，为青年参与国际人文交流合作创造更加有利的条件、提供更广阔的舞台，使青年以青春力量回应时代需求，助推中华民族伟大复兴。

五　推进中华民族共同体建设的需要

中华民族共同体建设不仅需要汇聚各民族人民的智慧和力量，更需要凝聚作为国家未来和民族希望的青年的力量。青年的思想观念、价值取向和实践行为深刻影响着国家和民族未来的发展。因此，青年积极投身中华民族共同体建设，既是时代赋予的使命，也是实现中华民族伟大复兴、推进祖国和平统一的内在要求。

青年一代，生逢伟大时代，是全面建成社会主义现代化强国的生力军。他们思想活跃，学习能力强，易于接受新思想、新观念；他们充满朝气，在推动各民族交往交流交融中发挥着重要作用；他们富有创新精神，能够在中华民族共同体建设中探索新的模式和方法。② 这些特质使

① 王宇航：《"一带一路"为国际青年人文交流带来新机遇》，《人民论坛》2024 年第 3 期。
② 李娟、陈金龙：《中国青年的责任和使命》，http://theory.people.com.cn/GB/n1/2019/05 07/c40531-31070855.html，最后访问日期：2025 年 5 月 3 日。

青年成为推进中华民族共同体建设的重要力量。

展望未来，青年将在推进中华民族共同体建设、构筑共有精神家园、促进各民族交往交流交融、推动民族地区高质量发展等方面发挥越来越重要的作用。青年的活力、创新精神和跨文化适应能力，是推进中华民族共同体建设的重要动力。通过不断深化教育综合改革、优化青年发展环境、搭建更多的交流平台，将更有效地汇聚各族青年的磅礴力量，共创美好未来。

六　青年全面发展的需要

习近平总书记在纪念五四运动 100 周年大会上的讲话中强调指出："青年处于人生道路的起步阶段，在学习、工作、生活方面往往会遇到各种困难和苦恼，需要社会及时伸出援手。当代青年遇到了很多我们过去从未遇到过的困难。压力是青年成长的动力，而在青年成长的关键处，要紧时拉一把、帮一下，则可能是青年顶过压力、发展成才的重要支点。"① 青年全面发展的需求是多层次、多维度的，涵盖教育、就业、健康、婚恋、文化、社会融入等多方面。满足这些需求，是激发青年活力、促进青年成长、确保青年成为现代化建设生力军的关键。教育是青年发展的基础，需要提供公平可及、优质多样的教育机会，培养青年的创新精神和实践能力。就业为青年发展提供支撑，需要构建全方位就业创业支持体系，解决结构性就业矛盾，实现人尽其才。健康是青年发展的保障，需要关注青年身心健康，提供便捷、可负担的医疗和心理咨询服务。婚恋是青年发展的组成部分，需要帮助青年树立正确的婚恋观，助力青年解决婚恋交友中的现实问题。文化为青年发展提供滋养，需要为青年提供丰富的文化产品和服务，引导青年坚定文化自信，提升审美素养。社会融入是青年发展的途径，需要为青年提供更多参与社会事务的渠道和平台，增强其社会归属感。解决这些领域的突出问题，是促进

---

① 《习近平：在纪念五四运动 100 周年大会上的讲话》，https://www.gov.cn/xinwen/2019-04/30/content_5387964.htm，最后访问日期：2025 年 5 月 3 日。

青年全面发展的关键环节。

　　青年的全面发展为青年更有效、更高质量地参与社会实践创造了前提条件。思想成熟、知识丰富、能力过硬、身心健康的青年，更有可能积极主动地融入社会，理性地表达诉求，建设性地参与社会事务。受过良好教育、具备专业技能的青年，能够更好地在经济建设中发挥作用；具有批判性思维和独立判断能力的青年，能够更有效地参与社会治理和公共决策；身心健康的青年，能够投入更多的精力参与社会活动。[①] 因此，促进青年全面发展，不仅是增进青年个体福祉的需要，更是提升青年社会参与质量和水平的基础性工程。这种相互促进的关系，使青年在社会参与中获得发展，在发展中提升能力，最终服务于个人成长、社会进步和国家富强。青年全面发展的程度越高，其社会参与的质量和效率就越高，对社会发展和国家建设的贡献也就越大。因此，应持续关注和支持青年全面发展，为青年积极参与社会实践创造更加有利的政策条件和社会环境，形成青年发展与社会进步的良性循环。

---

① 《〈新时代的中国青年〉白皮书（全文）》，http://www.scio.gov.cn/zfbps/ndhf/2022n/202403/t20240312_837396.html，最后访问日期：2025 年 5 月 3 日。

第二章 青年社会参与的主要理论及相关研究

青年社会参与的背景与意义，揭示了青年社会参与的丰富性与时代性，而要进一步理解青年社会参与的规律性与复杂性，则需要借鉴和整合多学科的理论视角。本章将系统梳理当前国内外关于青年社会参与的研究，从青年社会参与的理论基础、研究综述和发展三个维度，深入剖析青年社会参与的理论逻辑，更好地呈现青年社会参与的定义、核心维度、主要理论及青年社会参与研究的脉络、发展历程和特点。

第一节 青年社会参与的理论基础

一 青年社会参与的定义

（一）关于青年年龄的界定

在国际层面，以联合国为代表的国际组织为实现全球数据的可比性，通常将"青年"年龄界定为 15~24 岁。[①] 该标准主要基于统计学和公共卫生管理的便利性，旨在为跨国政策评估提供统一的参照系。然而，这一标准化定义难以完全适应各国独特的社会经济与文化背景。在我国，关于青年的年龄界定更具本土适应性与政策导向性。2017 年 4 月，中共中央、国务院印发的《中长期青年发展规划（2016—2025 年）》

---

① 邓希泉：《青年法定年龄的国际比较研究》，《中国青年研究》2018 年第 2 期。

明确将青年年龄范围界定为 14~35 周岁。[①] 这一宽泛的年龄界定反映了我国青年平均受教育年限不断延长、进入劳动力市场时间的推迟以及社会角色转换周期拉长的社会现实。在 14~35 周岁阶段，青年面临教育、就业、社交、婚恋、生育等生命阶段性任务，由此产生了非常多元的现实需求，该年龄界定充分考虑到了这些现实情况，将更长生命阶段的个体纳入青年相关政策与服务的范畴，凸显了国家对作为社会发展核心力量的青年的重视。因此，本研究采用《中长期青年发展规划（2016—2025 年）》中关于青年的年龄界定，将青年年龄界定为 14~35 周岁。

通过对国际组织、我国政策文件及主流学术理论的比较分析可以发现，对青年年龄的界定本质上是服务于特定目标的话语实践。这种界定上的差异，在学术理论中可以找到深层解释。青年的年龄不仅是生理年龄，也是社会年龄，既要考虑生长发育规律，又要考虑青年的社会化规律。[②] 首先，心理学中"成年涌现期"（Emerging Adulthood）理论的兴起[③]，为理解 18~29 周岁这一探索与不确定性并存的阶段提供了解释框架，为我国将青年年龄上限延至 35 周岁提供了理论支持。其次，社会学视角强调，青年的终点并非由生理年龄标记，而是由一系列社会角色的获得定义，如完成学业、实现经济独立、组建家庭等。[④] 在现代社会，这些传统"成年"标志的达成日益延迟化、非线性化，从而在客观上延长了"青年期"。

（二）关于青年社会参与的界定

目前，关于"社会参与"的定义，尚未形成统一意见。狭义的社

---

① 《中共中央、国务院印发〈中长期青年发展规划（2016—2025 年）〉》，https://www.gov.cn/zhengce/202203/content_3635263.htm#1，最后访问日期：2025 年 5 月 3 日。

② Bernardo Bernardi, *Age Class Systems: Social Institutions and Polities Based on Age* (Cambridge: Cambridge University Press, 1985), pp. 17-21.

③ Jeffrey J. Arnett, "Emerging Adulthood: A Theory of Development from the Late Teens Through the Twenties," *American Psychologist* 55 (5) (2000): 469.

④ 周晓虹：《中国青年的历史蜕变：国家与社会关系的视角》，《江苏社会科学》2015 年第 6 期。

会参与以个体在闲暇时间参与的文化和社区活动为主。如 Thomas A. Glass 等人指出，社会参与是指个体在休闲或生产活动中进行的有意义的社会角色活动。① 也有学者认为，社会参与是个体在休闲时间参与带社会性因素的活动。② 广义的社会参与是指个体关心社会生活各个方面的行动投入，包括政治、经济、文化以及社会等各个方面。③ 如 Marvin E. Olsen 从全局视角出发，认为社会参与包含政治、宗教和公共事务等方面的多种活动；当个体进行社会参与时，是基于自愿原则，参与目的是满足个人和社会的需求。④ 可见，社会参与是一种结构性社会融入，是社会成员在制度与组织层面参与公共事务的过程⑤，是公民以特定方式参与国家和社会的各项事务、助力自身发展的社会性活动。⑥

学界对"青年社会参与"的定义存在多种视角，其核心多强调青年作为主体，通过特定方式与社会互动，进而影响社会运行或自身发展的过程，聚焦于青年作为特定年龄段的社会成员的参与行为。联合国将"青年参与"划分为经济参与、政治参与、文化参与和社会参与四个部分。其中，社会参与是指社会成员以角色承担者的身份，为制定、实施社会政策所从事的活动。⑦ 董小苹⑧等学者指出，青少年的社会参与涵盖政治参与、社区参与、志愿服务以及网络参与等多个维度，体现出青少年从被动接受者向主动参与者的角色转变。从过程视角看，青年社会

① Thomas A. Glass, Carlos F. Mendes De Leon, Shari S. Bassuk, & Lisa F. Berkman, "Social Engagement and Depressive Symptoms in Late Life: Longitudinal Findings," *Journal of Aging and Health* 18 (4) (2006): 604-628.
② 彭定萍、丁峰、祁慧博：《如何从个体化走向社会融合——社会参与对青年幸福感之研究》，《中国青年研究》2020 年第 1 期。
③ 郭庭楠：《生活垃圾分类处置的社会参与机制研究——基于社会学视角的分析》，《党政干部学刊》2017 年第 8 期。
④ Marvin E. Olsen, "Social Participation and Voting Turnout: A Multivariate Analysis," *American Sociological Review* 37 (1972): 317-333.
⑤ 颜玉凡、叶南客：《认同与参与——城市居民的社区公共文化生活逻辑研究》，《社会学研究》2019 年第 2 期。
⑥ 时昱、沈德赛：《当代中国青年社会参与现状、问题与路径分析》，《中国青年研究》2018 年第 5 期。
⑦ 董小苹：《全球化与青年参与》，上海社会科学院出版社，2004，第 122 页。
⑧ 董小苹：《1992—2012：中国青少年的社会参与》，《青年研究》2013 年第 6 期。

参与被定义为将青年纳入机构决策的过程，更深层次的质性研究表明，青年的社会参与涉及与社会环境的反身互动：一方面，社会环境形塑青年的社会参与；另一方面，青年的社会参与也在塑造社会环境①，强调"没有我们的参与，不要做关于我们的决定"（nothing about us without us），与公民参与的原则相呼应②，体现出参与所蕴含的主体性诉求。

　　青年社会参与的内涵不止于外显的行为，还包含更深层次的主体性、发展性与社会性意义。首先，社会参与是青年履行社会责任、实现自我价值的重要体现；其次，社会参与是促进青年自我成长和社会化的关键途径③；再次，青年社会参与有着重要的增能意涵，通过获得参与机会、掌握参与技能、挖掘自身潜力，青年得以增强对生活和所处社会环境的控制力与话语权④；最后，青年社会参与是衡量社会活力、促进社会公平与进步的标志⑤。青年广泛而深入的社会参与能够为社会发展注入新的活力，推动社会结构的优化和治理体系的完善。

　　综合不同学者的观点，可将青年社会参与理解为：青年作为独立的社会行动者，通过多种正式或非正式的渠道和方式，有意识地介入政治、经济、文化及社会公共事务，表达自身诉求、贡献力量、影响决策，并在互动中实现个体发展与社会整合的过程。当代中国青年的社会参与，是在传统参与的基础上，在社会结构变迁和信息技术革命共同作用下形成的动态概念。它既保留了社会参与作为公民行为的核心要素，

---

① Tim Bärwalde, Laura Hoffmann, Astrid Fink, Carina Völlm, Olaf Martin, Marie Bernard, Britta Gebhard, & Matthias Richter, "The Adolescent Concept of Social Participation—A Qualitative Study on the Concept of Social Participation from Adolescents with and without Physical Disabilities," *Qualitative Health Research* 33（3）（2023）：143-153.

② Sherald Sanchez, Rachel Thorburn, Marika Rea, Pamela Kaufman, Robert Schwartz, Peter Selby, & Michael Chaiton, "A Systematic Review of Theories, Models and Frameworks Used for Youth Engagement in Health Research," *Health Expectations* 27（1）（2024）：1-13.

③ 董小苹：《全球化与青年参与》，上海社会科学院出版社，2004，第19页。

④ Helen Cahill, & Babak Dadvand, "Re-conceptualising Youth Participation：A Framework to Inform Action," *Children and Youth Services Review* 95（12）（2018）：243-253.

⑤ Bernadine Brady, Robert J. Chaskin, & Caroline McGregor, "Promoting Civic and Political Engagement among Marginalized Urban Youth in Three Cities：Strategies and Challenges," *Children and Youth Services Review* 116（2020）：105-134.

又在新时代背景下被赋予了更加丰富、多元和网络化的特点。

二　青年社会参与的核心维度

根据参与领域和参与形式的不同，可将青年社会参与分为政治参与、经济参与、文化参与、社区参与以及网络参与五个核心维度，这些维度既相互独立，又彼此交融，共同构成了当代青年社会参与的主要方面。

（一）政治参与

从世界范围看，当代青年的政治参与已超越传统的投票、加入政党等制度化形式，而演变为更为广泛的社会行动和公共表达。政治参与是社会成员自愿采取的、旨在影响政府人员选拔或政府行为的活动。[①] 在政治参与中，网络表达、青年议会等非制度化参与形式较为常见，青年更倾向于参与具体、即时、非正式的行动，而非长期组织化的政治过程。[②] 数字媒体对青年政治参与模式产生了深刻影响，极大地拓宽了青年的信息获取渠道，降低了部分传统参与的门槛，突破了地理、时间和组织限制，促进了经验共享。[③] 在东亚青年群体中，频繁查找政府信息与内部政治效能感存在正向关系。[④] 数字参与为边缘青年、身处农村和有特殊需求的青年提供了表达诉求与影响社会的平台，增强了青年参与政治的能动性，推动了政策实践与知情互动。[⑤]

当前，我国青年的政治参与呈现制度化与非制度化并存的局面。在

---

① Julia Weiss, "What is Youth Political Participation? Literature Review on Youth Political Participation and Political Attitude," *Frontiers in Political Science* 2 (2020): 1.

② Andreas Walther, Axel Pohl, Patricia Loncle, & Nigel Patrick Thomas, *Researching Youth Participation: Theoretical and Methodological Limitations of Existing Research and Innovative Perspectives* (London: Routledge, 2019), pp. 13-33.

③ Gabriela Martinez Sainz, & Amy Hanna, "Youth Digital Activism, Social Media and Human Rights Education: The Fridays for Future Movement," *Human Rights Education Review* 6 (1) (2023): 116-136.

④ 杨宇轩、黄智涵、谢珊珊、李琴心、陈哲：《激进还是冷漠？网络使用对东亚青年内部政治效能感影响机制研究》，《社会科学前沿》2021 年第 5 期。

⑤ Guna Spurava, Jari Varsaluoma, & Kaisa Väänänen, "Challenges to Meaningful Youth E-Participation in Political Decision-Making in Finland," *Interacting with Computers* 37 (4) (2024): 210-220.

制度化参与方面，青年通过加入党团组织、参与选举投票、参加听证会等形式，在现有政治框架内行使公民权利。[1] 共青团作为党的助手和后备军，在组织青年参与政治生活方面发挥着重要作用。建团百年来，青年社会参与始终坚持党的领导，高扬爱国主义旗帜，坚持与人民相结合，呈现多元创新、积极奋斗的特征。[2] 在非制度化参与方面，网络平台成为当代青年政治表达的重要渠道。一项全国范围内的基础调查显示，获取政治信息是排名第一的青年网络参与行为，民生问题和主权问题是青年网络参与度最高的两大领域。[3] 青年网络政治参与主要表现为以下三种形式：一是通过网络论坛发表政治观点；二是通过博客表达政治立场；三是通过电子邮件向政府部门提出建议。[4] 这种参与方式打破了时空限制，使更多的青年能够便捷地参与到政治生活中。

（二）经济参与

当代青年以生产者、创业者和消费者身份进行的经济参与，为我国经济发展注入了活力。[5] 在宏观层面，青年是促进经济增长和产业变革的重要力量。在信息时代，青年基于对新技术、新业态的敏感度与接受度，在推动经济转型与提升社会生产力方面具有不可替代的优势。[6] 影响青年经济参与的关键因素包括宏观经济环境、教育及政策支持。[7] 在微观层面，经济社会地位与青年的社会参与呈显著正相关[8]，这意味着经济

① 杨江华、杨思宇：《青年网络社交圈群特征与政治参与》，《青年研究》2023 年第 5 期。
② 刘富珍、何南南：《建团百年视角下的青年社会参与——以青岛地区为例》，《青少年学刊》2022 年第 2 期。
③ 陆士桢、潘晴：《当代中国青年网络政治参与基本状况研究报告——全国范围内的基础调查》，《中国青年社会科学》2015 年第 1 期。
④ 陆士桢：《当代中国青年网络政治参与的深度研究》，《青年探索》2014 年第 6 期。
⑤ 刘宏森：《改革和发展进程中的青年参与》，《青年探索》2018 年第 1 期。
⑥ 廉思：《中国式现代化与青年发展》，http://www.nopss.gov.cn/n1/2025/0509/c219544-40476506.html，最后访问日期：2025 年 5 月 9 日。
⑦ Sherald Sanchez, Rachel Thorburn, Marika Rea, Pamela Kaufman, Robert Schwartz, Peter Selby, & Michael Chaiton, "A Systematic Review of Theories, Models and Frameworks Used for Youth Engagement in Health Research," *Health Expectations* 27 (1) (2024): 1-13.
⑧ 李春梅、师晓娟：《青年社会参与政策的现状及效果评价研究》，《中国青年研究》2018 年第 7 期。

参与程度较高的青年拥有更多的社会参与机会，形成经济参与和社会参与的良性互动。

在劳动力市场领域，青年的经济参与呈现多元化特征。随着经济转型升级，青年就业从传统的制造业向现代服务业和知识密集型产业转移。[①] 尤其在互联网、人工智能、文化创意等新兴产业，青年从业者占据优势。青年在经济参与中不仅关注就业机会和收入水平，也越来越重视工作价值的实现和个人发展空间的拓展，这些都不断推动着企业治理模式的创新和劳动力市场政策的调整。在创新创业领域，青年创业呈现高科技化、网络化和社会化三大趋势。[②] 高科技化体现为青年创业者更多地集中在互联网、生物科技、人工智能等前沿领域；网络化表现为青年创业者善于利用电商平台、社交媒体平台等网络渠道开拓市场；社会化则反映在青年创业者更注重社会价值创造上，青年创业者逐渐成为社会企业的新生力量。在消费领域，青年在食品、住房、休闲娱乐、人际交往、通信、学习、交通、旅游观光、体育健身等方面的消费需求十分旺盛，有力地拉动了社会需求，促进了社会经济的发展。[③]

（三）文化参与

根据价值诉求的不同，青年文化参与大致可以分为自我表达型、寻求归属型、利益诉求型、社会公益型四种类型，并在语言、休闲、政治三个领域体现青年的独特气质。[④] 青年文化参与既包括对主流文化的接受与融入，也包括对丰富亚文化的创造与实践。[⑤] 青年亚文化作为独立于主流文化的小众文化形态，承载着青年鲜明的自我表达和身份认同需

---

① 王笑非：《我国青年就业新特征、新挑战与应对策略——基于中国家庭追踪调查（CFPS）数据的考察》，《青年探索》2025 年第 1 期。

② 任泽平、白学松、刘煜鑫、张硕、裴恒、王晓辉、吴秉昆、王松山、黄丽东、瞿晖、张超、闫宇：《中国青年创业发展报告（2021）》，《中国青年研究》2022 年第 2 期。

③ 刘宏森：《改革和发展进程中的青年参与》，《青年探索》2018 年第 1 期。

④ 闫翠娟：《新时代青年文化的参与品格及其价值意蕴》，《江南大学学报》（人文社会科学版）2019 年第 3 期。

⑤ Lara Kobilke1, & Antonia Markiewitz, " Understanding Youth Participation in Social Media Challenges: A Scoping Review of Definitions, Typologies, and Theoretical Perspectives," *Computers in Human Behavior* 157 (2024): 108–165.

求，是青年寻求个性展示和身份认同的重要途径。在价值层面，青年文化参与是文化自觉和认同构建的载体。对个体而言，文化参与能够促进身心健康、培养创造力、增强民主意识①；对社会而言，文化参与具有社会整合功能，有助于促进社会稳定和民族团结。②

在当代社会，青年既是文化产品的消费者，也是文化产品的创作者。从二次元文化到国潮文化、从街头文化到电竞文化，青年在各种文化领域的参与度和影响力不断提升，成为互联网世界重要的文化传播者。③ 第一，在文化传承和创新领域，青年积极参与到文化遗产的保护、传统文化的现代化表达以及文化产业的创新实践中，推动了传统文化的创造性转化和创新性发展。第二，在网络文化领域，青年的网络文化实践逐渐日常化。基于对 18720 名青年的调查，有研究提出"参与-认同"二维框架，将青年日常网络文化实践区分为卷入式、社交式、表达式和浏览式四种类型，指出青年日常网络文化实践以增强认同感为主要动机，与文化自信紧密相关。④ 第三，在全球文化传播领域，青年展现出创新型的文化叙事能力，通过"Z世代"话语体系讲好中国故事，如《黑神话：悟空》《哪吒之魔童闹海》等，在海外掀起"中国风"，表明青年已成为跨文化对话的关键行动者，其创新表达有效弥合了文化差异，推动中华文化从"走出去"向"走进去"转变。⑤

（四）社区参与

青年社区参与是指青年个体或群体在居住或关联的社区内，以多种

①　Bernadine Brady，Robert J. Chaskin，& Caroline McGregor，"Promoting Civic and Political Engagement among Marginalized Urban Youth in Three Cities：Strategies and Challenges," *Children and Youth Services Review* 116（2020）：105-134.

②　Tim Bärwalde，Laura Hoffmann，Astrid Fink，Carina Völlm，Olaf Martin，Marie Bernard，Britta Gebhard，& Matthias Richter，"The Adolescent Concept of Social Participation—A Qualitative Study on the Concept of Social Participation from Adolescents with and without Physical Disabilities," *Qualitative Health Research* 33（3）（2023）：143-153.

③　邵明华：《青年文化创新的新场域与新动能》，《人民论坛》2025 年第 8 期。

④　高文珺：《"参与-认同"：青年日常网络文化实践的特征与发展》，《浙江工商大学学报》2025 年第 3 期。

⑤　蒋继璇、蒋肖斌：《探寻文化中国的青春密码》，《中国青年报》2024 年 12 月 24 日，第 4 版。

方式关注、讨论并介入社区事务和建设的行为，其本质是青年与社区治理主体间资源互赖关系的动态构建过程。社区是青年社会化的重要场域，青年进行社区参与有助于增强归属感和地方身份认同[1]，提升社区凝聚力和集体效能感，获得情感支持，促进社交、情感和认知能力的发展[2]。从参与形式来看，青年参与社区事务的形式多种多样，从参与志愿服务、社区活动到参与社区治理和规划；从参与动机来看，包括服务社区、个人发展、公共精神追求和社区身份认同。[3] 青年善于运用新方法、新技术解决社区问题，是推动社区治理模式创新和提高社区治理效能的重要力量，为传统社区注入了创新活力。[4]

当代中国青年的社区参与主要包括三个维度：社会组织参与、社区治理参与和志愿服务参与。[5] 其中，志愿服务是青年社区参与的重要形式。青年志愿者通过参与扶贫济困、助老助残、环境保护等活动，在服务社会的同时实现自我价值。调查显示，个体从所参与的志愿团体中可以获取工具性资源，这有助于青年减轻压力，进而提升幸福感。[6] 在志愿服务的过程中，青年构建了广泛的社交网络，其中弱关系信任对幸福感的影响尤为显著。[7]

（五）网络参与

网络已成为当代青年社会参与的核心场域。随着互联网的普及和智

---

[1] Helen Cahill, & Babak Dadvand, "Re-conceptualising Youth Participation: A Framework to Inform Action," *Children and Youth Services Review* 95 (12) (2018): 243-253.

[2] 吴蓉、黄旭、刘晔、李志刚、刘于琪：《地方依恋对城市居民社区参与的影响研究——以广州为例》，《地理科学》2019年第5期。

[3] Homero Gil de Zúñiga, Nakwon Jung, & Sebastián Valenzuela, "Social Media Use for News and Individuals' Social Capital, Civic Engagement and Political Participation," *Journal of Computer-Mediated Communication* 17 (3) (2012): 319-336.

[4] 廉思：《中国式现代化与青年发展》，http://www.nopss.gov.cn/n1/2025/0509/c219544-40476506.html，最后访问日期：2025年5月9日。

[5] 李春梅、师晓娟：《青年社会参与政策的现状及效果评价研究》，《中国青年研究》2018年第7期。

[6] 彭定萍、丁峰、祁慧博：《如何从个体化走向社会融合——社会参与对青年幸福感之研究》，《中国青年研究》2020年第1期。

[7] 彭立平：《志愿服务参与对大学生主观幸福感的影响：自我效能感和自我认同的链式中介作用》，《中国临床心理学杂志》2022年第55期。

能终端的发展，青年作为"网生代"，其社会交往、信息获取、情感表达和社会参与更加依赖网络平台。截至 2025 年，中国青年网民规模达 5.4 亿，占网民总数的 53.4%，他们不仅是网络空间的主要行动者，也是网络文明建设的重要力量。① 青年网络参与的机制主要体现在信息获取和社交互动两个方面②，青年通过网络参与政治实践，加深对政治过程的理解；通过社交媒体构建社会关系，积累社会资本，增强社会信任，拓展社交网络和寻求支持。

网络既是培育公民意识和权利意识的新空间，也促进了传统教育难以实现的自发性、情感性和行动性学习③，对青年社会化和公民意识影响深远。在网络参与的效果方面，一方面，网络使用有助于青年理解个体困境背后的社会原因，提升公共议事能力④；另一方面，频繁的网络使用与较低的社会信任水平相关，网络参与中存在对真诚性的质疑，可能导致情感贬值和共情能力弱化⑤。目前，青年网络参与深刻影响着青年的社会参与，既展现出推动社会进步的强大力量，也面临需要审慎应对的诸多挑战。

三　青年社会参与的主要理论

青年社会参与作为复杂的社会现象，需要从多个理论视角进行理解。其中，参与式发展理论、世代理论、增能理论、社会发展理论、社会空间理论以及整合性理论等是青年社会参与研究中常见的重要理论。

---

① 《为共建共享网上美好精神家园贡献青春力量》，http://www.china.com.cn/opinion2020/2025-06/12/content_117923688.shtml，最后访问日期：2025 年 5 月 3 日。
② 杨宇轩、黄智涵、谢珊珊、李琴心、陈哲：《激进还是冷漠？网络使用对东亚青年内部政治效能感影响机制研究》，《社会科学前沿》2021 年第 5 期。
③ Gabriela Martinez Sainz, & Amy Hanna, "Youth Digital Activism, Social Media and Human Rights Education: The Fridays for Future Movement," *Human Rights Education Review* 6 (1) (2023): 116-136.
④ 曾昕：《短暂的公共情感：网生代青年的赛博悼念》，《新闻与传播评论》2024 年第 6 期。
⑤ 杨宇轩、黄智涵、谢珊珊、李琴心、陈哲：《激进还是冷漠？网络使用对东亚青年内部政治效能感影响机制研究》，《社会科学前沿》2021 年第 5 期。

（一）参与式发展理论

参与式发展理论（Participatory Development Theory）是理解青年社会参与的核心理论。该理论强调将权力重心从外部专家或精英转移到目标群体，赋予目标群体主动决策和行动的能力，以实现更具包容性、公平性和可持续性的社会变革。[1] 该理论源于对传统自上而下发展模式的反思，认为真正的社会进步应根植于民众的主体性和能动性。在青年研究领域，参与式发展理论的核心理念与联合国《儿童权利公约》第12条的"应确保有主见能力的儿童有权对影响到其本人的一切事项自由发表自己的意见，对儿童的意见应按照其年龄和成熟程度给予适当的看待"[2] 的原则高度契合。参与式发展理论呼吁确保青少年，特别是边缘化群体，在涉及自身及其社区的议题、政策和项目设计中拥有实质性的发声权、决策权及知识共创权。[3]

参与式发展理论在实践层面的应用日益多样化，从最初的咨询项目，发展到更深度的共同设计、共享决策，直至由青年完全主导的研究与项目。青年参与式行动研究（Youth Participatory Action Research，YPAR）是这一理论在实践研究领域的重要体现，尤其在健康公平、青年赋权和社会变革实践中得到广泛应用。例如，美国社区心理学强调青年参与式行动研究能够有效提升青年的赋权感，增强其社会责任感，促进他们在健康、教育和社会政策领域的积极介入。[4]

在中国语境下，参与式发展理论为理解和推动青年社会参与提供了重要的理论框架。近年来，一些地方和机构尝试开展青年协商议事活

① 董小苹：《1992—2012：中国青少年的社会参与》，《青年研究》2013年第6期。
② 《儿童权利公约》，https://www.un.org/zh/documents/treaty/A-RES-44-25，最后访问日期：2025年5月3日。
③ Emily J. Ozer, Michelle Abraczinskas, Ahna Ballonoff Suleiman, Heather Kennedy, & Amia Nash, "Youth-Led Participatory Action Research and Developmental Science: Intersections and Innovations," *Annual Review of Developmental Psychology* 6 (1) (2024): 401-423.
④ Emily J. Ozer, Michelle Abraczinskas, Catherine Duarte, Ruchika Mathur, Parissa Jahromi Ballard, Lisa Gibbs, Elijah T. Olivas, Marlene Joannie Bewa, & Rima Afifi, "Youth Participatory Approaches and Health Equity: Conceptualization and Integrative Review," *American Journal of Community Psychology* 66 (3-4) (2020): 267-278.

动、成立青年理事会或实施青年代表项目①，虽然实践中仍面临参与一致性不强、真正的青年领导较少等挑战，但这些努力本身体现了对参与式发展理论的接纳，即认识到为青年社会参与创造便利条件是社会平等和进步的重要标志。

（二）世代理论

世代理论（Generation Theory）关注特定时期出生的群体因共同的历史经历、社会环境和文化背景而形成的独特价值观、行为模式和社会认同，并分析这些代际群体如何与社会变迁互动。② 该理论为理解青年群体的多样性及其社会参与方式提供了重要的历史和社会学视角。卡尔·曼海姆的"社会代"（Social Generation）概念是世代理论的基石，他强调特定历史事件和社会变迁会塑造同一代人的意识，从而影响他们的社会行动和代际关系，甚至引发代际冲突；玛格丽特·米德的"代沟"（Generation Gap）理论则侧重于代际因社会变迁速度差异导致的经验断裂和理解隔阂；埃尔德的生命历程理论（Life Course Theory）将个体发展置于历史和社会背景下，分析宏观变迁如何影响微观个体生命轨迹及其与社会结构的互动。③

在中国，世代理论被广泛应用于理解改革开放以来不同代际青年群体的特征及青年群体在社会变迁中的作用。有学者基于代际比较视野，分析了"80后"、"90后"、"00后"的价值观和行为模式，认为急剧的社会、经济、文化变迁导致代际差异日益突出。④ 例如，"80后"经历了从传统与现代的边际人到衔接者、从沿承与更新的徘徊者到接力人的转变。⑤ 科技发展加速世代更替，甚至出现以5年为单位划分世代的

---

① 董小苹：《1992—2012：中国青少年的社会参与》，《青年研究》2013年第6期。
② 李春玲：《我国青年价值观变迁研究的多重理论视角》，《青年探索》2020年第6期。
③ 李春玲：《代际比较视野下的青年研究》，https：//cssn.cn/skgz/bwyc/202307/t20230711_5667068.shtml，最后访问日期：2025年5月3日。
④ 李春玲：《代际比较视野下的青年研究》，https：//cssn.cn/skgz/bwyc/202307/t20230711_5667068.shtml，最后访问日期：2025年5月3日。
⑤ 沈杰：《世代理论视域中"80后"在巨变时代的自我确证》，《中国青年社会科学》2020年第5期。

趋势，汶川大地震救援、北京奥运会的举办等使社会重新认识和肯定青年的志愿精神与责任担当。互联网和数字技术的发展极大地影响了新生代青年的成长环境，使其在信息获取、社交互动、身份认同及社会动员方面呈现与前辈截然不同的特征。[①]

世代理论为解释中国青年社会参与的多样化提供了独特视角。不同代际的青年因成长环境和历史经验不同，其参与社会实践的方式、关注的议题及参与动机也存在差异。[②] 例如，"互联网原生代"更倾向于利用网络平台进行政治表达、文化消费和社群互动。[③] 他们在面对气候变化、社会正义等全球议题时，可能展现出不同于前辈的行动策略和动员方式，这符合世代理论关于不同世代经历塑造不同社会行动方式的基本观点。中国社会的价值观也出现了从物质主义向后物质主义转变的趋势，青年一代表现出更明显的后物质主义价值倾向，这可能影响他们对公益、环保、文化创新等领域的参与热情和参与方式。[④]

（三）增能理论

增能理论（Empowerment Theory），又称赋权理论，起源于 20 世纪 70 年代，强调通过赋予个体或群体必要的资源、知识和权力，提升他们控制自身生活和环境的能力，从而帮助他们克服无力感并释放潜能。[⑤] 该理论的核心在于促使服务对象从被动的服务接受者转变为主动的行动者，这不仅需要外部提供支持和资源，更需要激发服务对象的内在动力、培养其能力并提升其自主性。在我国，增能理论的研究虽然起步相对较晚，但已成为社会工作领域重要的专业视角和方法，尤其在青少年社会工作

---

① Gabriela Martinez Sainz, & Amy Hanna, "Youth Digital Activism, Social Media and Human Rights Education: The Fridays for Future Movement," *Human Rights Education Review* 6 (1) (2023): 116-136.

② 赵联飞：《网络参与的代际差异：70 后、80 后、90 后群体的比较》，社会科学文献出版社，2020，第 17 页。

③ 张明新、常明芝：《青年群体的媒体使用对政治表达的影响——检验政治知识与媒体信任的调节效果》，《新闻与传播评论》2023 年第 1 期。

④ 李春玲：《我国青年价值观变迁研究的多重理论视角》，《青年探索》2020 年第 6 期。

⑤ 陈树强：《增权：社会工作理论与实践的新视角》，《社会学研究》2003 年第 5 期。

探索初期得到了广泛应用。① 学者们认为，增能不是自上而下的强制，而是帮助服务对象激发潜能、促进发展、提高社会参与度的行动过程。②

增能理论在青年研究中的应用十分广泛，特别是在针对不同青年群体的社会工作服务研究中。例如，对一般青少年群体进行增能必要性的探讨③；对贫困大学生心理贫困问题的探究及其能力提升和就业路径的探索④；对小城镇新社会阶层青年进行增能，以帮助其融入当地社会、促进其参与乡村振兴的实践研究⑤。增能理论强调为青年提供有意义的角色和参与机会，通过促进青年参与社区项目、服务学习等方式，培养其技能、增强社区联结，从而促进青年个人和社会发展。⑥

增能理论对青年发展具有积极的指导作用。以增能为中心的积极青年发展（Positive Youth Development）项目能够有效减少青年的不良行为结果，提升其生活技能和社会能力，从而促进其社会参与。⑦ Mouchrek 和 Benson 提出的综合增能理论强调自我导向与有意义的社会角色之间的关系，并提出 CAMP（社区、能动性、导师、目标）框架，为青年工作者提供具体的干预策略，强调有效增能应同时关注外部环境建设和内部能力培养。⑧ CAMP 框架认为青年增能是一个系统性的、多层次的过

---

① 黄肖静：《青少年增权研究述评》，《中国青年政治学院学报》2007 年第 3 期。
② 李凤舞：《赋权增能理论视域下居民参与社区治理的路径探析——以 L 社区治理实践为例》，《信阳师范学院学报》（哲学社会科学版）2023 年第 4 期。
③ 陆玉林、张羽：《我国城市弱势青少年群体增权问题探析》，《中国青年政治学院学报》2007 年第 3 期。
④ 张长伟：《增权：解决高校贫困生"心理贫困"问题的新视角》，《教育探索》2005 年第 9 期。
⑤ 晏齐宏：《互联网对新生代农民工意见表达意愿的影响机制——基于赋权理论的分析》，《新闻与传播评论》2018 年第 5 期。
⑥ Mary E. Arnold, Brooke Dolenc, & Elissa E. Wells, "Youth Community Engagement: A Recipe for Success," *Journal of Community Engagement and Scholarship* 1 (1) (2022): 76–121.
⑦ Camelia E. Hostinar, & Gregory E. Miller, "Protective Factors for Youth Confronting Economic Hardship," *American Psychologist* 74 (6) (2019): 641–652.
⑧ 参见 Anam Javeed, Mohammed Aljuaid, Sajid Mehmood, Muhammad Yar Khan, Zahid Mahmood, Duaa Shahid, & Syed Sikandar Wali, "Factors Affecting Youth Empowerment and Entrepreneurial Initiatives: Social Implications and Way Forward," *Frontiers in Psychology* 13 (2022): 122–159.

程，个人内在发展与外部环境支持相互作用，共同促进青年在社会中发挥作用。

在青年社会参与领域，增能被视为青年实现有意义参与的基础条件。联合国《〈我们的共同议程〉政策简报 3：青年有意义地参与政策制定和决策进程》中多次提及"青年增能"，并指出增能不仅仅是给予青年话语权，更要确保青年拥有参与的制度地位、资源支持及安全保障，只有这样，才能真正发挥青年积极的社会作用。[①] 在我国，将增能理念更有效地融入青年政策制定、服务设计和社区建设中，构建系统性的青年增能体系，是提升青年社会参与质量的关键。总之，增能理论为理解青年如何获得改变自身和环境的能力、如何从个体发展走向积极社会参与提供了核心解释框架，是推动青年成为社会变革主体的重要理论。

（四）社会发展理论

社会发展理论（Social Development Theory）是一个宏观理论。它关注个体发展与社会环境之间的动态互动关系，强调社会结构、文化、政策以及支持系统在塑造个体成长轨迹和促进其正向发展中的关键作用。[②] 该理论认为，个体并非孤立地存在，其发展与所处的社会环境紧密相连，并通过家庭、学校、社区等社会支持系统学习规范，获得必要的资源和机会。社会发展理论重视能力建设、制度变革与社会资本的积累，认为这些要素是推动社会整体进步和个体全面发展的重要基石。[③] 社会发展理论为理解青年发展与社会环境的互动提供了理论框架，关注社会变迁、技术进步、文化演进等宏观因素如何影响青年个体的机会结构、价值观和行为模式。

---

① 联合国：《〈我们的共同议程〉政策简报 3：青年有意义地参与政策制定和决策进程》，https://www.un.org/sites/un2.un.org/files/our-common-agenda-policy-brief-youth-engagement-zh.pdf，最后访问日期：2025 年 5 月 3 日。

② David J. Hawkins, & Joseph G. Weis, *The Social Development Model: An Integrated Approach to Delinquency Prevention* (London: Routledge, 2017), pp. 3-27.

③ 陆杰华、孙杨：《全生命周期视角下青年发展：理论、议题及其改革路径》，《青年探索》2024 年第 5 期。

社会发展理论在解释青年社会参与方面具有重要的应用价值。它有助于我们理解青年社会参与不仅是个体的选择或意愿，更是由其所处的社会结构、获得的社会支持以及政策环境共同决定的。[①] 例如，基于社会发展理论的多层级干预项目"Communities That Care"，通过整合家庭、学校和社区层面的风险与保护因素，有效减少了青年暴力和物质滥用等不良行为，间接为青年社会参与奠定了基础。社会发展理论强调通过提升青年的多维度（如受教育水平、职业技能）能力，以及完善社会支持系统（如家庭、同辈网络、社区），增强青年参与社会事务的能力。[②] 同时，社会发展理论关注社会结构层面的变革，倡导通过政策调整、制度完善来消除青年社会参与的障碍，为青年提供更公平的参与机会、更畅通的参与渠道。

社会发展理论将青年视为社会发展的关键"中介者"和"创新者"。青年通过参与教育、社区服务、志愿活动等，不仅实现了个人发展，也在推动社会进步和解决社会问题中发挥了积极作用。[③] 该理论强调青年在推动可持续发展、社会和谐与安全建设中扮演了重要角色，认为提升青年的社会参与能力和社会适应力，是实现社会整体进步的重要途径。[④] 在我国，将社会发展理论应用于青年社会参与研究，需要深入分析社会转型期面临的结构性挑战（如人口老龄化、城乡与区域发展不平衡）如何影响不同青年群体的参与机会和模式，并探索如何通过系统的社会政策和制度建设，为青年更广泛、更深入地参与社会发展创

---

① David J. Hawkins, & Joseph G. Weis, *The Social Development Model：An Integrated Approach to Delinquency Prevention* (London：Routledge, 2017), pp. 3−27.

② Anam Javeed, Mohammed Aljuaid, Sajid Mehmood, Muhammad Yar Khan, Zahid Mahmood, Duaa Shahid, & Syed Sikandar Wali, "Factors Affecting Youth Empowerment and Entrepreneurial Initiatives：Social Implications and Way Forward," *Frontiers in Psychology* 13 (2022)：122−159.

③ 邓蕾：《社区治理中青年的认知、行动及影响因素——基于上海的调查》，《中国青年社会科学》2015 年第 5 期。

④ Anam Javeed, Mohammed Aljuaid, Sajid Mehmood, Muhammad Yar Khan, Zahid Mahmood, Duaa Shahid, & Syed Sikandar Wali, "Factors Affecting Youth Empowerment and Entrepreneurial Initiatives：Social Implications and Way Forward," *Frontiers in Psychology* 13 (2022)：122−159.

造有利条件。总体而言,社会发展理论为理解青年社会参与的宏观背景、制度环境和支持系统提供了理论支撑,是制定青年参与促进策略的重要理论基础。

(五) 社会空间理论

社会理论的空间转向是当代社会理论发展的重要组成部分,以亨利·列斐伏尔 (Henri Lefebvre)、米歇尔·福柯 (Michel Foucault) 和爱德华·W. 苏贾 (Edward W. Soja) 为代表的学者,逐步构建了社会空间理论 (Social Space Theory)。该理论的核心在于揭示空间并非先验的自然实体,而是社会关系的产物,是权力、资本与意识形态相互博弈并被持续生产出来的场域。[1] 列斐伏尔在《空间的生产》一书中颠覆了传统的空间观,断言"空间是关系的产物",指出在资本主义生产方式下,空间产品呈现均质化、碎片化和等级化的特征,其根本目的是服务于资本增殖与权力控制[2],空间实践 (Spatial Practice)、空间表征 (Representation of Space)、表征空间 (Representational Space) 构成社会空间的三元辩证组合,即空间的实在 (lived)、构想 (conceived) 和认知 (perceived) 三个层面。[3]

空间实践指社会成员在日常生活中感知物理性空间,开展生产与再生产活动。对青年而言,这涵盖他们在城市中的移动轨迹、在商业区的消费行为以及在校园内的活动等。空间表征指由规划师、设计师、管理者等构想和设计的概念化空间。例如,城市功能区划、校园管理规章、社交媒体的平台算法等。表征空间指空间使用者通过象征、记忆和想象所体验到的、充满生命力的空间,富含情感与象征意义。例如,某个街角因承载了青年群体的集体记忆而成为充满归属感的"飞地"。三者相互交织、彼此渗透,共同构成一个动态的整体,为分析青年与空间之间的复杂互动提供了基础分析框架。

---

[1] Henri Lefebvre, *The Production of Space* (London: Routledge, 2014), pp. 289-293.
[2] 参见李春敏《列斐伏尔的空间生产理论探析》,《人文杂志》2011 年第 1 期。
[3] 何雪松:《社会理论的空间转向》,《社会》2006 年第 2 期。

　　作为对列斐伏尔空间理论的创造性延伸，苏贾提出"第三空间"（Third Space）的概念。"第三空间"是真实与想象（real-and-imagined）的结合，旨在超越物理性的"第一空间"（对应列斐伏尔的空间实践）与观念性的"第二空间"（对应列斐伏尔的空间表征）之间的二元对立。① 它强调从边缘和"他者"的视角出发，挑战中心化的权力叙事。这为我们理解青年亚文化、数字行动主义以及各种创造性空间实践，提供了极具穿透力的理论武器。② 在我国，社会空间研究也越来越受到关注。相关研究认为社会事物发展的社会性与空间性之间存在互动，并结合空间计量学的方法，通过实证检验将空间－制度互动分为交互关系和依附关系，其中交互关系可进一步分为部分交互和完全交互，依附关系可进一步分为制度依附和空间依附③，进而证实了空间－制度存在互动，并把空间结构作为内生变量④，对社会空间理论进行了深化和拓展。

　　城市广场、社区公园、街头巷尾等物理公共空间，是青年参与最直观的场所，青年在此进行社交娱乐和社会参与。从社会空间理论视角看，这些行为是空间实践与表征空间互动的结果。重点学校的学区划分、高薪工作向中心商务区的聚集，赋予了不同背景的青年不同的"生活机会"与"参与禀赋"。一项对荷兰社会工作史的研究表明，社会服务机构通过设立青年中心等空间实践来形塑青年的社会角色，其目标在整合、解放与参与之间不断摇摆，清晰地揭示了制度空间如何成为社会控制与赋权拉锯的场所。⑤ 以社交媒体为代表的数字空间，完美地

---

① Edward W. Soja, *Thirdspace: Journeys to Los Angeles and Other Real-and-Imagined Places* (Oxford: Blackwell, 1996), pp. 137-139.

② Tamara Ashley, & Alexis Weedon, *First, Second and Third: Exploring Soja's Thirdspace Theory in Relation to Everyday Arts and Culture for Young People* (London: UCL Press, 2020), pp. 240-254.

③ 马玉娜、顾佳峰：《"空间－制度"互动与公共福利资源配置：以机构养老为例》，《北京大学学报》（哲学社会科学版）2018年第1期。

④ 马玉娜、顾佳峰：《县际公共养老福利资源配置研究——兼论空间与制度结构的影响》，《社会学研究》2015年第3期。

⑤ Sander van Lanen, & Erik Meij, "Producing Space Through Social Work: Lefebvre's Social Production of Space and the History of Social Work in the Netherlands," *European Journal of Social Work* (2025): 1-13 (Published online: 29 Apr. 2025).

诠释了苏贾的"第三空间"概念。它打破了地理限制，融合了线上身份与线下行动，为青年构建社群、动员自组织力量和发展"数字公民身份"提供了重要平台。

社会空间理论的引入，将我们对青年社会参与的分析从"谁在参与"拓展至"在何处参与以及如何参与"，深刻揭示了青年参与的空间性，以及空间因素如何影响青年的社会参与。尽管社会空间理论是一个有效的分析框架，但仍面临一些挑战。一方面，既有研究往往将空间视作外生变量而不是内生变量，忽视了空间因素对行为的影响；另一方面，现有研究方法在揭示作为内生变量的空间因素的作用机制方面存在一定的局限性。

（六）整合性理论

青年社会参与是一个高度复杂的现象，难以通过单一理论进行全面解释。鉴于青年群体自身的多样性、其社会参与形式的多元化以及影响因素的复杂性，研究和实践越来越强调采用整合性理论视角（Integrative Theoretical Perspectives），将来自不同学科的理论框架结合起来，以构建更全面、更有效的理论框架。[1] 整合性理论认为，青年的社会参与受到生物、心理、社会以及环境等多种因素的共同影响，需要构建整合性理论框架来分析青年社会参与。例如，有学者建议整合积极青年发展理论、社会学习理论、增能理论和生态系统理论等，能够更有效地提升青年发展和社会参与的效果。[2] 在此基础上，发展性、增能性与参与性的整合视角被提出，旨在将青年社会情感学习、社会政治发展和包容性社会创新等概念纳入理论模型，实现理论、方法与实践的多元整合。[3]

[1] Emily J. Ozer, Michelle Abraczinskas, Ahna Ballonoff Suleiman, Heather Kennedy, & Amia Nash, "Youth-Led Participatory Action Research and Developmental Science: Intersections and Innovations," *Annual Review of Developmental Psychology* 6 (1) (2024): 401–423.

[2] David J. Hawkins, & Joseph G. Weis, *The Social Development Model: An Integrated Approach to Delinquency Prevention* (London: Routledge, 2017), pp. 3–27.

[3] Emily J. Ozer, Michelle Abraczinskas, Ahna Ballonoff Suleiman, Heather Kennedy, & Amia Nash, "Youth-Led Participatory Action Research and Developmental Science: Intersections and Innovations," *Annual Review of Developmental Psychology* 6 (1) (2024): 401–423.

整合性理论在理解青年社会参与方面具有显著优势。例如，联合国的《〈我们的共同议程〉政策简报 3：青年有意义地参与政策制定和决策进程》就体现了这种整合性框架，它不仅关注青年参与机制和参与情况，更强调制度授权、文化认同、多样性包容以及全球视野下的权益保障，并提出建立常设机构、促进跨机构合作、采用数字化手段、保障重点领域的持续参与等具体策略。[①] 这些策略正是在整合了不同理论视角的基础上提出的促进青年社会参与的建议。

然而，应用整合性理论也面临挑战。首先，如何有机地整合不同理论，避免简单机械地拼凑，这需要深入的理论对话和概念辨析加以解决。其次，在实证研究中如何设计复杂的多因素、多层次研究模型以验证整合性理论的解释力，是研究方法上面临的难题。最后，既有的整合性理论框架和干预措施多侧重个体及社区层面，对政策和结构性层面变革的关注相对不足，未来研究应更关注这一方面。尽管面临挑战，整合性理论仍是深入理解和有效促进中国青年社会参与的重要理论，它为跨学科研究和多部门协作的青年工作提供了理论基础和行动指引。

第二节　青年社会参与研究综述

青年参与在世界范围内成为研究热点，始于 20 世纪 80 年代。[②] 本节通过系统梳理国内外关于青年社会参与的研究成果，系统呈现青年社会参与的研究脉络。

一　国外的青年社会参与研究

国外的青年社会参与研究兴起于 20 世纪中叶。早期的研究主要关注传统的公民参与形式，如投票和参加政治活动，以及家庭经济社会地

---

① 联合国：《〈我们的共同议程〉政策简报 3：青年有意义地参与政策制定和决策进程》，https://www.un.org/sites/un2.un.org/files/our-common-agenda-policy-brief-youth-engagement-zh.pdf，最后访问日期：2025 年 5 月 3 日。

② 董小苹：《全球化与青年参与》，上海社会科学院出版社，2004，第 1 页。

位对青年参与行为的影响①，理论视角深受成人中心主义的影响。② 中期的研究逐渐引入社会资本理论、公民身份理论等，探讨影响青年社会参与的社会网络、群体差异和结构性因素③；研究议题扩展至社区服务、志愿活动等非政治性参与，强调青年在社会参与中的主体作用。

随着互联网和数字技术的普及，网络参与、数字行动成为近年来的研究热点，强调青年参与的多元性、情境性和动态性，关注边缘群体的参与困境和促进策略。④ 理论上，积极青年发展理论和资产建设模型占据主导地位，同时探索更具情境敏感性的框架。如 Helen Cahill 和 Babak Dadvand 的 7P 模型，是基于女性主义、后结构主义和批判理论，并借鉴青年研究和公民研究领域的研究成果提出的一个新模型，用于概念化和规划青年参与项目，主要关注七个相互关联的因素：目的（Purpose）、定位（Positioning）、视角（Perspective）、权力关系（Power Relations）、保护（Protection）、地点（Place）和过程（Process）。⑤ 此外，青年参与式行动研究作为一种研究范式和实践方法论异军突起，强调青年不仅仅是研究对象，更是研究过程的共同主导者。青年深度介入议题设定、数据收集、结果分析和行动倡导的全过程，旨在培养青年的批判意识和行动能力，最终推动社区与社会的实质性变革。⑥

国外青年的社会参与研究是多元、复杂且动态发展的。第一，在参

---

① Stephanie Plenty, & Carina Mood, "Money, Peers and Parents: Social and Economic Aspects of Inequality in Youth Wellbeing," *Journal of Youth and Adolescence* 45 (2016): 1294-1308.

② Helen Cahill, & Babak Dadvand, "Re-conceptualising Youth Participation: A Framework to Inform Action," *Children and Youth Services Review* 95 (12) (2018): 243-253.

③ Constance Flanagan, "Young People's Civic Engagement and Political Development," *International Handbook of Youth & Young Adulthood New Perspectives & Agendas*, ed. By Andy Furlong (London: Routledge, 2009), pp. 309-316.

④ Zulmir Bečević1, & Magnus Dahlstedt, "On the Margins of Citizenship: Youth Participation and Youth Exclusion in Times of Neoliberal Urbanism," *Journal of Youth Studies* 25 (3) (2022): 362-379.

⑤ Helen Cahill, & Babak Dadvand, "Re-conceptualising Youth Participation: A Framework to Inform Action," *Children and Youth Services Review* 95 (12) (2018): 243-253.

⑥ Emily J. Ozer, Michelle Abraczinskas, Ahna Ballonoff Suleiman, Heather Kennedy, & Amia Nash, "Youth-Led Participatory Action Research and Developmental Science: Intersections and Innovations," *Annual Review of Developmental Psychology* 6 (1) (2024): 401-423.

与内容上，包括志愿服务与社区建设、政治表达与倡导、环境保护行动、权力倡导与平权运动、教育参与等。① 第二，在参与形式上，呈现传统与新兴并存、线上与线下高度融合的特征。一方面，传统的制度化参与依然是衡量青年社会参与情况的重要维度，包括在各级选举中投票、加入政党等；另一方面，非制度化与网络参与日渐兴起，例如，利用社交媒体发起话题、组织线上线下联动的抗议活动、传播与传统媒体不同的叙事内容，发布独立的新闻报道和深度评论，挑战主流媒体的议程设置权，形成多元化的公共舆论场；通过涂鸦、街头戏剧、独立音乐、纪录片等形式，进行社会评论和政治表达；通过"用钱包投票"的方式，进行"抵制"或"购买"，即抵制被认为不道德的企业，或有意识地支持符合其价值观的品牌。② 第三，在参与动机上，青年社会参与的动机是内在价值与外在情境相互作用的结果。对公平、正义、平等、自由等共同价值的认同是核心驱动力。③ 利他主义、人道主义关怀、对特定政治理念的信仰，以及强烈的社会责任感，都构成了参与的道德基础。青年通过参与某个群体或某一运动，能够获得身份认同和集体归属感，与志同道合的同伴一起行动，本身就是一种重要的心理激励。④ 参与社会活动为青年提供了表达自我、施展才华、学习新技能的平台。根据自我决定理论（Self-Determination Theory），青年通过社会参与满足了个体在自主性（autonomy）、能力（competence）和关联性

---

① Minna1 Tuominen, & Leena Haanpää, "Young People's Well-Being and the Association with So-cial Capital, i. e. Social Networks, Trust and Reciprocity," *Social Indicators Research* 157 (1) (2021)：369-386; Joseph E. Kahne, & Susan E. Sporte, "Developing Citizens：The Impact of Civic Learning Opportunities on Students' Commitment to Civic Participation," *American Edu-cational Research Journal* 45 (3) (2008)：738-766.

② Bente Halkier, "Political Virtue and Shopping：Individuals, Consumerism and Collective Ac-tion," *Perspectives on Politics* 2 (3) (2004)：575-576.

③ Constance A. Flanagan, *Teenage Citizens：The Political Theories of the Young* (Cambridge：Har-vard University Press, 2012), pp. 161-175.

④ Minnal Tuominen, & Leena Haanpää, "Young People's Well-Being and the Association with So-cial Capital, i. e. Social Networks, Trust and Reciprocity," *Social Indicators Research* 157 (1) (2021)：369-386.

（relatedness）方面的基本心理需求，这是激发内在动机的关键。[1] 第四，在参与的影响因素上，宏观制度与文化（参与渠道的开放性、政治体系的包容性、经济环境、社会文化氛围）、中观组织与社群（家庭、学校、社区与同伴网络）及微观的个体特征（个人资源与能力、价值观和人格特质）都与参与行为密切相关。第五，在参与成效上，托马斯通过变量化和指标化的方法以及政策质量和政策可接受性测量社会参与程度的高低。[2] 阿恩斯坦（Sherry R. Arnstein）提出经典的"公民参与阶梯"（Ladder of Citizen Participation）理论，为评估参与深度提供了一个解释框架；该理论区分了从"操控""治疗"等非参与形式，到"咨询""合作"，再到最高阶的"公民控制"等不同参与层次。[3] 大量研究表明，社会参与能显著提升青年的多种能力，包括社会情感能力（沟通、团队合作、同理心）、认知能力（批判性思维、信息甄别、问题解决）和政治效能感（相信自己能够影响政治进程的信念）。[4] 第六，在参与面临的挑战上，制度性障碍（较大的投票年龄或参选年龄限制、复杂的选民登记程序等）、经济不稳定与生存压力（"零工经济"的兴起、高昂的生活成本和沉重的学贷负担）、参与包容性不足（低收入群体等常被忽视）等，会影响青年社会参与的可持续性。[5]

---

[1] Richard M. Ryan, & Edward L. Deci, "Self-determination Theory and the Facilitation of Intrinsic Motivation, Social Development, and Well-Being," *American Psychologist* 55（1）（2000）: 68-78.

[2] 约翰·克莱顿·托马斯：《公共决策中的公民参与：公共管理者的新技能和新策略》，孙柏瑛译，中国人民大学出版社，2005，第12页。

[3] Sherry R. Arnstein, "A Ladder of Citizen Participation," *Journal of the American Institute of Planners* 35（4）（1969）: 216-224.

[4] Gina McGovern, Bernadette J. Pinetta, Jessica M. Montoro, Jozet Channey, Enid Rosario-Ramos, & Deborah Rivas-Drake, "Youth, Social Justice, and Communities of Color: A Case for Social-Emotional-Political Learning," *Journal of Community Psychology* 35（6）（2007）: 709-725.

[5] 《世界青年报告：青年经济地位薄弱 政治参与度较低》：https://www.un.org/zh/desa/youth-report，最后访问日期：2025年5月3日。

二 国内的青年社会参与研究

与国外将青年社会参与置于公民社会、参与式政治等框架下进行考察不同，国内关于青年社会参与的研究紧密结合中国的发展阶段、政治体制和社会结构，呈现中国社会变迁与青年世代发展的互动图景。

国内早期阶段的青年社会参与研究多聚焦于共青团、学联等组织体系内的政治参与和思想政治教育，强调将青年作为"社会主义事业接班人"进行组织化动员与培养。[①] 受"青年学"学术体系初步形成的影响，研究以青年政治社会化、青年价值观与青年亚文化为核心，聚焦大学生和城市青年等群体。改革开放后，随着市场经济的发展和社会结构的分化，研究视域逐渐拓展至志愿服务、社区建设、公益慈善等更广泛的社会领域。特别是党的十八大以来，以习近平同志为核心的党中央高度重视青年，强调"中国发展要靠广大青年挺膺担当"[②]。在此背景下，研究议题聚焦于青年如何在国家重大战略，如脱贫攻坚、乡村振兴中发挥作用，以及如何在新时代背景下引导青年有序、有效地参与社会治理，理论取向逐步从"青年问题视角"转向"青年主体视角"。相关研究紧贴政策需求，既关注理论建构，又注重实证基础，青年的网络化、多样化参与模式成为新的研究主题，青年研究对象扩展至"90后"、"00后"、流动青年和农村青年等。[③]

国内青年社会参与的研究议题呈现鲜明的中国特色。第一，青年社会参与要服务国家重大战略，这是极具中国特色的核心议题。研究大多关注青年在脱贫攻坚（如大学生村官驻村扶贫）、乡村振兴（如"三支一扶"计划）、科技创新（如青年科学家进行科研攻关）中的贡献与组

---

① 董小苹：《全球化与青年参与》，上海社会科学院出版社，2004，第19页。
② 姜洁、杨昊：《以奋斗姿态激扬青春——新时代党的青年工作成就综述》，https://www.gov.cn/yaowen/liebiao/202306/content_6887051.htm，最后访问日期：2025年5月3日。
③ 李欣蓓、张艳华：《20年来我国"当代青年"主题研究热点与路径——基于CSSCI来源期刊的可视化图谱分析》，《中国青年社会科学》2020年第4期。

织模式。① 第二，志愿服务与公益慈善。志愿服务作为青年社会参与的重要形式，对其的研究已相当成熟，从早期的"希望工程""青年志愿者行动"，到如今制度化、常态化的志愿服务体系，研究涵盖了青年社会参与的动机、组织管理、激励机制及其对青年个人成长的影响。② 第三，网络空间中的社会参与。随着互联网的普及，青年的网络参与成为新的研究热点。青年在微博、B 站、知乎等平台上的议题讨论，"饭圈文化"的组织动员能力及其社会影响③，网络青年群体的身份认同与爱国主义表达，成为青年网络参与研究的重要内容。第四，社区参与和基层治理。在推进国家治理体系和治理能力现代化的背景下，研究关注青年如何参与社区建设、社区协商等基层民主实践，探讨如何激发青年力量，解决传统社区治理中青年缺位的问题。④

国内青年的社会参与实践日益丰富，既有国家号召下的宏大叙事，也有青年基于个人兴趣的微观实践。第一，在参与内容上，由传统的服务型参与拓展为表达型、创新型与监督型参与，青年的主体意识与行动自主性明显提升，参与国家建设与发展、文化兴趣活动、网络社区互动和基层社会治理创新等，正在成为青年社会参与的重要内容。第二，在参与形式上，呈现"组织化"与"非组织化"、"制度化"与"非制度化"并存的特点。有研究将青年社会参与形式分为意见表达型、行动组织型、权利维护型和新型参与四种类型。⑤ 第三，在参与程度上，有学者将阿恩斯坦的八个层次的公民参与阶梯理论分为参与、表面参与、

---

① 姜洁、杨昊：《以奋斗姿态激扬青春——新时代党的青年工作成就综述》，https://www.gov.cn/yaowen/liebiao/202306/content_6887051.htm，最后访问日期：2025 年 5 月 3 日。
② 王建：《中国青年志愿服务项目的现状与对策研究——基于 505 个志愿服务项目的数据调查》，《中国青年研究》2016 年第 6 期。
③ 宋蓓娜：《失范与重构：网络空间的社会乱象及其治理之策——以"饭圈文化"为例》，《河北学刊》2023 年第 3 期。
④ 刘丽娟、张大维、马致远：《组织赋能与关系统合：党建何以引领业委会有效治理？》，《社会政策研究》2023 年第 2 期。
⑤ 中央编译局比较政治与经济研究中心、北京大学中国政府创新研究中心：《公共参与手册——参与改变命运》，社会科学文献出版社，2009，第 15~24 页。

高层次的表面参与和深度参与四个层次。① 有学者认为可以从广度、深度和效度三个方面入手，对包括青年在内的公民的参与程度进行测量。② 第四，在参与面临的挑战上，主要表现为参与渠道不足和参与流于表面化，参与往往呈现"动员式"而非"自主式"、"项目式"而非"常态式"的特点，参与的广度和深度不足，特别是在网络参与中，点赞、转发等浅层互动较多，难以转化为持续、有深度的建设性行动。

三　小结

既有青年社会参与研究，已经形成较为系统的研究体系。国外研究在理论构建与应用上呈现先发优势和多元特征，从早期的"青年问题"视角向积极青年发展理论和资产建设模型转变，强调青年的能动性、潜力和积极人格特质，为理解青年社会参与提供了更有解释力的理论框架。社会资本理论、公民身份理论等被广泛用于解释青年社会参与的社会网络、公民身份建构和主体作用。公民参与阶梯理论及其批判性发展（如 7P 模型）为评估青年社会参与程度及其质量提供了工具。相比之下，国内研究虽然在早期受到西方理论的影响，但在改革开放和社会主义现代化建设的语境下，已经逐步发展出符合中国国情的理论。研究从关注青年政治社会化和价值观向强调"青年主体"地位转变，反映出在中国的政治体制下青年社会参与和国家发展战略紧密结合的特点。国内研究在网络参与等新兴领域的理论探索，有助于深化对数字时代青年社会参与的理解。

然而，既有研究仍有一定的不足。首先，本土化理论构建的不足。例如，在将西方理论应用于中国情境时，部分研究存在简单套用而非批判性转化的倾向；在强调国家动员的强大作用时，对青年个体在制度空间中的能动性、策略性选择以及非正式、边缘性参与的理论解释相对不足。其次，研究方法较为单一。在方法上，既有研究仍以横断面调查、

---

① 蔡定剑：《公众参与：欧洲的制度和经验》，法律出版社，2009，第 15 页。
② 关玲永：《我国城市治理中公民参与研究》，吉林大学出版社，2009，第 44 页。

访谈和案例研究为主，缺乏追踪青年社会参与的动态轨迹和长期影响的大规模纵向研究。对大数据、计算社会科学等领域前沿方法的应用不足，难以深度挖掘青年网络参与的海量数据背后隐藏的复杂社会参与模式。再次，未能将宏观结构与个体的微观动机充分结合。研究虽然承认宏观因素的重要性，但对教育体制、社会分层等宏观结构性因素究竟是如何具体地、一步步地传导并影响青年个体的参与动机、心理状态和行为选择，缺乏精细化的过程分析。最后，参与成效评估框架的缺失。面对日益广泛的网络参与，如何有效区分"点赞转发"式的浅层互动与具有实质影响的深度参与，成为目前面临的挑战。目前学界对于参与的质量、有效性和可持续性缺乏统一、可操作的界定与测量标准，难以判定何为"好的"参与。

未来，青年社会参与研究应进一步加强本土化理论的构建，倡导研究方法的创新与融合，关注之前研究忽视的群体与新兴前沿议题，构建多维度的参与成效评估框架，将研究成果转化为可操作的实践指南等，赋能新时代中国青年的健康成长与社会参与。

第三节 青年社会参与研究的发展

作为一个独立的研究领域，青年社会参与研究的发展与全球化、青年群体特征的变化以及多元思潮的影响紧密相连，这不仅体现在研究焦点的迁移和理论框架的更迭上，也反映在研究方法上的创新以及对青年身份认知的转变上。

一 青年社会参与研究的发展历程

（一）早期探索阶段

青年社会参与研究的早期探索（1921～1978 年）[①] 带有较强的政治

---

① 时昱、沈德赛：《当代中国青年社会参与现状、问题与路径分析》，《中国青年研究》2018 年第 5 期。

理想性和集体主义色彩，强调青年作为社会稳定与变革的关键力量，关注政治参与和社会动员式参与。① 研究主要围绕青年的政治参与和公民权利展开，侧重于描述和理论思辨。联合国在 20 世纪 60 年代强调了青年领域的三个基本主题：参与、发展与和平，并认为有必要制定针对青年问题的国际政策，青年多被视为"未来公民"，其参与议题被置于培养公民意识及社会责任的框架下进行讨论。② 这一时期对青年社会参与的理解主要从成人或机构视角出发，青年自身的看法常被忽视。青年社会参与带有被动接受和指令性特征，青年更多的是社会政策、教育和治理的对象。在研究方法上，更多地依赖理论推导、历史文献分析或政策解读，思辨性探讨是主流。例如，针对城市青年政治参与的定量研究在这一时期尚不多，但已开始探讨青年政治参与面临的现实困境及其权利诉求。尽管如此，早期研究将青年社会参与作为一个重要的社会和政治议题纳入研究视野，为后续深入的探讨奠定了基础。

（二）中期推进阶段

随着社会开放程度的提高和国际交流的深入，青年社会参与研究进入中期推进阶段（1979～2009 年）③，尤其是 20 世纪末特别是 90 年代以来，青年社会参与研究的内涵和形式日益丰富。研究开始聚焦如何"增能"青年，认识到为青年政治参与提供平台和机会的重要性。④ 这一时期，研究开始系统化，初步形成了核心理论框架。例如，Roger A. Hart 提出的"参与阶梯"（Ladder of Participation）模型成为早期具有影响力的模型，用于界定和反思不同层次的青年参与⑤，尽管其线性

---

①　田科武：《中国青年参与：历史与现实》，《青年研究》1994 年第 1 期。

②　参见 Helen Cahill, & Babak Dadvand, "Re-conceptualising Youth Participation: A Framework to Inform Action," *Children and Youth Services Review* 95 (12) (2018): 243-253。

③　张华：《1949—2009：中国青年社会参与的特点和历史经验》，《中国青年研究》2009 年第 10 期。

④　陈庆梅、邓希泉、王语嫣：《青年政治参与何以可能与如何提升？——以"青年议会"研究为基础》，《中国青年研究》2020 年第 1 期。

⑤　Roger A. Hart, *Stepping Back from "the Ladder": Reflections on a Model of Participatory Work with Children* (Dordrecht: Springer Netherlands, 2008), pp. 19-31。

等级观后来受到学界批评。这一时期，相关研究开始关注青年在经济、文化及社区事务中的积极作用，青年的社会参与不再仅仅是政治参与，同时还涵盖志愿服务等诸多领域。在我国社会转型的背景下，青年社会参与渠道逐渐多元化，政府也开始强化对青年社会参与的保障，例如志愿者服务活动的推广。在研究方法上，开始采用问卷法、访谈法、参与观察法等收集资料，增强了研究的科学性。此外，研究也从宏观讨论向青年社会参与动机、模式、渠道等具体议题延伸。例如，关于青年社会参与的研究开始关注参与的渠道、机制、问题及影响因素，研究逐步从理论推演向实证分析转型，但思辨色彩仍较浓厚。

（三）多元发展与持续深化阶段

进入 21 世纪以来，特别是 2010 年以后，青年社会参与研究进入多元发展与持续深化阶段（2010 年至今）。[①] 全球化和信息化的快速发展，尤其是互联网和新媒体的普及，极大地拓展了青年社会参与的形式和场域。研究视角变得更加多元，开始引入社会学、心理学、政治学、传播学等多学科理论。例如，社会资本理论、身份认同理论、社会建构论、数字参与理论、自我决定理论等多种理论视角被引入，用于解释青年的参与动机、过程和机制。[②] 研究借鉴价值观代际更替理论、现代性理论、后现代理论及代际社会学等，在宏观社会变迁背景下分析青年社会参与的代际差异及其深层原因，强调青年参与对社会发展的意义。

研究议题持续深化，从宽泛的领域讨论转向对特定群体（如流动青年、"数字原住民"）、特定平台（如社交媒体、线上社区、社团组织）和特定形式（如地方治理、数字公益、青年消费与社交）的深入考察。研究不再满足于描述青年"是否参与"，而是深入探讨青年"如何参与""参与效果""不同青年群体的参与差异""网络虚拟参与和

---

① 刘宏森：《改革和发展进程中的青年参与》，《青年探索》2018 年第 1 期。

② Rail M. Shamionov, Marina V. Grigoryeva, & Anton V. Grigoryev, "World Assumptions and Youth Identity as Predictors of Social Activity Preferences," *Psychology in Russia: State of the Art* 12 (2) (2020): 115–133.

现实参与的关系"等具体而复杂的议题①，逐步聚焦于青年在特定社会
议题上采取的行动（如环保行动），甚至深入探讨青年社会参与的心理
机制（如参与感、身份认同）及其与社会环境的互动。

　　在方法上，实证分析成为主流。定量方法（大规模问卷调查、统
计建模、大数据分析等）与定性方法（深度访谈、焦点小组、参与式
观察等）在青年社会参与研究中被采用。特别是参与式研究方法（如
影像发声法）的兴起，强调从"研究青年"转向"与青年共同研究"，
将青年主体性与实证分析相结合，在研究过程中与青年共同收集和分析
数据，确保研究结论的客观性和有效性。实证方法的多样化和数据来源
的广泛性促进了青年社会参与研究的科学性和实用价值的提升。

二　青年社会参与研究的发展特点

（一）理论视角从单一到多元

　　早期青年社会参与研究的理论视角相对单一，多从宏观的社会治理
或功能主义视角出发，将青年视为社会系统的组成部分或被管理者。随
着社会变迁和研究的深入，理论视角日益多元化。研究开始吸纳社会建
构理论、行动者网络理论、批判理论等，强调青年个体的能动性和社会
情境的复杂性。网络社会学、传播学等学科理论的引入，则为理解青年
在数字空间的参与提供了新的理论框架。权利基础、发展性视角、服务
供给、社区与包容、赋权与能动性等多元理论并存，强调青年社会参与
对社会系统和多元群体的意义。这种多元的理论视角使研究能够从不同
层面和维度理解青年社会参与这一复杂现象，不再局限于特定理论，而
是综合运用不同理论视角来分析和理解青年社会参与现象。

（二）研究方法从诠释到实证

　　青年社会参与研究在方法上经历了从思辨诠释向实证分析为主的明

---

① 　邓智平、郑黄烨：《流动青年的社会参与及影响因素研究》，《中国青年社会科学》2023
年第 4 期。

显转变。早期的研究更多的是基于理论推演、文献梳理或典型案例的思辨性探讨。随着社会科学研究的规范化和技术的发展，研究越来越强调实证数据的收集和分析，逐渐采用定量方法分析青年社会参与的现状、模式和影响因素。同时，深度访谈、焦点小组、参与观察及案例分析等定性方法的运用也日益成熟，以呈现青年社会参与的主观体验和过程。互联网技术的发展催生了大数据分析、社会网络分析等新的实证分析方法，这种方法适用于分析青年线上参与行为。这种方法上的转向，使研究结论更具说服力，为理解和促进青年社会参与提供了坚实的经验基础。

（三）研究议题从宽泛到深化

研究议题的发展是青年社会参与研究发展的重要特征，从早期的宽泛议题逐步走向深化。最初，研究主要关注青年在国家大事、政治运动中的作用，或围绕"青年是否参与"进行概括性讨论。随着社会转型和青年群体多样性的增加，研究议题开始深入不同领域，并进一步区分不同青年群体的参与差异。例如，从笼统的"政治参与"讨论，到互联网时代青年政治参与的渠道、动机和影响因素分析，甚至是网络政治表达的特征概括。志愿服务议题则从宽泛转向青年志愿服务的社会功能、激励机制、项目管理等具体层面。我国青年网络参与研究聚焦于青年网络参与的内容、特征和影响因素，关于青年就业的研究关注新业态下的青年就业问题和就业权益保障。进入新时代后，研究更加聚焦前沿议题，尤其关注青年在数字空间的新型参与（如数字公益）。当前的研究议题已经涵盖了青年工作和生活的方方面面，体现出时代性和地域性。研究议题由单一政治参与拓展至政治、文化、休闲、就业等具体领域，研究议题具有更丰富的层次性。

（四）青年身份从客体到主体

对青年身份认知的转变是青年社会参与研究中最具根本性的转变之一。在早期研究和实践中，青年多被视为社会的"被动客体"或需要被教育、管理、动员的"对象"。随着人本主义的发展、青年自身能动性的增强以及参与式理念的普及，研究逐步将青年视为具有能动性、创造性和主体性的社会行动者。青年不是社会变革的"辅助力量"，而是主动建立社会联系、表达诉求、影响决策过程的积极参与者。

互联网和新媒体的发展凸显了青年作为信息生产者、观念传播者和网络行动者的主体地位。政策层面也开始强调"青年优先发展理念"，为青年社会参与提供更广阔的舞台和制度保障，体现了对青年主体地位的重视。研究方法上的参与式转向更是直接体现了对青年身份认知的转变，强调听取青年声音、尊重青年意见、让青年成为研究伙伴和共同创造者。青年的社会参与被视为实现自我发展、自我价值和增强社会认同的重要途径。新时代的青年发展强调要尊重"青年主体地位"，增强青年责任担当意识，并保障青年行使权利，同时引导其承担社会责任。这种认知上的转变不仅体现在理论层面，也深刻影响着研究的设计和实施的方式。青年通过自我表达、社交媒体"晒文化"和政治参与等，积极塑造自我、增强社会认同，实现从"客体"向"主体"的转变，研究与实践对青年身份的认知由早期的"被动客体"（被政策安排、研究的对象）转向"能动主体"（合作共建者、共同设计者）。参与式方法强调青年作为竞争、合作、反馈、决策和知识共建中的关键角色，促进了青年从政策实施对象到社会创新主体的转变。

总体来看，目前青年社会参与研究已经从较为单一的政治导向向多元化发展，理论与方法的运用日益成熟，议题也更加聚焦青年社会参与的具体实践与效能。在这一过程中，青年身份的转变尤为显著，青年不再是研究的被动"客体"，而是主动参与社会发展的重要"主体"。国家政策、社会结构和技术环境共同推动了这一转变，标志着青年社会参与研究进入了一个新的历史阶段。

第三章　中国青年社会参与的历史发展轨迹、主要经验和实践逻辑

第一节　青年社会参与的历史发展轨迹及主要成就

一百多年来，中国共产党团结带领一代又一代青年，为争取民族独立、人民解放和实现国家富强、人民幸福而不懈奋斗，始终把青年视作实现民族复兴、推动社会进步的有生力量。中国共产党的百年历史，是一部中国青年在党的领导下投身革命、建设、改革事业的奋斗史。

一　社会主义革命和建设时期青年的社会参与

1949 年中华人民共和国成立，开启了中华民族伟大复兴的历史新纪元。广大青年在中国共产党的路线方针政策指引下，同全国人民一道，踏上了实施社会主义改造、建立社会主义制度、探索社会主义道路的新征程。青年在外部封锁的压力下、在国民经济困难的挑战中，紧密地团结在中国共产党周围，万众一心，众志成城，致力于改变"一穷二白"的落后面貌。[①] 这一时期的青年是艰苦奋斗的一代、乐于奉献的一代、理想闪光的一代。这一时期，青年发展条件逐步改善。1950 年公布施行的《中华人民共和国婚姻法》明确规定，实行男女婚姻自由

---

①　胡献忠：《把青春献给祖国——社会主义建设时期青年运动综述》，https://www.12371.cn/2019/04/17/ARTI1555474628255626.shtml，最后访问日期：2025 年 5 月 3 日。

等新民主主义婚姻制度。1953 年 6 月，毛泽东发表题为《青年团的工作要照顾青年特点》的重要谈话。① 1954 年通过的《中华人民共和国宪法》规定"国家特别关怀青年的体力和智力的发展"②。新中国成立初期，党把扫除文盲作为青年工作的重要抓手；截至 1957 年，全国共扫除青年文盲 2000 多万人。③

总的来说，青年在这一时期积极参与土地改革、恢复国民经济等，踊跃参加青年突击队，"向荒山、荒地、荒滩进军"，掀起了"争做青年社会主义建设积极分子"热潮，深入开展青年节约队、青年监督岗、青年扫盲队等富有青年特色的工作，积极参加"学习雷锋好榜样""植树造林，绿化祖国""向科学进军"等重要活动和工作，成为恢复和发展国民经济、促进各项社会改革的先锋力量。④

二　改革开放和社会主义现代化建设新时期青年的社会参与

改革开放以来，广大青年在党的领导下积极投身中国特色社会主义伟大事业，成为经济社会发展的生力军。党的十一届三中全会作出把党和国家工作中心转移到经济建设上来、实行改革开放的历史性决策，广大青年踊跃投身改革开放和社会主义现代化建设。⑤ 党的十二大报告指出，我国有两亿青年，他们是各项建设事业中最活跃的力量。⑥ 这一时期，广大青年发出"团结起来，振兴中华"的时代强音，在"五讲四

---

① 参见王优优《寄希望于青年——列宁〈青年团的任务〉和毛泽东〈青年团的工作要照顾青年的特点〉读后感》，《理论观察》2013 年第 1 期。

② 《中华人民共和国宪法（1954 年）》，https://news.12371.cn/2015/03/18/ARTI14266655 14681575.shtml，最后访问日期：2025 年 5 月 3 日。

③ 《巩固新生政权、恢复国民经济中的青年团》，http://qnzz.youth.cn/zhuanti/kszt/xdemo_128647/09/xdemo_127402/08/201702/t20170219_9138475.htm，最后访问日期：2025 年 5 月 3 日。

④ 林明惠：《中国共产党领导百年青年运动的光辉历程》，《思想政治工作研究》2022 年第 5 期。

⑤ 温红彦、李林宝、史鹏飞：《划时代会议开启历史新时期（奋斗百年路 启航新征程）》，《人民日报》2021 年 3 月 1 日，第 2 版。

⑥ 《胡耀邦在中国共产党第十二次全国代表大会上的报告》，http://www.haiwainet.cn/n/2012/1105/c346235-17678096.html，最后访问日期：2025 年 5 月 3 日。

美三热爱"、"从我做起，从现在做起"、争做"四有新人"、青年志愿者行动、"青年文明号"等活动及中国青年创业行动、青年科技创新行动、大学生志愿服务西部计划中发挥了生力军和突击队的重要作用，成为中国特色社会主义建设的骨干。[①] 这一时期，青年发展的面貌日新月异。1991年9月，第七届全国人民代表大会常务委员会第二十一次会议通过《中华人民共和国未成年人保护法》[②]；1999年6月，第九届全国人民代表大会常务委员会第十次会议通过《中华人民共和国预防未成年人犯罪法》[③]。2000年，《烟台市青少年事业发展纲要（2000—2005）》成为我国首个被列入政府专项规划的地方青年发展规划。[④] 从"六五"计划到"十二五"规划，国家陆续将青年科普教育、创新人才培养、文化市场净化、青少年身体素质改善、未成年人合法权益维护、志愿服务促进等纳入经济社会发展总体战略。[⑤]

总的来说，青年在这一时期经历了以认同与担当为特征的全方位主体参与和以国际化与信息化为特征的务实性参与。[⑥] 随着自我意识觉醒和主体意识增强，广大青年实现了从以参加政治运动为主到以参加生产建设活动为主的重要转变，在经济改革、政治活动和社会公共事务中的参与度不断提升，体现了鲜明的时代特色。青年成为生产建设的主力军和推动技术创新的先锋力量，在工业生产、基建项目中发挥了骨干作用，推动了企业技术进步和效益提升，助力产业升级与高质量发展。同时，青年也成为精神文明建设的践行者。他们积极参与文明实践活动，

① 林明惠：《中国共产党领导百年青年运动的光辉历程》，《思想政治工作研究》2022年第5期。

② 《中华人民共和国未成年人保护法》，http://www.npc.gov.cn/zgrdw/npc/zfjc/zfjcelys/2014-05/08/content_1862530.htm，最后访问日期：2025年5月3日。

③ 《中华人民共和国预防未成年人犯罪法》，https://www.gov.cn/xinwen/2020-12/27/content_5573667.htm，最后访问日期：2025年5月3日。

④ 《团中央提案：将青年发展相关内容纳入国家"十四五"规划》，https://baijiahao.baidu.com/s? id=1667572873002473879&wfr=spider&for=pc，最后访问日期：2025年5月3日。

⑤ 《国民经济和社会发展第十二个五年规划纲要（全文）》，https://www.gov.cn/2011lh/content_1825838_2.htm，最后访问日期：2025年5月3日。

⑥ 刘珊：《中国青年社会参与研究》，华中科技大学出版社，2022，第42~46页。

如文艺志愿服务进校园、春运志愿服务等，弘扬奉献精神。青年是深化改革开放的生力军，他们将个人发展融入国家发展。进入 21 世纪以后，随着网络信息技术的发展，"80 后""90 后"青年被冠以"千禧一代"的称谓，国际化和信息化为青年社会参与提供了更多的机会和渠道。① 青年既享受了改革开放带来的社会福利和发展机遇，也在社会转型过程中承受了来自教育、就业等诸多方面的竞争和压力。与此同时，这一时期也是青年志愿服务蓬勃发展的时期，有大批青年投身志愿服务。据中国青年网报道，截至 2013 年 11 月底，国内有 4043 万青年在网络志愿社区进行了注册。②

三　中国特色社会主义新时代青年的社会参与

党的十八大以来，中国特色社会主义进入新时代，中国共产党领导广大青年为实现中华民族伟大复兴中国梦不懈努力、接续奋斗。习近平总书记在纪念五四运动 100 周年大会上的讲话中指出："新时代中国青年的使命，就是坚持中国共产党领导，同人民一道，为实现'两个一百年'奋斗目标、实现中华民族伟大复兴的中国梦而奋斗。"③ 新时代青年工作必须把巩固和扩大党执政的青年群众基础作为政治责任，汇聚广大青年一起向未来的青春智慧，让广大青年成为驱动中华民族加速迈向伟大复兴的蓬勃力量。进入新时代，随着我国社会主要矛盾转化为人民日益增长的美好生活需要和不平衡不充分的发展之间的矛盾，青年要深刻认识和准确把握时代发展方向和社会主要矛盾的变化，着眼于解决社会矛盾和问题，在参与社会实践中确定自己在新时代的前进方向、发展道路和人生目标，进而树立远大理想、担当时代责任。当今世界正经

---

① 刘珊：《中国青年社会参与研究》，华中科技大学出版社，2022，第 50 页。

② 赵德传、赵云昌：《全国青年志愿者达 4043 万 志愿服务立法滞后亟待升级》，https://www.chinacourt.org/article/detail/2013/12/id/1166290.shtml，最后访问日期：2025 年 5 月 3 日。

③ 《习近平：在纪念五四运动 100 周年大会上的讲话》，https://www.gov.cn/xinwen/2019-04/30/content_5387964.htm，最后访问日期：2025 年 5 月 3 日。

历"百年未有之大变局",中国青年处在中华民族发展的最好时期,应将个人的"小我"融入国家和人民的"大我"之中,立大志、明大德、成大才、担大任,勇做走在时代前列的奋进者、开拓者、奉献者。习近平总书记在党的二十大报告中指出,"当代中国青年生逢其时,施展才干的舞台无比广阔,实现梦想的前景无比光明";他殷切寄语广大青年"立志做有理想、敢担当、能吃苦、肯奋斗的新时代好青年"。①这为新时代中国青年成长成才指明了方向。这一时期,开辟了马克思主义青年观发展新境界,青年科技人才发展上升为国家战略。党中央将包括青年工作在内的群团工作纳入坚持和完善中国特色社会主义制度统筹考虑。2017 年 4 月,中共中央、国务院印发《中长期青年发展规划(2016—2025 年)》②,标志着青年发展被全面纳入规范化、法治化轨道。2021 年 3 月,第十三届全国人民代表大会第四次会议通过的《中华人民共和国国民经济和社会发展第十四个五年规划和 2035 年远景目标纲要》对实施青年发展规划作出了专门安排,青年发展进一步被纳入经济社会发展总体战略。

总的来说,这一时期以互联网为代表的信息技术的迅速发展对青年的社会参与结构产生了深刻影响,呈现以网络为先导、自愿为前提、社团为主体、信任为机制、分享为目的的参与特征。③ 新时代中国青年以更加自信的态度、更加主动的精神,适应社会、融入社会,参与社会发展进程,展现出积极的社会参与意识和能力,成为正能量的倡导者和践行者。④ 习近平总书记指出:"要充分激发新时代青年在中国式现代化建设中挺膺担当""组织动员广大青年立足本职岗位,积极投身中国式

---

① 《习近平:高举中国特色社会主义伟大旗帜 为全面建设社会主义现代化国家而团结奋斗——在中国共产党第二十次全国代表大会上的报告》,https://www.gov.cn/xinwen/2022-10/25/content_5721685.htm,最后访问日期:2025 年 5 月 3 日。
② 《中共中央、国务院印发〈中长期青年发展规划(2016—2025 年)〉》,https://www.gov.cn/zhengce/202203/content_3635263.htm#1,最后访问日期:2025 年 5 月 3 日。
③ 刘珊:《中国青年社会参与研究》,华中科技大学出版社,2022,第 42~46 页。
④ 中华人民共和国国务院新闻办公室:《新时代的中国青年》,https://www.xinhuanet.com/politics/2022-04/21/c_1128579568.htm,最后访问日期:2025 年 5 月 3 日。

现代化建设，在科技创新、乡村振兴、绿色发展、社会服务、卫国戍边等各领域各方面工作中争当排头兵和生力军，展现青春的朝气锐气。"①新时代青年通过思想铸魂、基层砺能、创新攻坚等实践体系，将个人成长与国家发展深度融合，用脚步丈量祖国大地，用青春践行时代使命。

第二节　青年社会参与的经验和启示

一　坚持党的领导为青年社会参与提供政治引领

（一）中国共产党组织领导与共青团工作

中国共产党是先进的马克思主义政党，自诞生之日起就肩负起实现中华民族伟大复兴的历史使命。为了实现中华民族伟大复兴，中国共产党将长期目标和阶段性任务有机统一起来，同时以严密的组织性和纪律性确保每一个阶段任务的落实。② 中国共产党自成立后，始终重视青年工作。在党的领导下，青年工作始终围绕中华民族伟大复兴每一历史阶段的中心任务深入展开，保证了中国青年先锋力量的充分发挥。习近平总书记在纪念五四运动 100 周年大会上的讲话中强调指出："中国共产党立志于中华民族千秋伟业，必须始终代表广大青年、赢得广大青年、依靠广大青年，用极大力量做好青年工作，确保党的事业薪火相传，确保中华民族永续发展。"③ 当代青年在思想上追求进步，发展条件得到极大改善，发展选择日益自主多元，发展质量得到明显提升。他们亲眼见证了国家面貌的历史巨变，亲身获得经济社会发展的时代红利，是中华民族伟大复兴的亲历者、见证者、建设者。

坚持党的领导为青年社会参与筑牢了思想根基，使青年的个人价值

---

① 习近平：《激励新时代青年在中国式现代化建设中挺膺担当》，《求是》2025 年第 9 期。
② 郑长忠：《关系空间再造的政治逻辑：中国共青团组织形态创新研究》，天津人民出版社，2020，第 39 页。
③ 《习近平：在纪念五四运动 100 周年大会上的讲话》，https://www.gov.cn/xinwen/2019-04/30/content_5387964.htm，最后访问日期：2025 年 5 月 3 日。

与国家发展同频共振。青年能否围绕民族复兴进程中每一个历史阶段的中心任务发挥作用，不仅关系到青年能否为中华民族伟大复兴贡献青春力量，而且直接影响青年自身能否健康发展。党的二十大报告强调"青年强，则国家强"，指出"当代中国青年生逢其时，施展才干的舞台无比广阔，实现梦想的前景无比光明"，对广大青年提出了"立志做有理想、敢担当、能吃苦、肯奋斗的新时代好青年"的重要要求，并指出"全党要把青年工作作为战略性工作来抓，用党的科学理论武装青年，用党的初心使命感召青年，做青年朋友的知心人、青年工作的热心人、青年群众的引路人"。[1] 这充分彰显了青年在党和国家事业发展中的重要地位，体现了党对青年一代的亲切关怀和殷切期待，为青年一代健康成长指明了努力方向。

坚持党的领导是共青团事业发展的内在要求。习近平总书记指出："坚定不移跟党走，为党和人民奋斗，是共青团的初心使命。"[2] 对共青团来说，初心使命最本质的内核就是坚定不移听党话、跟党走，自觉坚持党的全面领导。共青团自诞生之日起，始终以党的旗帜为旗帜、以党的意志为意志、以党的使命为使命，围绕党在不同历史时期的中心任务作出贡献。无论是革命战争年代还是和平建设时期，共青团的初心使命始终没有变，与党同心、跟党奋斗的政治底色始终没有变。

坚持党的领导是共青团事业发展的根本保证。没有中国共产党，就没有中国共青团。共青团自成立之日起，便积极投身中国革命。然而，处于幼年时期的共青团尚不成熟，党团关系早期发展中出现党团不分等问题。[3] 在党的领导下，共青团战胜了挫折，走出了困境，政治性得到增强，坚持党的领导成为共青团始终坚守的根本原则。历史充分证明，

---

① 《习近平：高举中国特色社会主义伟大旗帜 为全面建设社会主义现代化国家而团结奋斗——在中国共产党第二十次全国代表大会上的报告》，https://www.gov.cn/xinwen/2022-10/25/content_5721685.htm，最后访问日期：2025 年 5 月 3 日。

② 习近平：《在庆祝中国共产主义青年团成立 100 周年大会上的讲话》，http://dangjian.people.com.cn/n1/2022/0511/c117092-32418944.html，最后访问日期：2025 年 5 月 3 日。

③ 侯且岸：《李大钊的建党思考与实践》，《马克思主义与现实》2021 年第 3 期。

只有坚持党的领导，共青团才能团结带领青年前进，推动中国青年运动沿着正确政治方向前行。

坚持党的领导是共青团事业发展的根本遵循和核心使命。共青团是党的助手和后备军，这既是党建立共青团的目的，也是党赋予共青团的光荣使命。为中国特色社会主义事业培养建设者和接班人是共青团的根本任务。在不同历史时期，共青团"育人"的功能也以不同的形式出现，但是"实践育人"是始终一贯的。习近平总书记在同团第十八届领导班子集体谈话时指出，共青团要"把巩固和扩大党执政的青年群众基础作为政治责任"①。这充分说明，共青团工作是党的事业的重要组成部分，关系着党执政的青年群众基础，也关系着党和国家的未来。

（二）党管青年原则与青年发展

党的十八大以来，习近平总书记亲切关怀、亲自指导青年和共青团工作，领导召开党的历史上第一次中央党的群团工作会议，指导制定新中国历史上第一个青年发展规划，指导审定共青团中央改革方案和中央团校改革方案，推动党的青年工作取得历史性成就。② 习近平总书记从政治高度定位青年工作，把政治性作为对共青团组织的首要要求，在《中长期青年发展规划（2016—2025 年）》中鲜明提出"坚持党管青年"这一重大原则。③ 这是坚持党对一切工作的领导在青年工作领域的具体体现，深刻揭示了党的青年工作不是一般的事务性工作，而是事关红色江山永不变色、事关党的事业薪火相传、事关中华民族永续发展的政治工作，是党要亲自抓在手里的工作。这一原则的确立，既为青年工作聚焦主责主业、为党履职尽责指明了根本方向，也为全党同志齐心协力抓好青年工作提供了重要遵循。④ 坚持党管青年原则，可以确保青年发展始终围绕党的中心任务展开，推动青年成长与国家发展的有机统

---

① 周艳：《团干部要做密切联系群众的楷模》，http://dangjian.people.com.cn/n/2013/1213/c117092-23837858.html，最后访问日期：2025 年 5 月 3 日。
② 贺军科：《如何做好新时代青年工作》，《求是》2020 年第 10 期。
③ 贺军科：《如何做好新时代青年工作》，《求是》2020 年第 10 期。
④ 贺军科：《如何做好新时代青年工作》，《求是》2020 年第 10 期。

一。青年处于人生发展的起步阶段，面临诸多方面的压力。习近平总书记在纪念五四运动 100 周年大会上的讲话中强调指出，"要关心青年成长、支持青年发展，给予青年更多机会，更好发挥青年作用"①。作为社会中最活跃的群体，青年的发展能否得到有力支持，青年发展中的问题能否得到妥善解决，不仅关系到青年自身的高质量发展，更事关国家安全和社会稳定。因此，青年的发展既需要青年自身努力和奋斗，更需要在党的领导下的青年工作的积极推动。

二　国际和国内青年政策的发展和青年发展规划

（一）　国际青年政策的发展

1. 国际青年政策的积极转向

从国际角度看，青年发展是当今世界公共事务的重要议题。联合国青年议题和青年政策经历了一个较长期的发展过程，大体可以分为以下四个阶段。一是萌芽阶段（1960～1985 年）。1965 年，联合国大会通过《关于在青年中培养民族间和平、互相尊重及彼此了解等理想之宣言》。② 自此，联合国正式承认青年在国际发展中的重要性，将青年从儿童和青少年的领域/范畴中独立出来，青年议题开始成为联合国的一个专门议题。二是正式兴起阶段（1985～1995 年）。1978～1985 年，连续八届联合国大会讨论了青年议题，并将 1985 年定为联合国第一个国际青年年。③ 国际青年年世界会议通过了有关青年问题的四项决议，其核心理念是保护青年和鼓励青年做贡献并重，青年政策开始成为国家政策的一个重要方面。④ 三是形成体系阶段（1995～2008 年）。联合国大

---

① 《习近平：在纪念五四运动 100 周年大会上的讲话》，https://www.gov.cn/xinwen/2019-04/30/content_5387964.htm，最后访问日期：2025 年 5 月 3 日。

② 《关于在青年中培养民族间和平、互相尊重及彼此了解等理想之宣言》，https://www.un.org/zh/documents/treaty/A-RES-2037（XX），最后访问日期：2025 年 5 月 3 日。

③ 《联合国青年议题》，https://www.un.org/zh/events/youth/youthyear.shtml，最后访问日期：2025 年 5 月 3 日。

④ 《1985 年 11 月 13 日 国际青年年世界会议召开》，https://www.bj148.org/wh/lssdjt/2019 11/t20191113_1540413.html，最后访问日期：2025 年 5 月 3 日。

会于 1995 年 12 月 14 日通过《到 2000 年及其后世界青年行动纲领》，提出 10 个优先领域，是国际社会关于青年问题的第一个全面系统的纲领性国际文献。① 此后，世界各国普遍制定国家青年政策，建立青年事务协调机构，把青年发展纳入国家公共事务管理。四是继续发展阶段（2008 年至今）。越来越多的国家制定了专门的国家青年政策。2018年，联大第 73 届会议发布《青年 2030：联合国青年战略》，将青年视为促进可持续发展目标实现的关键驱动力。②

从发展历程来看，国际青年政策呈现从问题视角向优势视角转变的趋势，逐渐将青年视为可以发展的资源，而不是有问题的个体，强调从青年早期向成年的成功过渡不仅依赖于对青年时期问题的解决，更依赖于青年的品性和能力。因此，积极青年发展政策倡导通过提升青年发展能力，使其更好地处理向成年过渡期间的任务和挑战，获得积极发展。综观 20 世纪 90 年代以来联合国倡导的积极青年发展政策，可以发现主要体现出以下几个原则：一是政策在关注青年的负面问题和学业成绩的同时，还关注青年积极的、非学术方面的发展；二是关注个体从幼年到成年发展的连续性；三是关注青年成长的环境因素，并在环境系统中为青年提供服务、支持和机会；四是在政策中关注青年的声音和行动，从而激发他们参与改变的主体性。③ 近年来，土耳其、智利、巴西、墨西哥等发展中国家政府也采取政策措施促进青年积极发展、预防风险行为，相应的政策主要体现出以下六个原则：从家庭开始，为新手父母提供健康照顾和教养支持；尽早地、持久地与学校建立联系；在青年介入中加入生活技能的内容；提供青年生殖健康服务；为青年提供公平参与

---

① 《到 2000 年及其后世界青年行动纲领》，https：//www.un.org/zh/node/181703，最后访问日期：2025 年 5 月 3 日。

② 《关于青年 2030 战略》，https：//www.un.org/youthaffairs/zh/youth2030/about，最后访问日期：2025 年 5 月 3 日。

③ Karen Pittman, Marcelo Diversi, & Thaddeus Ferber, "Social Policy Supports for Adolescence in the Twenty-First Century: Framing Questions," *Journal of Research on Adolescence* 12 (1) (2002): 149-158.

的机会；为青年提供信息和指导。①

部分国家采取积极青年发展政策，并注重发展社区为本的青年项目，鼓励青年积极参与社区生活和社区事务。以美国为例，1987年通过的《青年发展法案》（Youth Development Act），强调为小学生和中学生提供机会，发展通用能力，从而为就业做准备，增强青年自信和自我价值感，并将青年服务和社区教育相结合，注重在青年服务中提高青年能力，使青年服务社区。② 该法案没有对青年服务作出强制性要求，但是联邦政府鼓励州政府出台地方性政策法案，并发展包括联邦政府、州政府、社会组织、学校、企业、个体在内的社区服务协作网络。美国地方性青年发展法案主要包括五类：青年服务和服务学习；青年参与和领导力；青年健康活动；青年社区职业训练；青年支持网络和服务。类似地，比利时的积极青年发展政策（2011~2014年）强调为青年提供社会文化服务，通过非正规教育让青年成为积极、自信的公民，提升其技能、增加知识，提供发展空间，推动跨文化交流，促进青年社会参与以及增强自主性。③

具有专项性、权威性的青年政策有助于青年工作的开展。青年期是人生的重要转折时期，在教育、就业、健康、家庭和社会关系等方面都面临诸多转变，如果不能及时采取有效的方式进行应对，青年可能会出现风险行为，从而对个体和社会发展造成危害。④ 因此，应该针对青年群体制定专门的政策，以回应青年时期的特定需求，促进积极发展。多数国家的中央政府会出台青年发展的指导性政策，地方政府则会通过具

---

① Sophie Naudeau, Wendy Cunningham, Mattias K. A. Lundberg, & Linda McGinnis, "Programs and Policies That Promote Positive Youth Development and Prevent Risky Behaviors: An International Perspective," *New Directions for Child & Adolescent Development* 2008 (122) (2010): 75-87.

② 马玉娜：《国外青年发展的法律政策及其启示》，《中国青年社会科学》2018年第2期。

③ 卫刘华：《比利时青年政策与青年工作体系研究》，《中国青年研究》2012年第8期。

④ Sophie Naudeau, Wendy Cunningham, Mattias K. A. Lundberg, & Linda McGinnis, "Programs and Policies That Promote Positive Youth Development and Prevent Risky Behaviors: An International Perspective," *New Directions for Child & Adolescent Development* 2008 (122) (2010): 75-87.

体的政策、法案、计划等加以落实。中央和地方还会针对青年时期的关键议题，如教育、就业、青年发展等出台专门的政策，确定不同层级政府的工作方向和工作内容。此外，部分国家的中央和地方政府还会通过制定经费支持政策、人力支持政策，以及建立工作协调机制来推进某项青年工作的顺利开展。

2. 国际青年政策的发展特征

从发展特征来看，国际青年政策呈现整全性特征、发展性特征、广泛性特征、时代性特征，为促进青年社会参与提供了政策指引和制度保障。

（1）整全性特征

国际青年政策既关注青年发展的纵向历史过程的连续性，也关注影响青年发展的横向环境系统的互动性，旨在促进整全的青年发展。① 从纵向时间维度看，注重青年从青年早期到成年的过渡和发展，强调对青年发展的及早介入和持续投资。例如，部分国家的青年政策注重就业，并在青少年时期的国民教育中加入就业导向的知识和能力培训，从而为青年时期的就业做准备，促进青年从学校到工作的过渡，充分考虑到了青年职业发展的连续性。从横向空间维度看，促进青年与其家庭、学校、社区、社会等环境系统的互动，强调在青年与环境系统的互动中处理教育、就业等方面的发展危机，促进积极发展。例如，部分国家通过法律政策鼓励学校和司法系统合作，进行司法教育；鼓励司法系统与社会系统合作，进行环境监察；鼓励学校与企业、社会组织合作，开展就业培训；以及构建家庭、学校、社会合作的互动教育体系；等等。

（2）发展性特征

国际青年政策强调从将青年视为需要保护引导的对象和面临问题的

①　Karen Pittman, Marcelo Diversi, & Thaddeus Ferber, "Social Policy Supports for Adolescence in the Twenty-First Century: Framing Questions," *Journal of Research on Adolescence* 12 (1) (2002): 149-158.

个体，转向将青年视为可以发展的资源和具有能动性的独立个体，构建以青年为中心的青年政策体系，促进青年积极发展。从传统被动的、问题式的青年观转向积极的青年观，是青年主体性在政策层面的体现。这是许多国家在结合本国和他国经验的基础上，对传统青年政策进行深刻反思而作出的重要政策变革。具体体现为：在教育政策上，从成绩为本转向能力为本；在就业政策上，从传统的失业福利津贴转向积极促进就业；在司法政策上，从惩罚式的强硬政策转向渐进式、修复性的柔性措施；在青年发展政策上，从问题式和治疗式的介入取向转向预防性的、能力建设的发展取向。

（3）广泛性特征

国际青年政策不仅聚焦特定的问题青年群体，而且尽可能覆盖更加广泛的青年群体及其家庭；不仅聚焦某些特殊的青年发展议题，而且覆盖更加全面的青年发展目标。例如，韩国政府扩大政策服务对象范围，由过去仅对少数问题青少年进行指导与保护，转变为为大多数青年提供支持，同时增加青年工作人员和相关设施，旨在面向更多的青年提供更高质量的青年活动和青年服务，促进青年全面发展。[1] 欧洲国家的青年政策在青年教育、就业、健康方面也体现出提供普惠性福利服务的导向，覆盖更广泛的青年群体，并在为青年提供基本生活保障之外设立更多的发展性目标。[2]

（4）时代性特征

部分国家会根据面临的新发展特点和任务来重构青年政策，回应当代青年发展需求和发展问题，并为青年创造新的发展机遇。例如，韩国政府针对21世纪青年深受物质主义浸染，同时面临信息、技术飞速发展带来的深刻影响和挑战，提出本国青年政策的基本发展方向应集中于价值观、道德意识和反物质主义，保护青年免受有害社会因素如越轨和

---

① 谢红军：《中韩青年政策比较研究》，《山西青年管理干部学院学报》2006年第4期。

② Kimberly L. Barnes-O'Connor, "Federal Support for Youth Development," *The Future of Children* 9 (2) (1999): 143–147.

侵害行为的影响，并推动以培养青年身心健康和建设发展能力为目标的积极发展政策的出台。[1] 类似地，联合国针对青年政策的原则正是基于文化多元性、不确定性和复杂性以及变化迅速、充满机遇等时代特点提出的。[2]

3. 国际青年政策的运行机制

从运行机制来看，多国青年政策的运行经验和教训表明，整全的政策运行体系对促进青年发展至关重要，为推动青年社会参与实践提供了机制保障。国际青年政策的运行机制主要包括权威部门领导下的多部门协作、在地化发展和社区化运作、服务外包和第三方评估。

（1）权威部门领导下的多部门协作

世界上多数国家设有专门管理青年事务的政府部门，以此作为青年政策的实施主体。[3] 例如，2018 年，俄罗斯在科学和高等教育部成立了俄罗斯联邦国家青年事务署，以加强青年发展相关的政策制定与实施。韩国的文化观光部青少年局，专职统筹施行国家在青少年事务和权利与福利领域的各项具体政策、方案和措施。[4] 在国家层面和地方层面设立独立的青年政策执行部门，有助于增强政策的权威性，也有助于对人力资源和经费进行协调，形成政策执行的合力，促进青年政策的顺利实施和青年的健康发展。同时，青年工作是一个系统工程，多部门协作成为发展趋势。

（2）在地化发展和社区化运作

多国中央政府将青年政策制定和执行的权力下放给地方，鼓励地方政府在国家青年政策引导下因地制宜地制定本地区的青年政策和项目方

① ChoiChung-OK、吴小英：《走向 21 世纪的韩国青年政策》，《青年研究》1999 年第 12 期。
② Karen Pittman, Marcelo Diversi, & Thaddeus Ferber, "Social Policy Supports for Adolescence in the Twenty-First Century: Framing Questions," *Journal of Research on Adolescence* 12 (1) (2002): 149-158.
③ 谢红军：《中韩青年政策比较研究》，《山西青年管理干部学院学报》2006 年第 4 期。
④ 谢红军：《中韩青年政策比较研究》，《山西青年管理干部学院学报》2006 年第 4 期。

案，并倡导社区为本的青年发展政策。例如，比利时联邦政府在青年事务上的权力仅限于青年司法保护等方面，地方政府更多地承担青年服务设施的建设。地方政府在涉及青年和青年政策上的权力广泛，主要负责青年政策和青年工作体系的运行。① 韩国的青年政策也由以中央政府为中心的封闭式运行模式转变为以地方政府为中心、以《青少年宪章》为依据的开放式运行模式。② 美国是在青年政策体系上实行在地化发展和社区化运作的典型代表。近年来，美国的国家青年发展政策强调回归社区，即在社区中促进青年发展；地方政府也纷纷制定相应的政策和方案，构建包含学校、企业、社会服务机构和青年在内的社区青年服务网络平台，通过开展社区教育和社区服务，促进青年能力提升和职业发展。③ 美国多个州的司法部门还出台政策，减少针对犯罪青年的制度化机构，转而发展社区为本的司法安置服务，鼓励犯罪青年在社区中接受改造。④

（3）服务外包和第三方评估

部分国家的青年政策采用政府管理、社会组织服务、第三方评估相配合的运作机制。例如，韩国、俄罗斯等国都积极发展青年社会组织，如学生团体、青年中心等，政府会根据具体的法规或资助计划为其提供资金支持。这些青年组织通常会组织青年参与文体娱乐、社会交往等活动以及教育培训等，促进青年身心全面发展。政府会聘请第三方机构对社会组织的服务项目进行监测和评估。随着青年政策向整合性和发展性方向转变，成功服务项目的评估标准不再仅仅取决于是否减少了青年风险行为，同时还考量更多能力发展指标的完成，如青年从学校走向工作岗位、建立家庭、发展公民意识等，从而使青年更好地迎接未

---

① 卫刘华：《比利时青年政策与青年工作体系研究》，《中国青年研究》2012 年第 8 期。
② 谢红军：《中韩青年政策比较研究》，《山西青年管理干部学院学报》2006 年第 4 期。
③ David Maunders, "Youth Policy in the USA," *Youth Studies Australia* 13（2）（1994）：6-15.
④ Peter J. Benekos, Alida V. Merlo, & Charles M. Puzzanchera, "In Defence of Children and Youth: Reforming Juvenile Justice Policies," *International Journal of Police Science & Management* 15（2）（2013）：125-143.

来的挑战。

（二）国内青年政策的发展

我国青年人口数量庞大，根据 2020 年第七次全国人口普查数据，我国 14～35 周岁青年人口约为 4.0 亿，占全国总人口的 28.4%。① 青年时期是人生的关键阶段，一些重要的转折点都出现在这一时期，例如，青年由学校走向工作岗位、建立家庭、为自己的健康负责，以及发展为独立的公民。② 如果青年不能应对好这些人生转折点，就会出现风险行为，影响青年的健康发展。同时，青年是社会力量的重要组成部分，影响着社会的进步和国家的发展。青年一代有理想、有本领、有担当，国家就有前途，民族就有希望。中国共产党始终重视青年发展，逐步建立起中国特色青年发展政策体系。中共二大制定的第一部党章就对青年运动作出部署，中共三大正式通过《青年运动决议案》③，此后，中国共产党历次全国代表大会多次对青年工作提出要求。1954 年新中国第一部宪法就规定："国家特别关怀青年的体力和智力的发展。"④ 1982 年颁布的《中华人民共和国宪法》第四十六条规定："国家培养青年、少年、儿童在品德、智力、体质等方面全面发展。"⑤ 此外，中国还先后制定了《中华人民共和国未成年人保护法》《中华人民共和国预防未成年人犯罪法》等专门针对青少年的法律。在这一时期，青年政策和青年事务零星分散在政府部门的相关工作中，未能从整体上进行统筹安排。

结合新时代发展特征，促进青年平衡发展、充分发展，对我国青年

---

① 《青年发展统计监测数据》，https://www.gqt.org.cn/xxgk/qnfz/202209/t20220921_789722.htm，最后访问日期：2025 年 5 月 3 日。

② World Bank, "World Development Report 2007: Development and the Next Generation," *Journal of Peasant Studies* 36 (3) (2006): 591–592.

③ 《中共三大关于青年运动的决议案》，https://www.gov.cn/test/2008-05/27/content_994681.htm，最后访问日期：2025 年 5 月 3 日。

④ 《中华人民共和国宪法 (1954 年)》，https://news.12371.cn/2015/03/18/ARTI1426665514681575.shtml，最后访问日期：2025 年 5 月 3 日。

⑤ 《中华人民共和国宪法》，https://www.gov.cn/guoqing/2018-03/22/content_5276318.htm，最后访问日期：2025 年 5 月 3 日。

发展的政策体系建设提出了更高的要求。青年政策呈现以下几个主要特征：一是系统性特征。青年政策不是依事务划分的，而是以群体为对象的政策体系。青年的多领域分布决定了青年发展事务的复杂性、多样性。例如，青年的思想道德问题不仅与教育部门相关，还涉及宣传、网信、广电、市场监管等部门；大学生就业问题不仅与劳动保障部门相关，还与高等学校和用人单位相关。要使青年政策切实发挥作用，青年政策的制定、实施必须有系统性。二是全面性特征。不同青年群体的发展需求既有共性，又有差异性。从各国青年政策的内容也能看出青年政策的全面性。教育和健康是各国青年政策关注的重点领域。除此之外，各国还基于各自国家的特点，强调了诸如青年保护、权利问题、互联网安全使用（如丹麦、瑞典、摩洛哥）、青少年犯罪、药物滥用（如英国、爱尔兰）。三是协调性特征。协同治理是公共治理的重要模式。政府部门的职能是有边界的，在公共治理中有各自的领域和范围。公共政策的制定和执行，需要跨部门、跨层级的协调。青年政策在实施中往往需要多个部门共同参与，如果没有跨部门的协调，那么政策执行就会出现部门本位、相互分割的"孤岛现象"。通过制定规划，对散见于各部门的政策进行统筹协调、对青年的各类需求进行优先排序，明确政策实施的轻重缓急，可以收到事半功倍的效果。四是（相对）独立性特征。青年分布领域广泛，宽口径的普惠政策看似已经覆盖青年的全部需求，但是青年的成长性、多样性决定了这个群体有其特殊需求。青年与妇女、儿童等群体一样，应当被视作独立的群体，而专门针对青年群体的政策有助于进一步发挥青年在国家发展中的重要作用。

（三）青年发展规划

从 20 世纪初开始，一些地方自发探索制定地方青年发展规划，特别是从"十一五"时期开始地方青年发展规划如雨后春笋般涌现。第一个地方青年发展规划，是 2000 年五四青年节前夕山东省烟台市委、市政府编制的《烟台市青少年事业发展纲要（2000—2005）》，这是全国首个被列入政府专项规划的地方青年发展规划。① 2000 年，上海市召开市青年工作会议，提出构建青年工作新格局的总体目标，2002 年正式建立青年工作联席会议制度②；2003 年，上海市政府将"制定实施青少年发展规划"写入政府工作报告；2007 年《上海市青少年发展"十一五"规划》正式发布③。

在此背景下，2017 年 4 月，中共中央、国务院印发《中长期青年发展规划（2016—2025 年）》（以下简称《规划》）。④ 这是新中国历史上第一个青年发展"十年"规划，是党和国家青年工作的行动纲领。《规划》充分贯彻以人民为中心的发展思想，将促进青年全面发展、让青年有更多获得感的理念贯穿始终。《规划》提出，到 2020 年，具有中国特色的青年发展政策体系和工作机制初步形成；到 2025 年，具有中国特色的青年发展政策体系和工作机制更加完善。以此为目标，《规划》聚焦青年思想道德、青年教育、青年健康、青年婚恋、青年就业创业、青年文化、青年社会融入与社会参与、维护青少年合法权益、预防青少年违法犯罪、青年社会保障十个发展领域，分别提出具体发展目标和措施，同时提出落实《规划》的十个重点项目，体现了解决思想问题与解决现实问题的有机结合，充分回应了当代青年的普遍关切，形成了全面覆盖青年需求主要领域、切实照顾不同青年群体发展特点的青年发展政策体系，确保青年发展水平得到整体提升。

《规划》致力于构建以青年的全面发展为中心的青年发展政策体系，从强调问题取向和救助导向的青年福利政策体系，转向积极发展的政策视角和实践活动，将青年视为可以发展的资源和具有能动性的独立

---

① 《筑牢青年发展之基础——解读国家〈中长期青年发展规划（2016—2025 年）〉》，http://theory.people.com.cn/n1/2017/0424/c40531 - 29230756.html，最后访问日期：2025 年 5 月 3 日。

② 华莉莉、张恽：《青年工作联席会议机制的构建——以上海实践为例》，《中国青年研究》2017 年第 9 期。

③ 《上海出台青少年发展"十一五"规划》，http://zqb.cyol.com/content/2007 - 04 - 26/content_1745216.htm，最后访问日期：2025 年 5 月 3 日。

④ 《中共中央、国务院印发〈中长期青年发展规划（2016—2025 年）〉》，https://www.gov.cn/zhengce/202203/content_3635263.htm#1，最后访问日期：2025 年 5 月 3 日。

个体。同时，根据新时代的发展特点和任务来重构青年政策，回应当代青年发展需求和发展问题，并为青年创造新的发展机遇。《规划》第一次鲜明提出"坚持党管青年原则"，深刻揭示了党的青年工作不是一般的事务性工作，要发挥我们的制度优势促进青年发展，全党齐心协力抓好青年工作。《规划》明确提出"党和国家事业要发展，青年首先要发展"的理念，充分诠释了青年优先发展理念。通过将青年发展工作全面纳入党治国理政的各项工作之中，进一步强化了青年政策的全局性、互补性、协调性。《规划》的印发是党的青年工作领域一件具有里程碑意义的大事，标志着我国青年发展事业进入了新阶段。《中华人民共和国国民经济和社会发展第十四个五年规划和 2035 年远景目标纲要》强调要"深入实施青年发展规划，促进青年全面发展，搭建青年成长成才和建功立业的平台，激发青年创新创业活力"①。这充分体现了以习近平同志为核心的党中央对青年一代的亲切关心、对青年工作的高度重视，对于激励广大青年在实现中国梦进程中建功立业、接续奋斗，对于确保党和国家事业后继有人、兴旺发达，都具有重大而深远的意义。②

《规划》明确将青年社会融入与社会参与作为十个青年发展领域之一，并将发展目标定为："青年更加主动、自信地适应社会、融入社会。青年社会参与的渠道和方式进一步丰富和畅通，实现积极有序、理性合法参与。共青团、青联、学联组织在促进青年社会融入和社会参与中的主导作用充分发挥，带动各类青年组织在促进青年有序社会参与中发挥积极作用。青年参与社会主义现代化建设的积极性主动性进一步增强，青年志愿服务水平进一步提高。不同青年群体相互理解尊重。青年对外交流合作不断拓展。"③ 这是国家层面推动青年社会融入与社会参

---

① 《中华人民共和国国民经济和社会发展第十四个五年规划和 2035 年远景目标纲要》，http://www.moe.gov.cn/jyb_xwfb/s6052/moe_838/202103/t20210315_519738.html，最后访问日期：2025 年 5 月 3 日。

② 《党和国家青年工作的行动纲领》，https://news.12371.cn/2017/04/14/ARTI1492120992104857.shtml，最后访问日期：2025 年 5 月 3 日。

③ 《中共中央、国务院印发〈中长期青年发展规划（2016—2025 年）〉》，https://www.gov.cn/zhengce/202203/content_3635263.htm#1，最后访问日期：2025 年 5 月 3 日。

与的政策行动，为实践提供了方向引导。在实践行动上，健全党领导下的以共青团为主导的青年组织体系，着力促进青年更好地实现社会融入，引领青年有序参与政治生活和社会公共事务，鼓励青年在经济社会发展中充分发挥生力军和突击队作用，引导青年社会组织健康有序发展，增进不同青年群体的交流融合，增强港澳台青年的国家认同、民族认同和文化认同，支持青年参与国际交往等，成为推动青年社会融入与社会参与的具体措施。在《规划》引领下，各地通过多层次、多领域的实践探索，积极构建保障青年社会参与的长效机制，形成了一批具有示范效应的创新模式。

近年来，共青团中央主动融入党政大局、参与协商民主建设、服务青年高质量发展、代表和维护青少年权益。为了最大限度汇集青少年呼声，共青团中央建立起线上线下直接联系青年工作机制，利用 12355 青少年服务台、青年之家等团属阵地，主动发现和梳理青少年思想动态、需求动向。例如，全国两会前开展"青声@全国两会"网络建言征集活动，为选题带来"源头活水"。2018 年以来，共青团中央围绕"青少年近视综合防控""港澳青年融入大湾区建设""优化青年科技人才成长环境""青年网约车司机发展状况"等开展界别调研，形成了一批问题研究比较深入、措施建议具体可行的调研成果，并转化成提案。①

中国共产主义青年团扬州市广陵区委员会积极发挥青年在基层社会治理中的生力军作用，探索青年融入村（社区）建设和城市管理的创新优化措施，推动青年从社会治理的"旁观者"向"参与者"转变。一是拓展青年参与基层社会治理的"多元路径"，大力开展"青春点亮网格"行动，进一步深化校地合作，牵头制定百个学校社团结对百个村（社区）的校地共建活动方案，积极推动"大学生志愿者+基层"相互服务，共通共融。二是强化青年参与基层社会治理的"实践优势"，在青年集聚的区域建立团代表联络点，打通线上"委员-代表-青年"

---

① 杨宝光：《共青团中央：履职发声为青年 办理建言细落实》，https://baijiahao.baidu.com/s? id=17590253521398 70480&wfr=spider&for=pc，最后访问日期：2025 年 5 月 3 日。

联络路径，以各类青年服务项目为主题，组建功能型网上社群，形成上下贯通、闭环管控、执行有力的联动体系。三是涵养青年参与基层社会治理的"源头活水"，联合相关职能部门举办青年微网格联络员轮训班，分批开展线上和线下培训，提升青年参与基层社会治理的能力水平。[①]

三 深化共青团改革，为青年社会参与提供组织基础

（一）共青团是落实党管青年原则的核心组织载体

党管青年原则是开展青年工作的根本准则，共青团作为党的忠实助手和后备军，是落实这一原则的核心组织载体。党通过共青团把广大青年组织起来，为青年社会参与奠定了组织基础、提供了制度保障。党管青年原则要求共青团始终将政治建设摆在首位，把牢正确政治方向，引导青年增强对"两个确立"的政治认同、思想认同、理论认同、情感认同，坚决做到"两个维护"，这是共青团发挥作用的根本前提。[②] 长期以来，共青团发扬"党有号召、团有行动"的优良传统，为党争取青年人心、汇聚青年力量，在革命、建设、改革各个历史时期作出了积极贡献、发挥了重要作用，使中国青年在民族复兴进程中能够有组织地参与每一历史阶段的中心工作，为民族复兴持续稳定地发挥作用、贡献力量，并不断促进青年自身的健康发展。2023 年 6 月，习近平总书记在同团中央新一届领导班子成员集体谈话时强调："共青团要把牢新时代青年工作的主题，最广泛地把青年团结起来、组织起来、动员起来，激励广大青年增强历史责任感和使命感，激发强国有我的青春激情，在强国建设、民族复兴伟业中勇当先锋队、突击队。"[③] 随着中国特色社会主义进入新时代，经济建设、政治建设、文化建设、社会建设

---

① 《持续激活青年参与基层社会治理的"青春密码"》，http://tsw.yangzhou.gov.cn/jctx/gl/art/2025/art_3c9707b4a8ae4bf49044010fa21d1fec.html，最后访问日期：2025 年 5 月 3 日。

② 共青团中央书记处：《担起新时代新征程党赋予共青团的使命任务》，《求是》2025 年第 9 期。

③ 《习近平在同团中央新一届领导班子成员集体谈话时强调：切实肩负起新时代新征程党赋予的使命任务 充分激发广大青年在中国式现代化建设中挺膺担当》，https://www.gov.cn/yaowen/liebiao/202306/content_6888501.htm，最后访问日期：2025 年 5 月 3 日。

和生态文明建设步伐日益加快，共青团作为中国共产党领导的先进青年的群团组织，组织广大青年积极投身中国式现代化建设的火热实践，青年在乡村振兴、社会治理等各领域各方面工作中发挥了重要作用。

新时代坚持党管青年原则，充分发挥共青团组织作用、做好青年工作，要从以下几个方面着力。一是全面加强党对共青团工作的领导。从党的领导来看，要加强党对共青团工作的政治领导、思想领导和组织领导。从群团组织来看，要坚持正确政治方向，自觉服从党的领导，把党的主张和任务转化为共青团的决议和群众的自觉行动。二是紧紧围绕党和国家中心任务开展工作。进入新时代，共青团要坚持"围绕中心、服务大局"。围绕"五位一体"总体布局，找准工作的结合点和着力点，在保障民生、社会治理、"两企三新"组织建设、乡村振兴和社区发展等重点领域开展工作、发挥作用。要把青年生力军作用和人才第一资源的作用转化为推进中国式现代化的强大力量。三是坚持把竭诚服务青年作为共青团一切工作的出发点和落脚点。在社会结构深刻变化、利益主体多元、青年群众诉求多样的新情况下，共青团要始终坚持群众观点和群众路线，着力解决青年最直接、最关心、最现实的利益问题，把党的群众路线贯穿到共青团工作的全领域、全过程，努力成为全心全意为人民服务宗旨的忠实践行者、党的群众路线的坚定执行者、党的群众工作的行家里手。四是把共青团工作纳入党的工作全局并为其发展创造条件。各级党组织应从工作全局和顶层设计出发，制定科学的群团发展战略，提供良好的工作条件，开展有特色、有实效的活动，通过共青团组织动员各阶层、各行业青年为推进中国式现代化作出新贡献。

（二）共青团深化改革与推动青年社会参与

党的十八大以来，以习近平同志为核心的党中央高度重视、亲切关心青少年和共青团工作，把共青团改革作为全面深化改革的重要方面作出战略谋划和部署。① 2016 年 8 月 2 日，中共中央办公厅印发了《共青

---

① 《中共中央办公厅印发〈共青团中央改革方案〉》，politics. people. cn/n1/2016/0802/c1001-28605542. html，最后访问日期：2025 年 5 月 3 日。

团中央改革方案》（以下简称《方案》）①，对共青团中央深化改革作出全面部署，标志着改革从共青团中央层面全面推开。《方案》明确了共青团改革的指导思想、基本原则、主要目标。共青团改革必须坚持党的领导、把准政治方向，坚持立足根本、围绕时代主题，坚持服务青年、直接联系青年，坚持问题导向、有效改进作风，坚持加强基层、支持基层创新，构建"凝聚青年、服务大局、当好桥梁、从严治团"的工作格局，更好团结带领青年发挥生力军和突击队作用，更好肩负起党交给共青团的光荣使命，紧跟党的步伐、走在群团改革前列。共青团改革要以保持和增强"三性"（政治性、先进性、群众性）作为根本遵循和指引。要增强政治性，坚持党的领导，坚持中国特色社会主义群团发展道路；增强先进性，着重提升共青团组织活力、尽力发挥团员的先进模范作用；增强群众性，坚持服务青年的工作生命线，确立以青年为中心的改革理念。

《方案》明确提出要"制定青年发展规划""改革创新团的工作、活动和基层组织建设""创新组织动员团员青年服务大局的载体和方式""加强联系服务引导，把青年社会组织紧密团结起来"，这极大变革了共青团服务青年的方式，为推动青年社会参与提供了新的组织动能。不同于传统群团视角下的共青团工作，共青团深化改革强调把推动青年发展纳入政府事务。作为党领导的先进青年的群团组织，共青团依托党赋予的资源和渠道，主动适应新趋势新要求，积极参与社会治理，为推进国家治理体系和治理能力现代化作出贡献。共青团通过运用法治思维和法治方式促进青年参与式发展，提升相关公共政策产品的供给能力。随着《规划》的出台和青年工作联席会议机制的建立，共青团推动青年社会参与的实践工作更加注重从"具体服务"向"政策服务与具体服务并举"转变，构建新时代共青团促进青年社会参与的服务体系，这是共青团工作理念和工作方式变革的关键。

---

① 《中办印发〈共青团中央改革方案〉》，http://cpc.people.com.cn/gqt/n1/2016/0803/c363174-28605809.html，最后访问日期：2025 年 5 月 3 日。

　　总的来说，共青团深化改革与推动青年社会参与呈现双向赋能的关系。一方面，共青团通过优化基层组织体系（如在新兴领域建团）、创新服务机制（如数字化平台建设）等改革举措，把推动青年社会参与贯穿于共青团的各项工作和活动，为青年社会参与提供制度化通道和资源支持；另一方面，青年在社区治理、乡村振兴等领域的实践参与，又反向推动共青团在服务内容、工作方式上持续创新，形成"改革释放活力—参与检验成效—反馈优化机制"的良性循环。这种互动本质上是将党的青年工作政治优势转化为治理效能的过程，既增强了共青团的引领力与服务力，也培育了青年的责任意识与创新能力。

第三节　青年社会参与的实践逻辑

　　在党的领导下，推动青年社会参与的本质是通过满足青年需求与价值创造形成良性循环，既要帮助青年摆脱现实困境，又应激发青年参与社会实践的内生动力。新时代的中国青年相比之前的青年，拥有更为优越的物质发展环境，物质生活更加富足；拥有更加广阔的精神成长空间，精神品位不断提升；与互联网共同成长，成为网络空间主要的信息生产者、服务消费者、技术推动者。[①] 青年可以通过参与社会实践实现个体需求满足与社会认同建构的辩证统一，这既受青年主体特征的影响，也受社会环境的影响，同时受到青年与社会环境互动关系的影响。其中，回应青年群体的现实诉求，筑牢青年发展的文化根基，是增强青年社会参与动力和能力的实践重点。

一　回应青年群体的现实诉求

　　2019 年 4 月，习近平总书记在纪念五四运动 100 周年大会上强调："我们要关注青年所思、所忧、所盼，帮助青年解决好他们在毕业求

[①]　廖小琴：《更好满足青年精神需求》，https://www.rmlt.com.cn/2024/0830/711040.shtml，最后访问日期：2025 年 5 月 3 日。

职、创新创业、社会融入、婚恋交友、老人赡养、子女教育等方面的操心事、烦心事，努力为青年创造良好发展条件，让他们感受到关爱就在身边、关怀就在眼前。"[①] 青年发展诉求回应与青年社会参与是互构共生的关系。当前，青年在就业、婚恋等方面面临的现实挑战，成为青年参与社会实践的逻辑起点。

（一）青年面临新的就业形势

青年就业问题是一个全球性议题。发达国家大多存在人口"老龄化""少子化"并存现象，青年比例下降。日本是世界上"老龄化""少子化"问题最严峻的国家，劳动力储备不足、经济增长活力减退、社会保障负担加重等，已经成为困扰日本半个世纪的社会治理难题[②]，这对我国具有重要的警示意义。国家统计局数据显示，截至 2023 年底，我国 60 岁及以上人口为 2.97 亿，占全国人口的 21.1%，其中 65 岁及以上人口为 2.17 亿，占比为 15.4%。[③] 根据 2020 年第七次全国人口普查数据，我国 14~35 周岁青年人口约为 4.0 亿，占全国总人口的 28.4%。[④]结合历次全国人口普查数据，2000 年以来青年人口总量逐渐减少，2020 年比 2000 年峰值 4.9 亿减少了 0.9 亿。[⑤] 受人口结构变化的影响，我国劳动力供需两侧出现明显变化，就业总量压力不减，就业结构性矛盾比较突出。[⑥] 新一轮科技和产业革命正在重塑全球就业市场，从生产模式到职业结构都面临深刻变革，这对青年就业产生了深刻影响，但同时也催生了新的职业赛道。部分青年无法适应新经济要求；与此同时，

---

① 《习近平：在纪念五四运动 100 周年大会上的讲话》，https://www.gov.cn/xinwen/2019-04/30/content_5387964.htm，最后访问日期：2025 年 5 月 3 日。
② 王亚晶：《日本：何以最"老"》，《记者观察》2023 年第 7 期。
③ 孔伟：《有效开发老年人力资源 积极应对人口老龄化》，https://www.mca.gov.cn/n2623/n2684/n2703/c1662004999980001138/content.html，最后访问日期：2025 年 5 月 3 日。
④ 《青年发展统计监测数据》，https://www.gqt.org.cn/xxgk/qnfz/202209/t20220921_789722.htm，最后访问日期：2025 年 5 月 3 日。
⑤ 《青年发展统计监测数据》，https://www.gqt.org.cn/xxgk/qnfz/202209/t20220921_789722.htm，最后访问日期：2025 年 5 月 3 日。
⑥ 《人社部：就业总量压力不减 结构性矛盾也比较突出》，https://www.workercn.cn/32842/201901/24/190124111925974.shtml，最后访问日期：2025 年 5 月 3 日。

青年就业已从生存导向转为发展导向，不仅看重工资收入，同时还看重发展空间、兴趣匹配、社会地位，导致解决一个青年的就业问题需要匹配两三个岗位，由此产生的就业结构性矛盾或将长期存在。2025 年 4 月 17 日，《人力资源社会保障部 教育部 财政部关于做好 2025 年高校毕业生等青年就业工作的通知》，提出 17 条政策举措，并通过多渠道挖掘就业岗位、全力支持提升就业能力、着力强化就业服务保障、加力营造就业良好环境，全力促进高校毕业生等青年群体就业创业。①

（二）青年租房住房压力有待进一步缓解

长期以来，住房问题，尤其是青年群体在大城市的住房问题一直是社会关注的焦点。高房价和高房租的双重压力，不仅影响了青年群体的生活质量，也抑制了其消费潜能的释放。一些一线城市核心区房源稀缺，租售价格高；而保障房多位于郊区，配套不足。同时，小户型住宅供给有限，难以完全满足青年独居或组建小家庭的需求。此外，青年群体对居住环境的要求也在不断提高，期待社区配备健身房、社交空间等，但部分租赁房源仅能满足基本居住功能。相对来说，受教育程度较高的青年，更向往大城市的发展机会，从而承受更大的住房压力，他们的收入超过了保障性住房标准却又无力购买商品房，成为住房政策的"夹心层"。一些一线城市青年因为居住偏远，日均通勤时间过长，导致睡眠不足和休闲时间不够，同时增加了城市交通压力。租房和住房难题会进一步给青年带来生活和工作上的挫败感与焦虑感。住有所居是民生大事，解决好大城市住房问题事关广大青年的切身利益，事关社会和谐稳定。党的二十大报告明确提出，"坚持房子是用来住的、不是用来炒的定位，加快建立多主体供给、多渠道保障、租购并举的住房制度"②，

---

① 《人力资源社会保障部 教育部 财政部关于做好 2025 年高校毕业生等青年就业工作的通知》，https://www.gov.cn/zhengce/zhengceku/202504/content_7021064.htm，最后访问日期：2025 年 5 月 3 日。

② 《习近平：高举中国特色社会主义伟大旗帜 为全面建设社会主义现代化国家而团结奋斗——在中国共产党第二十次全国代表大会上的报告》，https://www.gov.cn/xinwen/2022-10/25/content_5721685.htm，最后访问日期：2025 年 5 月 3 日。

这为解决青年住房问题指明了方向。

（三）青少年身心健康水平亟待提升

一方面，当前我国青少年体质健康面临严峻挑战，青少年的体能素质、运动能力、抗病能力下降，与此同时，近视率、肥胖率、慢性病发病率逐年上升。[①] 这不仅影响当代青少年的健康成长，也影响国家未来的竞争力。究其根源，一是与当前教育评价体系失衡有关。学业压力挤占校内运动时间，体育课时被压缩现象较为普遍，中考体育测试项目存在"应试化训练"倾向，同时学校怕出安全问题取消器械类、对抗性项目等都成为重要影响因素。二是与生活方式变革相关。大量屏幕使用时间挤压了青少年的户外活动时间，且甜食、肉类、碳酸饮料等食品备受青少年欢迎。三是与社区体育设施短缺、场地不足有关。家庭和社区为青少年参与体育活动所提供的设施、场地还不能完全满足青少年的需要。另一方面，青少年心理健康问题也亟待关注。根据《蓝皮书报告｜2022年青少年心理健康状况调查报告》，约14.8%的青少年存在不同程度的抑郁风险；西部或农村户口的青少年心理健康水平总体更低；住校、父母外出工作等缺少父母照顾与陪伴的青少年有更多抑郁、孤独、手机成瘾问题。[②] 这些数据表明，青少年心理问题已成为一个不容忽视的社会问题。究其根源，一是学业与家庭压力的叠加。随着教育竞争加剧，青少年心理问题与考试焦虑和升学压力直接相关。加之在这种竞争导向下，部分家庭对孩子较为严苛或亲情缺位，加剧了青少年的心理压力。二是受到网络影响。部分青少年存在社交媒体依赖，呈现"线上活跃、线下社交恐惧"的分裂状态。虚假信息、网络欺凌加剧了这部分青少年的自我认同危机，社交媒体中的形象攀比更是导致他们产生持续的自卑感。三是社会支持不足。学校系统的心理咨询课程、心理咨询

[①] 蒙可斌：《新时代青少年体质健康促进路径研究》，《当代体育科技》2018年第27期；成刚、卢嘉琪、陈郑：《家庭资本对中学生体质健康的影响研究》，《教育科学研究》2020年第11期。

[②] 《蓝皮书报告｜2022年青少年心理健康状况调查报告》，https://baijiahao.baidu.com/s？id=1773804140085582767&wfr=spider&for=pc，最后访问日期：2025年5月3日。

服务，以及家庭成员的心理支持都存在一定程度的不足。总的来说，关爱青少年身心健康需要构建政府主导、家校协同、社会参与的立体化干预体系。通过价值重塑、制度创新与资源整合，扭转当前不利态势，为中国式现代化建设培养德智体美劳全面发展的接班人。

（四）青年婚恋面临新的挑战

当前，我国青年婚恋面临经济压力与价值观念转变的双重挤压。《中国统计年鉴 2023》显示，2022 年，我国结婚登记人数共计 683.5 万对，较 2021 年减少了 80.8 万对。《第七次全国人口普查公报（第八号）》显示，2020 年，我国平均初婚年龄为 28.67 岁，比 2010 年平均初婚年龄（24.89 岁）推迟了 3.78 岁。[①] 根据民政部统计数据，2024 年全国结婚登记数为 610.6 万对，相较于 2023 年，2024 年结婚登记数同比下降 20.5%，创下近年来的新低。[②] 年轻人中出现恐婚族、不婚族、晚婚族，叠加城市化进程中的人口流动，导致婚恋市场萎缩，加剧了"婚姻挤压"现象。经济压力成为青年婚育选择的重要影响因素。当前，婚育的基础成本和隐性消耗都在持续增加，一线城市婚恋综合成本、婚后育婴成本居高不下。尤其是随着就业压力增大，青年维系婚恋关系的经济成本与心理负担也在增加。青年婚恋成本增加已成为影响婚育决策的关键因素。同时，一些青年婚恋观发生了根本性变化，主动选择单身、择偶标准从物质条件转向精神契合等价值观念日益凸显，对传统婚恋观念提出了新的挑战。

二　筑牢青年发展的文化根基

党的二十大报告指出，全面建设社会主义现代化国家，必须坚持中国特色社会主义文化发展道路，增强文化自信，围绕举旗帜、聚民心、

---

① 参见《是什么绊住了年轻人婚恋的脚步》，http://www.xinhuanet.com/local/20240530/9eff bf63fdbf430d923670ea3e043252/c.html，最后访问日期：2025 年 5 月 3 日。
② 《适婚年龄人口数量快速下跌，2024 年一线城市结婚人数普遍下降》，https://baijiahao. baidu.com/s? id=1824595358129712955&wfr=spider&for=pc，最后访问日期：2025 年 5 月 3 日。

育新人、兴文化、展形象建设社会主义文化强国，发展面向现代化、面向世界、面向未来的，民族的科学的大众的社会主义文化，激发全民族文化创新创造活力，增强实现中华民族伟大复兴的精神力量。[①] 从实践导向来看，筑牢青年发展的文化根基为推动青年社会参与提供精神动力和智力支持。

（一）坚定青年的文化自信，为青年参与社会实践提供精神源泉

青年是祖国发展和社会进步的重要力量，是坚定文化自信的重要阵地，蕴含推动文化创新创造的充沛活力。青年文化自信建设与青年社会参与是相互促进的有机整体：文化自信为青年社会参与提供精神根基，而社会参与则增进了青年对文化的认同。

当前，我国青年面临较为复杂的文化环境。首先，青年处于西方文化全球扩张的复杂环境中。随着经济全球化和信息技术的快速发展，西方文化加紧向发展中国家渗透。青年群体正处于世界观和价值观的形成与确立时期[②]，对一切新鲜事物都充满好奇，更易受到外来文化影响。改革开放以来，西方消费主义、拜金主义、享乐主义等资本主义腐朽思想文化对我国青年产生了负面影响，影响了青年的健康发展。特别是西方国家在文化输出过程中，有意将西方文化包装成促进人类社会发展的先进文化，不断强化以西方文化为核心的道德评判标准，迷惑并导致我国部分青年对西方文化形成盲目崇拜的心态。

其次，青年面临多元文化的冲击。现代社会文明进步的标志之一就是多元文化的发展。当前，在我国，中国特色社会主义文化及社会主义核心价值观是主流文化，同时多元文化并存发展。然而，一些地区对多元文化缺乏有效引导和监管，致使青年面临鱼龙混杂的文化市场。因此，坚持中国特色社会主义文化和社会主义核心价值观的主流地位不动

---

① 《习近平：高举中国特色社会主义伟大旗帜 为全面建设社会主义现代化国家而团结奋斗——在中国共产党第二十次全国代表大会上的报告》，https://www.gov.cn/xinwen/2022-10/25/content_5721685.htm，最后访问日期：2025 年 5 月 3 日。

② 廉思：《加强对新时代中国青年的价值引领》，https://m.gmw.cn/toutiao/2025-05/01/content_38003641.htm，最后访问日期：2025 年 5 月 3 日。

摇，引导多元文化有序发展，增强青年的文化辨别能力，已经成为当前我国青年文化自信建设的重要任务。

最后，中华优秀传统文化在青少年群体中的传承与发展现状不容乐观，宣传力度有待加大。对中华优秀传统文化的继承和发展是支撑中华民族屹立于世界民族之林的关键路径，也是中国特色社会主义发展的精神动力，集中体现在爱国、处世、修身三个层次。其中，爱国爱党、仁爱共济、立己达人、正心笃志、崇德弘毅成为培养我国青年文化自信的重要思想内核，对青年的思维方式和生活观念产生了积极影响。面对西方文化的扩张和多元文化的传播，如何赋予中华优秀传统文化新的时代内涵，提高中华优秀传统文化对青年的吸引力和感染力，是坚定青年文化自信、推动青年参与社会实践的关键所在。

青年文化自信建设既包括在多元文化冲击下对中华优秀传统文化的传承和弘扬，还包括在坚持中华优秀传统文化的基础上对外来文化的辨别反思和学习借鉴。为此，要着重提高青年的文化认知、文化自觉、文化实践和文化创新能力，使青年既有本土文化情怀，又有国际文化视野，坚定文化自信。

1. 提高青年的文化认知能力

文化认知是指对文化的认识理解，是文化自信的基石。习近平总书记在党的十九大报告中指出，"中国特色社会主义文化，源自于中华民族五千多年文明历史所孕育的中华优秀传统文化，熔铸于党领导人民在革命、建设、改革中创造的革命文化和社会主义先进文化，植根于中国特色社会主义伟大实践"①。青年应充分了解中华优秀传统文化以及当代中国文化，并增进对中国特色社会主义道路和社会主义核心价值观的全面认识和理解。同时，青年要增强对西方文化渗透的抵抗力，增强文化鉴别力。提高文化认知能力有助于增强青年的文化认同感和民族自豪

---

① 《习近平：决胜全面建成小康社会 夺取新时代中国特色社会主义伟大胜利——在中国共产党第十九次全国代表大会上的报告》，https://www.gov.cn/zhuanti/2017-10/27/content_5234876.htm，最后访问日期：2025 年 5 月 3 日。

感，增强文化自信心。

2. 提高青年的文化自觉能力

文化自觉是文化自信健康发展的前提。费孝通先生提出的文化自觉是指"生活在一定文化中的人对其文化有'自知之明'，明白它的来历、形成过程、所具的特色和它发展的趋向"①。他既不主张复旧，也不主张全盘西化，而是要在多元文化中找到文化繁荣和共存的道路。面对西方文化的涌入，尤其是在多元文化的交流和碰撞中，青年的文化认同呈现开放与挑战并存的特点。为此，要引导青年坚定文化自信，使他们努力做到"以我为主、兼收并蓄"，发展独立的文化人格。这要求青年提高文化自觉能力，时刻保持警醒，在对外来文化进行深刻反思的基础上，取其精华，去其糟粕，不断发展新时代中国特色社会主义文化，增强文化自信。

3. 提高青年的文化实践能力

文化实践是指从中国国情出发，研究中国问题，回应中国现实需要，用中国特色社会主义理论体系来指导实践。文化实践是文化自信建设的必备条件。习近平总书记在党的十九大报告中强调指出，"要以培养担当民族复兴大任的时代新人为着眼点，强化教育引导、实践养成、制度保障""把社会主义核心价值观融入社会发展各方面，转化为人们的情感认同和行为习惯"②。实践出真知，文化知识是从实践中产生的，必然需要在实践中进行检验。青年的文化实践重在理论联系实际。推动中华优秀传统文化融入生活，将抽象的文化理论概念转化为具体的行为，并将文化知识进行内化、传承、发展和创新，这是青年从被动的文化接受者转化为积极的文化建设参与者的过程，有助于青年更好地理解文化、发展文化和反思文化，从而增强文化自信心和文化辨别力。

4. 提高青年的文化创新能力

文化创新是指在坚持社会主义核心价值观的基础上，鼓励具有时代

---

① 汤一介：《我对费孝通先生"文化自觉"理论的理解》，https://www.mmzy.org.cn/mmzt/fxt/jnyuzs/30439.aspx，最后访问日期：2025 年 5 月 3 日。

② 《习近平：决胜全面建成小康社会 夺取新时代中国特色社会主义伟大胜利——在中国共产党第十九次全国代表大会上的报告》，https://www.gov.cn/zhuanti/2017-10/27/content_5234876.htm，最后访问日期：2025 年 5 月 3 日。

特征和中国特色的文化创造，对中华优秀传统文化进行创造性转化和创新性发展。要建设文化强国，就要进行文化创新，文化创新是文化自信的动力和源泉。党的十八大以来，以习近平同志为核心的党中央大力推动中华优秀传统文化创造性转化和创新性发展。① 新时代的文化创新，要与时俱进地对中华优秀传统文化进行传承发展，并对外来文化进行兼容并包，在文化主体性基础上推动创新。因此，要充分调动青年参与文化创作的积极性和主动性，结合时代要求对中华优秀传统文化进行创造性转化和创新性发展。要加强与青年相关的文化产品的创作，促进文化产业发展，从观念上和体制上为青年文化创新创造条件，发挥文化创新对文化自信的促进作用。

　　总的来说，加强青年文化自信建设，应该构建系统联动路径。加强青年的文化自信建设，可以从家庭、学校、企业、社区系统着手，尤其要形成合力，促进不同系统协同工作。家庭要注重对青年进行个人品德和家庭美德教育，鼓励青年通过体验式和合作式学习，深化对中华优秀传统文化的认知，同时营造良好的家庭文化氛围，促进家庭德育功能的发挥。学校和企业要注重青年的传统文化教育、社会公德教育和爱国主义教育，通过提升工作者的文化教育素养，为青年提供丰富多彩的教育活动和文化产品，并积极促进朋辈学习。社区要注重培养青年的社会责任意识和奉献意识，通过构建社区文化服务平台，鼓励青年在社区互动中参与文化学习和文化实践，积极践行社会主义核心价值观。不同系统之间的相互协作是青年文化自信建设的关键。相关职能部门要完善针对青年的公共文化服务体系，引导社会组织提供以青年为对象的社会文化服务，充分利用网络空间和多媒体技术，加强文化市场管理工作，为青年提供内容积极向上、形式丰富多彩的文化产品和服务，并为青年的价值观培育营造良好的文化氛围。总之，在社会主义核心价值观的指导下，要重视对青年进行文化赋能，积极开展系统联动的文化自信建设工

---

① 宋宪萍：《持续推动中华优秀传统文化创造性转化和创新性发展》，http://www.81.cn/xx-qj_207719/xxjt/ll/16291759.html，最后访问日期：2025 年 5 月 3 日。

作，提高青年的文化认知、文化自觉、文化实践和文化创新能力，使青年担负起文化使命，成长为中华优秀传统文化的传承者和弘扬者，同时也是社会主义先进文化的践行者。

（二）推动农村文化建设，为农村青年的社会参与提供思想引领

农村青年是推进乡村振兴的关键力量。然而，当前我国农村青年存在社会参与动能不足的问题。通过农村文化建设，提升农村青年的文化认同感与责任感，使他们树立正确的价值观，成为当前增强农村青年社会参与动能的关键所在。习近平总书记强调指出："要推动乡村文化振兴，加强农村思想道德建设和公共文化建设，以社会主义核心价值观为引领，深入挖掘优秀传统农耕文化蕴含的思想观念、人文精神、道德规范，培育挖掘乡土文化人才，弘扬主旋律和社会正气，培育文明乡风、良好家风、淳朴民风，改善农民精神风貌，提高乡村社会文明程度，焕发乡村文明新气象。"[1] 推动农村文化建设，有助于为农村青年的社会参与提供精神文化支撑。

文化的重要功能之一是育人，以文化之是根本目的。中华优秀传统文化是中华民族的根与魂。着眼于人类社会发展，文化成为人类所创造的物质财富和精神财富的总和；着眼于人与社会的关系，文化则被用于发展、提升人的品质、素养和能力；着眼于当代世界意义，文化是综合国力的重要组成部分，是一国参与国际竞争重要的软实力。农村文化建设，要注重提升农村青年的文化领悟力和实践能力，更好地发挥农村青年的主观能动性，使农村青年自觉、自愿、自主地推动中华优秀传统文化创造性转化、创新性发展，把握社会主义先进文化的前进方向，为乡村振兴和文化强国建设添砖加瓦。

1. 重视党建引领

以文化建设推动农村青年成为参与农村社会发展的关键主体，要特别重视和充分发挥党建引领的重要作用。把党建引领贯穿农村文化建设

---

① 《习近平要求乡村要培育这"三风"》，https://baijiahao.baidu.com/s? id = 1595267975 000584310&wfr = spider&for = pc，最后访问日期：2025 年 5 月 3 日。

全过程，既要积极有为，大力弘扬促进农村文化发展的正能量，也要敢于亮剑，善于消除阻碍农村文化发展的负能量。要加强农村基层党组织对农村文化建设的组织领导，健全党领导农村工作的组织体系、制度体系和工作机制，把抓农村文化建设作为农村党建的重要内容，加强理论武装、工作机制建设、经费保障、资源整合等。基层党组织要切实做好农村青年的思想动员工作，提高抓农村文化建设的能力水平；充分调动广大农村青年的积极性，通过组建文化团体、开展农村特色文化活动，让农村青年真正成为农村文化建设的参与者和见证者。同时，完善党建和农村文化建设的融合发展机制，通过创新党建活动形式，整合党建资源，充分发挥各方优势，构建政府、社会、青年共同参与农村文化建设的新格局。发挥农村青年党员干部的模范带头作用。农村青年党员干部作为农村文化建设的重要力量，应自觉加强思想道德建设和文化修养，积极发挥示范引领作用，对于推动农村形成良好社会风尚、加强农村文化建设具有重要意义。农村青年党员干部要带头学习习近平文化思想，引领广大群众更好地理解把握习近平文化思想的基本精神、基本内容、基本要求，推进乡村文化振兴，激活乡土文化资源、涵养乡风文明、繁荣农村文化产业。此外，农村青年党员干部还应深入了解群众的文化需求，在加强农村思想道德建设、推进移风易俗等方面干在实处、走在前列。

2. 增强针对性

农村文化建设必须增强针对性。一是提高政治站位。要尽快提高广大农村青年的政治理论水平，加强对党的路线方针政策的理解，提高思想政治觉悟，增强对资本主义腐朽思想文化的鉴别力和免疫力。二是丰富农村青年的精神文化生活。全面建成小康社会后，农村青年的物质生活得到了根本改善，但农村的生态环境治理体系存在脆弱性、精神文明建设比较薄弱，因此应进一步加强农村生态环境建设和精神文明建设，打造良好生态环境，培育文明乡风、淳朴民风，不断提高农村社会文明程度，丰富农村青年的精神文化生活。三是强化文化内核。一些农村仍存在陈规陋习，索要高价彩礼、人情攀比、厚葬薄养等现象较为突出，存在功利主义、享乐主义、拜金主义等错误思想，与繁荣发展农村文化相背离。因此，在农村青年群体中，亟须用社会主义核心价值观凝聚共识。四是培育农村文化建设主体。农村文化发展的关键在人，需要一大批高素质农村青年作为农村文化建设的主体。随着工业化和城市化的快速发展，一大批有一定文化知识的青壮年农民涌向城市，农村以留守老人和妇女、儿童为主，高素质农业人才更是匮乏，承载优秀乡村文化的主体力量有限，难以有效发挥应有的作用。五是发挥政府主导作用，促进多元参与。农村文化建设既需要政府发挥主导作用，也需要市场主体和社会力量共同参与。然而，不少地方短期行为较多，缺乏长效工作机制，且农村青年的主动性、积极性和能力都有待提升。六是完善硬件条件。农村文化建设所需要的基础设施，包括农村青年喜闻乐见的各种文化平台（如文化广场、文化讲堂等）在农村地区得不到持续完善，已有相关设施的服务功能发挥不充分。

3. 增强实效性

农村文化建设必须增强实效性。实践中，一些地方的农村文化建设面临一系列问题，如顾"面子"不顾"里子"、重眼前不看长远等，导致实效性不高。只有坚持问题导向，不断解决农村文化发展中面临的各种现实问题，提高工作实效性，才能在文化建设中切实增强农村青年的获得感、认同感、归属感。

一是建立长效机制。探索行得通、做得实、长期管用的农村文化建设制度机制，按照有标准、有网络、有内容、有人才的要求，健全农村文化服务体系，加强基层综合性文化服务中心建设。二是着力提升农村地区针对青年群体的文化平台建设水平，加快文化资源数字化平台建设步伐，发挥新媒体优势，使农村青年能便捷地获取优质数字文化资源。三是丰富工作内容，探索多样化的工作方式。注重运用互动式、体验式、沉浸式传播方式，并加强基地化、展览化、课堂化教育平台建设，通过文明实践课堂、农村文化墙、农村文化礼堂等基层文化平台，推动各类农村文化实践活动持续开展。四是加强文化资源数字化建设，在公共网络文化平台加大宣传力度，还可以打造数字化文化馆、博物馆等，方便农村青年学习，增强农村青年的文化自信。将优秀传统文化融入农村青年的日常生活和娱乐中，运用通俗易懂的语言、喜闻乐见的形式，讲好农村文化故事，传递农村文化所蕴含的丰富情感，激发农村青年参与家乡建设的热情，对培育良好家风、文明乡风、淳朴民风有更多认同。五是坚持线上线下相结合，积极探索"互联网+农村文化服务体系"的工作模式，推动各类农村文化实践活动持续开展。六是夯实工作体系。一方面，重视青年人才队伍建设，依托各类文化艺术单位和组织，定期开展培训，为农村青年文化工作者提供学习交流平台，提升他们的文化艺术修养和工作能力；同时，引入网络导师，提升农村青年文化工作者的网络素养；完善相关政策措施和管理办法，鼓励青年人才投身农村文化建设。另一方面，完善资金保障机制，在鼓励支持各级财政加大对农村文化建设投入力度的同时，拓宽资金来源渠道，建立多元化的筹资机制，充分发挥市场和社会组织的作用，实施重点文化工程，活跃繁荣农村文化市场。

第四章　新时代中国青年社会参与的基层实践样态：基于青年社区参与的实证研究

第一节　青年社区参与研究的实证数据介绍

　　本研究基于 2023 年中国社会状况综合调查（Chinese Social Survey, CSS）数据，实证分析了青年的社区参与状况及其影响因素。CSS 项目是由中国社会科学院社会学研究所于 2005 年发起的一项全国范围内的大型连续性抽样调查，该调查主要涉及个人基础信息、劳动与就业、家庭结构、家庭经济状况等内容，目的是通过对全国公众的劳动就业、家庭及社会生活、社会态度等方面的长期纵贯调查，获取转型时期中国社会变迁的数据资料，从而为社会科学研究和政府决策提供翔实而科学的基础信息。[①] 该调查是双年度的纵贯调查，采用概率抽样的入户访问方式，调查区域覆盖全国 31 个省区市（除港澳台外），包括 151 个区市县 604 个村/居委会，每次调查访问 7000 个到 10000 余个家庭。[②] 为了获得高质量的调查数据，CSS 项目从多个层面保障调查的科学严谨。在抽样环节，CSS 项目利用第五次和第六次全国人口普查分区市县资料设计抽样框，并在调查点采用地图地址抽样方式以涵盖更多的流动人口；在

---

　　① 《中国社会状况综合调查项目介绍》，http://css.cssn.cn/zgshzkzhdc/xmjs/，最后访问日期：2025 年 5 月 3 日。

　　② 《中国社会状况综合调查项目介绍》，http://css.cssn.cn/zgshzkzhdc/xmjs/，最后访问日期：2025 年 5 月 3 日。

质量监控环节，各调查点、省级、全国不同层面都会进行一定比例的问卷复核以确保问卷质量，全部问卷进行双录入。[①] 此项目有助于获取转型时期中国社会变迁的数据资料，其研究结果可推论全国 18～69 周岁住户人口。CSS 数据是目前学界使用较为广泛的调查数据，[②] 本研究选取该调查数据的理由在于：第一，近年来我国境内的大样本数据调查中，仅有该调查较为完整地涉及青年社区参与的相关主题；第二，该调查内容十分详细，便于探究可能影响青年社区参与的因素；第三，2023年的 CSS 数据较新，且其中包含本研究所需的关键信息。

第二节　青年社区参与研究的变量介绍

本研究选取 18～35 岁青年作为研究对象，主要从六个方面考察了青年社区参与状况：参与社区事务、参与社区事务讨论、参与社区事务决策投票、反映社区问题、参与社区文化建设、参与社团组织。这六个方面从不同角度呈现了青年的社区参与状况。其中，参与社区事务、参与社区事务讨论、参与社区事务决策投票、反映社区问题体现了青年在社区治理中的互动与反馈机制，构成了青年行使社区成员权利、了解社区事务、表达利益诉求、参与公共决策、履行监督职责、推动社区问题解决的重要途径，是衡量实质性赋权和参与深度的关键指标。参与社区文化建设关注青年在社区文化生活中的融入与贡献，对青年社区认同感、归属感的形成及社区文化活力的维系至关重要。参与社团组织是通过结构化载体推动多元主体协同治理的过程，为青年融入社区、形成集

---

① 《中国社会状况综合调查项目介绍》，http://css.cssn.cn/zgshzkzhdc/xmjs/，最后访问日期：2025 年 5 月 3 日。

② Yingfa Wu, & Qingyi Zhao, "The Social Gradient of Trust in Government: An Empirical Analysis Based on the 2019 Wave of the Chinese Social Survey," *Chinese Journal of Sociology* 10 (4) (2024): 616-638; Zhouhao Sha, Dong Ren, Chengyou Li, & Zeru Wang, "Agricultural Subsidies on Common Prosperity: Evidence from the Chinese Social Survey," *International Review of Economics and Finance* 91 (C) (2024): 1-18.

体行动提供组织基础。这六个方面共同勾勒了青年在社区场域中"知情—发声—决策—监督—融入—组织"的完整行动链条。这六个方面之间并非相互独立，而是青年在不同领域以不同身份参与社区实践活动的具体体现，能较为全面地考察青年社区参与的广度与深度。

本研究关于青年社区参与的影响因素，首先基于制度视角从"主体-环境"维度展开分析。从过往研究看，主要包括以下几个方面。一是青年参与意识。现有研究表明，当青年意识到参与社区事务是其作为公民的基本权利时，权利意识会转化为持续参与行为。[①] 二是青年参与意愿。现有研究表明，较强的参与意愿会激发青年的责任感和主体性，[②] 推动青年从潜在参与意向转化为实际参与行动，[③] 形成"意愿—行为"的直接传导链。三是青年参与能力和参与成效。现有研究表明，参与能力培养是青年社区参与的行为基础，当青年具备执行能力并感知到行为有效性时，参与行为可持续性提升，[④] 形成"能力—效能感—行为"的增强回路。四是参与主观条件。生活满意度和社会信任分别是

① Constance Flanagan, & Peter Levine, "Civic Engagement and the Transition to Adulthood," *The Future of Children* 20 (1) (2010): 159-179; Bernadine Brady, Robert J. Chaskin, & Caroline McGregor, "Promoting Civic and Political Engagement among Marginalized Urban Youth in Three Cities: Strategies and Challenges," *Children and Youth Services Review* 116 (2020): 105-134.

② Lara Kobilke, & Antonia Markiewitz, "Understanding Youth Participation in Social Media Challenges: A Scoping Review of Definitions, Typologies, and Theoretical Perspectives," *Computers in Human Behavior* 157 (2024): 108-165.

③ Mingyue Du, Ching Sing Chai, Weifeng Di, & Xingwei Wang, "What Affects Adolescents' Willingness to Maintain Climate Change Action Participation: An Extended Theory of Planned Behavior to Explore the Evidence from China," *Journal of Cleaner Production* 422 (10) (2023): 138-153.

④ Naima T. Wong, Marc A. Zimmerman, & Edith A. Parker, "A Typology of Youth Participation and Empowerment for Child and Adolescent Health Promotion," *American Journal of Community Psychology* 46 (4) (2010): 100-114; Mariam Mandoh, Rebecca Raeside, Allyson Todd, Julie Redfern, Seema Mihrshahi, Hoi Lun Cheng, Philayrath Phongsavan, & Stephanie R. Partridge, "Evaluating the Effect of a 12-Month Youth Advisory Group on Adolescent's Leadership Skills and Perceptions Related to Chronic Disease Prevention Research: A Mixed-Methods Study," *BMC Public Health* 23 (1) (2023): 123-144.

青年心理状态和社会关系的重要指标，① 构成青年社区参与的重要主观条件。其中，生活满意度会通过心理资源供给和制度信任建构双路径影响青年社区参与行为；② 而高度的社会信任水平则会降低青年在集体行动中的沟通成本和对未知结果的风险担忧，提升社区参与意愿和参与效率。③ 五是参与客观条件。青年参与困境的本质之一就是有限资源与无限需求之间的矛盾。④ 时间和精力是青年个体最核心的客观资源条件。⑤ 其中，时间决定了青年社区参与广度，精力制约着青年社区参与深度。经济压力也会引发青年社区参与障碍，⑥ 住房、教育、养老等刚性支出会导致青年减少对社区事务的非必需性参与。

在基于制度视角进行"主体-环境"分析的基础上，本研究同时考察了空间因素的影响作用，重在分析青年社区参与行为的邻居溢出效应。对青年行为的研究，是学界关注的热点问题。⑦ 影响青年行为的因

---

① James Laurence, "The Impact of Youth Engagement on Life Satisfaction: A Quasi-Experimental Field Study of a UK National Youth Engagement Scheme," *European Sociological Review* 37 (2) (2021): 305-329; Xuanyu Hu, & Lili Xie, "Volunteering, Social Trust and Life Satisfaction of the Young-Old in China: Based on Urban-Rural Differences," *Social Sciences* 14 (3) (2025): 153.

② Elvira Cicognani, Davide Mazzoni, Cinzia Albanesi, & Bruna Zani, "Sense of Community and Empowerment among Young People: Understanding Pathways from Civic Participation to Social Well-Being," *International Journal of Voluntary and Nonprofit Organizations* 26 (1) 2015: 24-44; Ali Shamai, Hamid Abya, & Mohsen Ebrahimi, "Factors Influencing Citizen Participation in Community Management," *Management Science Letters* 5 (4) (2015): 407-412.

③ Susu Liu, Zhuoyi Wen, Jionglong Su, Alice Ming-lin Chong, Shiyi Kong, & Zhengyong Jiang, "Social Trust, Trust Differential, and Radius of Trust on Volunteering: Evidence from the Hong Kong Chinese," *Journal of Social Service Research* 47 (2) (2021): 276-291.

④ 蓝宇蕴、谢利发：《社区参与中的资源发掘路径探析——以 F 街社区互助会为例》，《华南师范大学学报》（社会科学版）2024 年第 2 期。

⑤ Rashmita S. Mistry, & Laura Elenbaas, "It's All in the Family: Parents' Economic Worries and Youth's Perceptions of Financial Stress and Educational Outcomes," *Journal of Youth and Adolescence* 50 (4) (2021): 724-738.

⑥ 邓智平、郑黄烨：《流动青年的社会参与及影响因素研究》，《中国青年社会科学》2023 年第 4 期。

⑦ Yuna Ma, Jiafeng Gu, & Ruixi Lv, "Job Satisfaction and Alcohol Consumption: Empirical Evidence from China," *International Journal of Environmental Research and Public Health* 19 (2) (2022): 933; Yuna Ma, & Jiafeng Gu, "Internet and Depression in Adolescents: Evidence from China," *Frontiers in Psychology* 14 (2023): 10.

素是多方面的，但是空间因素往往会被研究者忽略。在经济社会的发展过程中，空间因素往往会直接或间接影响到个体的行为。例如，在社会福利资源的配置上，已有研究表明存在空间溢出效应。① 在公共事务治理领域，空间因素和制度因素都会对公共事务产生影响。在实践中，相关部门可以通过空间优化和制度优化双重手段来改善公共治理。对此，笔者曾提出"空间-制度"二重结构论，将空间结构作为制度结构的内生因素进行分析，突破单一制度结构分析的限制，有效拓展了个体行为结构分析的研究维度。② 这里，鉴于这种分析方法的科学性和针对性，本研究将沿用"空间-制度"二重结构分析法和思路，开展对青年社区参与的研究。这对于青年社区参与研究而言，是一个新的尝试和突破。

社区是青年生活、交流、进行社会互动的一个重要社会时空。处于同一个社会时空中，青年之间往往会存在邻居溢出效应。③ 这种邻居溢出效应会对家庭决策和个人行为产生不可忽视的重要影响。例如，已有研究表明，邻居溢出效应会影响家庭能源消费、家庭旅游决策以及家庭土地流通。④ 同处于一个社区，青年之间往往存在比较紧密的联系，彼此之间在行为上可能会互相效仿和趋同。在社区参与上，同处于一个社区，青年之间的这种同群效应（peer effect）会更加明显。例如，有研究表明，社区居民在阅读行为上存在明显的同群效应。⑤ 此外，在择业

---

① 马玉娜、顾佳峰：《县际公共养老福利资源配置研究——兼论空间与制度结构的影响》，《社会学研究》2015 年第 3 期。

② 马玉娜、顾佳峰：《"空间-制度"互动与公共福利资源配置：以机构养老为例》，《北京大学学报》（哲学社会科学版）2018 年第 1 期。

③ 顾佳峰：《时空社会科学：理论与方法》，经济日报出版社，2024，第 108 页。

④ Jiafeng Gu, "Importance of Neighbors in Rural Households' Conversion to Cleaner Cooking Fuels: The Impact and Mechanisms of Peer Effects," *Journal of Cleaner Production* 379 (2022): 134776; Jiafeng Gu, "Do Neighbours Shape the Tourism Spending of Rural Households? Evidence from China," *Current Issues in Tourism* 26 (3) (2023): 2217 – 2221; Jiafeng Gu, "Neighborhood Does Matter: Farmers' Local Social Interactions and Land Rental Behaviors in China," *Land* 13 (1) (2024): 76.

⑤ 王艺、朱梦蝶、杨海平：《中国社区居民阅读行为的同群效应——基于 CGSS 数据的实证分析》，《图书情报工作》2024 年第 21 期。

上，社区中青年之间也存在这种同群效应。①

目前，关于青年社区参与的研究多是定性研究，主要通过个案观察、深度访谈、案例分析等方式开展。定性研究在一定程度上刻画了青年社区参与的现状，但是缺乏基于大规模社会调查数据开展的定量研究。本研究旨在弥补这个缺陷，利用全国性的宏观调查数据开展关于中国青年社区参与的系统性实证研究。其创新点体现在以下三个方面。第一，CSS 作为中国社会科学院主持的全国性概率抽样调查，覆盖全国 31 个省区市（除港澳台外）的城乡家庭，样本规模逾万户，且采用严格的分层抽样方法，可以确保样本对全国及分省份青年的代表性。CSS 问卷设计涵盖社区参与、政治态度、社会网络、经济状况、社会保障等 12 大模块，有助于本研究在统一框架下整合个体特征、家庭背景、社区环境等多层变量，系统性检验青年社区参与的驱动机制和结构性约束，避免局部案例的片面性。第二，相较于定性研究的"深描"，CSS 数据支持复杂建模技术。本研究基于 CSS 数据进行量化分析，呈现了青年社区参与的多元影响因素，同时进行异质性分析，丰富了青年社区参与研究的内涵。第三，本研究采用空间计量回归模型，对青年社区参与的邻居溢出效应进行实证检验，验证了处于同一社区的青年的参与行为会受到邻居行为的影响，从"空间－制度"二重结构论出发拓展了青年社区参与的研究范畴。

接下来，本研究将根据上述青年社区参与的六个方面，依次开展实证检验与分析。在青年社区参与的每个方面，本研究主要探究青年社区参与行为的影响因素和邻居溢出效应，开展异质性分析，并在此基础上提出政策建议。本研究不仅可以为青年社区参与研究提供新的理论视角和实证依据，而且可以为政策制定和实务推动提供参考借鉴。

---

① 张朝华、麦韵妍：《村社变迁、同群和榜样效应与农村青年就业选择》，《中国西部》2020 年第 5 期。

第三节 青年参与社区事务的实证分析

一 数据来源

基于 CSS 数据集,本研究剔除了缺失值、"不回答"和"不知道"的样本,最终采用来自全国 30 个省区市(除新疆、港澳台外)的 1546 个家庭的观测值。

二 变量与测量

(一)因变量

本研究的因变量是参与社区事务(PA)。CSS 会询问被调查者"是否参与建设、维护村居的公共设施""是否推动村居的公共事务运转"这两个问题,对这两个问题的回答选项采用二分类设置,即"是 = 1,否 = 0"。这里通过熵指数法合成这个变量。

(二)自变量

本研究共有 4 个自变量。

第一个自变量是参与意愿(WIL)。CSS 会询问被调查者"我对村居/社区事务不感兴趣和我对村居/社区活动不感兴趣""村居或社区活动交给村/居委会就可以了,不用村/居民操心"这两个问题。上述问题的回答采用四点式计分标准,即"很不同意 = 1,不太同意 = 2,比较同意 = 3,非常同意 = 4"。这里通过熵指数法合成这个变量,得分越高,代表个体参与社区事务的意愿越弱。

第二个自变量是参与能力(AB)。CSS 会询问被调查者"我有能力和知识对村居/社区事务发表意见"。对该问题的回答采用四点式计分标准,即"很不同意 = 1,不太同意 = 2,比较同意 = 3,非常同意 = 4"。得分越高,代表个体参与社区事务的能力越强。

第三个自变量是参与时间和精力(OC)。CSS 会询问被调查者"我没有时间和精力参加村居或社区活动讨论"。对该问题的回答采用四点式计分标准，即"很不同意＝1，不太同意＝2，比较同意＝3，非常同意＝4"。得分越高，代表个体的参与时间和精力越少。

第四个自变量是社会信任（*BE*）。CSS 会询问被调查者"请用 1 ~ 10 分，来表达您对现在人与人之间的信任水平的评价"，1 分表示非常不信任，10 分表示非常信任。得分越高，代表个体的社会信任水平越高。

（三）控制变量

结合研究问题和相关文献，[①] 本研究选取的控制变量包括以下 5 类：性别（*SEX*）、受教育程度（*EDU*）、户口（*UR*）、家庭收入（*INC*）、政治面貌（*POL*）。

参与社区事务的相关变量的定义及描述统计见表 4-1。

表 4-1　参与社区事务的相关变量的定义及描述统计

变量符号	变量名称	定义	均值	标准差	最小值	最大值
PA	参与社区事务	"是否参与建设、维护村居的公共设施""是否推动村居的公共事务运转"，通过熵指数法合成	0.013	0.049	0	0.252
WIL	参与意愿	"我对村居/社区事务不感兴趣和我对村居/社区活动不感兴趣""村居或社区活动交给村/居委会就可以了，不用村/居民操心"，通过熵指数法合成	0.005	0.003	0	0.011

---

① 陈涛、刘伊琳、梁哲浩、陈思：《城乡社区治理中的居民在线参与行为研究——基于公民自愿主义和社区情感承诺的视角》，《中国行政管理》2021 年第 12 期；龙斧、段玲童：《家庭消费如何塑造社会阶层认知——基于 CSS 2015—2021 的实证研究》，《山西财经大学学报》2025 年第 3 期；许加彪、李欣：《群际接触理论视角下互联网使用对居民国家认同感的影响机制——基于 CSS 2021 的实证分析》，《民族学刊》2025 年第 4 期；叶威先：《参与政府组织的志愿服务对青年普遍信任的影响——基于 CSS 2019 年数据的实证分析》，《福建农林大学学报》（哲学社会科学版）2025 年第 1 期。

续表

变量符号	变量名称	定义	均值	标准差	最小值	最大值
AB	参与能力	"我有能力和知识对村居/社区事务发表意见"。很不同意=1，不太同意=2，比较同意=3，非常同意=4	2.910	0.704	1	4
OC	参与时间和精力	"我没有时间和精力参加村居或社区活动讨论"。很不同意=1，不太同意=2，比较同意=3，非常同意=4	2.675	0.795	1	4
BE	社会信任	"请用1~10分，来表达您对现在人与人之间的信任水平的评价"，1分表示非常不信任，10分表示非常信任	6.376	1.959	1	10
SEX	性别	男性=1，女性=2	1.549	0.498	1	2
EDU	受教育程度	高受教育程度=1，低受教育程度=0	0.565	0.496	0	1
UR	户口	城镇户口=1，农村户口=0	0.399	0.490	0	1
INC	家庭收入	家庭年收入加1之后的对数值	7.640	4.802	0	14.914
POL	政治面貌	党员=1，非党员=0	0.086	0.280	0	1

三 模型与方法

本研究参考"空间-制度"二重结构分析法，将探究和实证检验上述4个自变量对青年参与社区事务的影响，同时也需要考察邻居溢出效应的影响。具体来说，把青年参与社区事务的影响因素分成空间和制度两方面。邻居溢出效应源于同处一个社区空间的因素，即空间层面的因素。此外还包括制度层面的因素，即参与意愿（WIL）、参与能力（AB）、参与时间和精力（OC）及社会信任（BE）。后续的实证方法，思路上都采用了"空间-制度"二重结构分析法。这种研究思路的优势是，不仅能够考虑青年自身因素的影响，还能够考虑邻居的影响，进而从青年自身及邻居这两个层面来考察青年社区参与行为，具有整体性和全局视角，能够减少统计估计中的偏差及提高统计推断的精准度。

因此，这里建构如下空间计量回归模型：

$$PA = \alpha + \beta_1 AB + \beta_2 OC + \beta_3 BE + \beta_4 WIL + \beta_5 SEX + \beta_6 EDU + \beta_7 UR + \beta_8 INC +$$
$$\beta_9 POL + \delta_1 W \times PA + \delta_2 W \times AB + \mu \qquad （模型 1）$$

在上述模型中，相关变量已在表 1 中定义过。这里需要重点说明的是，模型 1 中的 α 代表截距项，β_i 代表相关变量的回归系数，μ 代表残差项。W 是空间邻近权重矩阵，在这里的具体定义是：当样本家庭处于同一个地区时，权重为 1；当样本家庭不处于同一个地区时，权重为 0。参考之前的研究[1]，W 的空间权重矩阵在这里是用来体现邻近关系的。因此，$W \times PA$ 是 PA 变量的空间滞后项，$W \times AB$ 是 AB 变量的空间滞后项。δ_1 和 δ_2 是这两个空间滞后项的回归系数。

四　基线模型回归结果分析

参与社区事务的基线模型的回归结果见表 4-2。具体来说，表 4-2 中的第（1）列显示了因变量参与社区事务（PA）的空间滞后效应与自变量的模型的实证结果；第（2）列显示在第（1）列的基础上增加自变量参与能力（AB）的空间滞后效应的模型的实证结果；第（3）列在第（1）列的基础上加入了控制变量；第（4）列在第（2）列的基础上加入了控制变量。

（一）自变量影响作用分析

四个模型中参与能力（AB）的系数都显著为正（见表 4-2），说明青年越能意识到自身的参与能力，越倾向于参与社区事务（PA）。根据阿尔伯特·班杜拉（Albert Bandura）的自我效能理论（Self-Efficacy Theory），个体对自身能力的评估直接影响其行为选择。[2] 青年在解决实

---

① Jiafeng Gu，"Do Neighbours Shape the Tourism Spending of Rural Households? Evidence from China,"*Current Issues in Tourism* 26（3）（2023）：2217-2221；Jiafeng Gu，"Neighborhood Does Matter：Farmers' Local Social Interactions and Land Rental Behaviors in China,"*Land* 13（1）（2024）：76.

② Wayne K. Hoy，"Book Review：Self-Efficacy：The Exercise of Control by Albert Bandura,"*Educational Administration Quarterly* 34（1）（1998）：153-158.

际问题过程中验证自身技能的有效性，从而增强行动信心，更愿意参与社区事务治理。此外，青年对自身参与能力的认知会影响其参与意愿，进而影响其社区事务参与行为。当青年认为自己具备参与社区事务的能力时，他们会感到更有信心和动力去参与，因为他们相信自己能够对社区发展产生积极影响。[①] 青年在社区治理中从"旁观者"向"行动者"的角色转变，也会增强其在社区参与中的沟通协调能力、组织策划能力。研究表明，居民社区参与能力和居民公共精神决定了城镇居民社区参与的深度，是一个"质"的概念，提高居民社区参与能力和培育居民社区公共精神是解决社区参与公共性缺失问题的重要手段。[②] 美国的一项研究表明，对于中学生来说，接受公民教育能培养和提升公民技能，并促进其在社区中的参与和投入。[③] 因此，对于青年的公民教育十分必要，有助于促进青年对社区事务的投入。英国的一项研究评估了社会行动项目（Social Action Project，SAP）的影响，该项目旨在赋能青年个体参与解决对他们具有重要意义的社会问题，并培养其在社区内产生积极影响所需的必要技能与自信。[④] 结果表明，该项目使青年具备在社区中担任领导职务所需的必要知识和技能，提升了其参与解决社会问题的领导力。

四个模型中参与时间和精力（OC）的系数都显著为负（见表4-2）。由于参与时间和精力是一个反向测量变量，这个结果说明青年越有时间和精力参与社区活动，越能够参与社区事务（PA）。根据资源保存理论（Resource Conservation Theory），个体只有积累足够的资源才能承担额外

① 赵凌云：《青年积极的社区参与是如何成为可能的？——上海基层社区个案研究》，《青年学报》2019 年第 2 期。

② 张晓杰、王孝：《活跃性主体和理性式的社区居民参与治理模型研究》，《中国名城》2024 年第 7 期。

③ Brooke Blevins, Karon N. LeCompte, Tiffani Riggers-Piehl, Nate Scholten, & Kevin R. Magill, "The Impact of an Action Civics Program on the Community & Political Engagement of Youth," *The Social Studies* 1 (2020): 1-14.

④ Islam M. Rezaul, & Wa Mungai Ndungi, "The British Council's Social Action Project (SAP): Nurturing Youth Leadership Through Community Engagement," *Journal of Community Positive Practices* 24 (2) (2024): 1-14.

行动，这说明青年在学业或职业压力较小的阶段，更易跨越参与社区事务的"资源阈值"。时间和精力的增加使青年能够更频繁地参与社区活动，从而增强与社区居民的社交互动。[①] 这种互动有助于建立良好的社区关系，使青年感受到自己是社区的一部分，从而更愿意为社区发展贡献力量。当青年拥有持续的时间和精力投入社区事务时，他们可参与更具复杂性的社区项目，从而获得更深层次的价值认同。

根据表 4-2 的第（4）列，参与意愿（WIL）和社会信任（BE）的回归系数不显著，这说明参与社区活动意愿和社会信任水平对青年的社区事务参与的影响不显著。

表 4-2　参与社区事务的基线模型的回归结果

变量	因变量：PA			
	（1）	（2）	（3）	（4）
WIL	-0.747 (-1.32)	-0.691 (-1.21)	-0.987 * (-1.75)	-0.926 (-1.63)
AB	0.005 *** (3.04)	0.005 *** (2.94)	0.004 ** (2.42)	0.004 ** (2.33)
OC	-0.009 *** (-4.73)	-0.009 *** (-4.76)	-0.009 *** (-4.56)	-0.009 *** (-4.60)
BE	0.001 (1.50)	0.001 (1.27)	0.001 * (1.72)	0.001 (1.52)
SEX			-0.010 *** (-4.37)	-0.010 *** (-4.09)
EDU			-0.002 (-0.98)	-0.002 (-0.80)
UR			-0.005 ** (-2.06)	-0.005 ** (-2.17)
INC			0.001 *** (2.83)	0.001 *** (3.13)
POL			0.012 *** (2.74)	0.011 *** (2.65)

① 庄会虎、李丹：《新时代青年自主参与社区治理的机制与路径》，《经济导报》2024 年 6 月 3 日，第 7 版。

续表

变量	因变量：PA			
	（1）	（2）	（3）	（4）
W×PA	0.004** (2.16)	0.017*** (4.65)	0.004*** (2.71)	0.015*** (5.12)
W×AB		-0.001*** (-4.13)		-0.001*** (-4.35)
截距项	0.017** (2.15)	0.020*** (2.61)	0.031*** (3.51)	0.034*** (3.82)
观测值	1546	1546	1546	1546
R^2	0.035	0.038	0.044	0.078
Wald χ^2	78.42***	94.56***	130.32***	148.31***
Wald test of spatial terms	4.66**	21.66***	7.33***	26.19***

注：括号中是 z 统计量；*** $p<0.01$，** $p<0.05$，* $p<0.1$。

（二）空间滞后效应分析

因变量参与社区事务的空间滞后效应（$W×PA$）显著为正（见表4-2）。因此，邻居参与社区事务的行为会通过邻居溢出效应扩散到青年。邻居参与社区事务的行为有助于营造积极向上的社区氛围。当社区中越来越多的邻居积极参与社区事务时，这种氛围会潜移默化地影响青年，使他们感受到参与社区事务是一种被认可和被推崇的行为，从而增强他们的参与动机和行为倾向。在社区事务的参与过程中，邻居们会形成一些共同的价值观和理念，如对社区公共利益的重视、对社区发展的责任感等。这些价值观和理念会通过日常的互动和交流传递给青年，使他们在思想上产生共鸣，进而参与社区事务。[①]

自变量参与能力的空间滞后效应（$W×AB$）显著为负（见表4-2）。这说明邻居的社区参与能力越强，越会通过邻居溢出效应影响青年，导致青年越少参与社区事务。邻居的参与能力越强，青年越倾向于依靠邻

---

① 罗大蒙：《共享、互动与情感生产：城市社区邻里共同体的建构逻辑》，《理论月刊》2023年第11期。

居解决社区事务，而非亲身参与，从而减少社区事务参与行为。

综上所述，青年参与社区事务不仅受到自身因素的影响，还受到邻居的影响。因此，可以从社区邻里互动的角度促进青年参与社区事务。具体而言，社区可以从以下几个方面鼓励青年参与社区事务。第一，设立奖励制度，从个人与集体的双重驱动出发，推行"参与积分邻里账户"，青年个体参与获得的积分可叠加居住距离近的邻居的额外奖励；第二，建立"邻里守望组"，由青年担任轮值组长，通过微信群接龙、线下茶话会等形式共同参与社区事务；第三，创建社区 App 并设置"邻里贡献榜"，青年完成社区事务后自动生成带邻居@功能的荣誉证书，触发邻里之间在参与社区事务上的空间传播。

五　异质性分析

（一）城乡异质性分析

就城乡异质性而言（见表 4-3），参与意愿（WIL）对农村青年参与社区事务（PA）存在显著负向影响，对城镇青年参与社区事务（PA）不存在显著影响。可见，在城镇地区，青年的社区事务参与行为更可能受到个体能力和环境条件因素制约，而非主观意愿；在农村地区，青年的主观意愿更能起到作用。这也从侧面印证了在社区事务参与过程中，农村青年的主体性因素起到更加突出的作用。

参与能力（AB）对城镇青年参与社区事务（PA）存在显著正向影响，对农村青年参与社区事务（PA）不存在显著影响。近年来，农村大量青年劳动力向城镇地区流动，农村社区事务的参与主体以妇女和老年人为主，青年参与较少，其参与能力难以得到显著发挥。

参与时间和精力（OC）对城镇和农村青年参与社区事务（PA）均存在显著负向影响，且表 4-3 中第（1）列的系数绝对值小于第（2）列的系数绝对值。由于参与时间和精力是一个反向测量变量，这个结果说明城乡青年越有时间和精力参与社区活动，越倾向于参与社区事务，且参与时间和精力对农村青年参与社区事务的影响更大。相比于城镇地区，农村地区往往存在更明显的交通不便、公共服务覆盖不足、家庭生计活动耗时耗力等问题。这意味着同样的时间和精力障碍，对农村青年造成的实际负担更重，因为他们克服这些障碍的难度更大、成本更高。同时，城镇青年拥有更便捷的交通、更完善的社会服务网络以及更灵活的工作安排，这可部分缓冲时间和精力障碍带来的负面影响。农村青年则更缺乏这些缓冲机制，导致时间和精力障碍对其参与社区事务的抑制作用被放大。

社会信任（BE）对农村青年参与社区事务（PA）存在显著正向影响，对城镇青年参与社区事务（PA）不存在显著影响。这可能是因为农村地区社会成员之间相互依存性较高，彼此通过长期交往形成的信任感对处理农村公共事务有着积极的作用。[1] 相比之下，城镇青年流动性较强，建立社会信任关系的难度较大。

参与能力的空间滞后效应（$W \times AB$）对城镇和农村青年参与社区事务（PA）均存在显著负向影响。参与社区事务的空间滞后效应（$W \times PA$）对城镇和农村青年参与社区事务（PA）均存在显著正向影响。但是，表4-3中第（1）列的系数绝对值大于第（2）列的系数绝对值，表明参与社区事务的空间滞后效应对城镇青年参与社区事务的影响更大，这说明城镇青年在社区事务参与中的邻里互动更为明显，青年和邻居参与社区事务的同步性较强。

表 4-3　参与社区事务的城乡异质性分析

变量	因变量：PA	
	城镇	农村
	（1）	（2）
WIL	−0.036 （−0.04）	−1.471* （−1.91）
AB	0.007** （2.56）	0.003 （1.19）

---

① 谭双凤：《社会资本理论视角下居民参与乡村社区治理路径研究》，《农业技术与装备》2024 年第 6 期。

续表

变量	因变量：PA	
	城镇	农村
	（1）	（2）
OC	-0.008 ***	-0.009 ***
	（-2.99）	（-3.69）
BE	-0.001	0.002 **
	（-0.44）	（2.14）
控制变量	是	是
W×AB	-0.001 ***	-0.001 ***
	（-2.89）	（-3.98）
W×PA	0.036 ***	0.023 ***
	（4.31）	（4.45）
截距项	0.001	0.043 ***
	（0.01）	（3.58）
观测值	617	929
R^2	0.015	0.087
Wald χ^2	91.68 ***	108.45 ***
Wald test of spatial terms	19.03 ***	20.42 ***

注：括号中是 z 统计量；*** $p<0.01$，** $p<0.05$，* $p<0.1$。

（二）政治面貌异质性分析

就政治面貌异质性而言（见表4-4），参与能力（AB）对非党员青年参与社区事务（PA）存在显著正向影响，对党员青年参与社区事务（PA）不存在显著影响。可见，在缺乏党组织输送的制度化参与渠道时，非党员青年可以通过个人能力突破准入门槛。党员青年的参与能力普遍较强，政治面貌难以对其参与社区事务的行为产生实质性的差异化影响。

参与时间和精力（OC）对党员和非党员青年参与社区事务（PA）均存在显著负向影响。但是，表4-4中第（1）列的系数绝对值大于第（2）列的系数绝对值，说明参与时间和精力对党员青年参与社区事务的影响更大。因为党员青年需同时履行居民与党员双重角色义务，当有更多时间和精力时，他们更倾向于投身社区事务。

参与能力的空间滞后效应（$W×AB$）对党员和非党员青年参与社区事务（PA）均存在显著负向影响。但是，表4-4中第（1）列的系数绝对值大于第（2）列的系数绝对值，说明参与能力的空间滞后效应对党员青年参与社区事务的影响更大。参与社区事务的空间滞后效应（$W×PA$）对党员和非党员青年参与社区事务（PA）均存在显著正向影响。但是，表4-4中第（1）列的系数绝对值大于第（2）列的系数绝对值，说明参与社区事务的空间滞后效应对党员青年参与社区事务的影响更大。党员身份具有"先进分子"的符号价值，邻里普遍参与更易对党员青年形成群体压力。

表4-4　参与社区事务的政治面貌异质性分析

变量	因变量：PA	
	党员	非党员
	（1）	（2）
WIL	-3.070 (-0.91)	-0.778 (-1.40)
AB	0.008 (0.87)	0.004** (2.37)
OC	-0.023** (-2.27)	-0.007*** (-3.86)
BE	0.001 (0.42)	0.001 (1.53)
控制变量	是	是
$W×AB$	-0.002** (-2.38)	-0.001*** (-3.91)
$W×PA$	0.116** (2.56)	0.015*** (4.65)
截距项	0.001 (0.01)	0.027*** (3.03)
观测值	133	1413
R^2	0.132	0.055
Wald χ^2	61.89***	101.88***
Wald test of spatial terms	7.12**	21.71***

注：括号中是z统计量；*** $p<0.01$，** $p<0.05$。

（三）性别异质性分析

就性别异质性而言（见表 4-5），参与能力（AB）对男性青年参与社区事务（PA）存在显著正向影响，对女性青年参与社区事务（PA）不存在显著影响。这可能是由于女性需要投入更多时间精力参与家务劳动，这制约了其在社区事务中发挥作用。而且，在社区治理数字化转型中，智能设备操作、大数据分析等"硬技能"被过度赋权，男性在其中相对更占优势。

参与时间和精力（OC）对男性和女性青年参与社区事务（PA）均存在显著负向影响。但是，表 4-5 中第（1）列的系数绝对值大于第（2）列的系数绝对值，说明参与时间和精力对男性青年参与社区事务的影响更大。这可能是由于在传统的社会观念中，男性常常被赋予赚钱养家的责任，在社会经济活动中的活跃程度较高，劳动力参与率普遍较高。因此，男性青年的社区事务参与行为更容易受到时间和精力因素的制约。

参与能力的空间滞后效应（W×AB）对男性和女性青年参与社区事务（PA）均存在显著负向影响。参与社区事务的空间滞后效应（W×PA）对男性和女性青年参与社区事务（PA）均存在显著正向影响。但是，表 4-5 中第（1）列的系数绝对值小于第（2）列的系数绝对值，说明参与社区事务的空间滞后效应对女性青年参与社区事务的影响更大。这可能是由于相比于男性，女性更注重与社区内其他人群的情感联结。邻居参与社区事务，更易带动女性青年参与社区事务。

表 4-5　参与社区事务的性别异质性分析

变量	因变量：PA	
	男性	女性
	（1）	（2）
WIL	-1.095 (-1.09)	-0.682 (-1.11)
AB	0.005* (1.74)	0.002 (1.25)

续表

变量	因变量：PA	
	男性	女性
	（1）	（2）
OC	−0.011*** （−3.28）	−0.006*** （−3.19）
BE	0.001 （0.99）	0.001 （0.71）
控制变量	是	是
W×AB	−0.001*** （−3.17）	−0.001*** （−4.59）
W×PA	0.034*** （4.05）	0.038*** （5.75）
截距项	0.001 （0.01）	0.001 （0.02）
观测值	698	848
R^2	0.073	0.003
Wald χ^2	161.88***	125.33***
Wald test of spatial terms	17.27***	34.49***

注：括号中是 z 统计量；*** $p<0.01$，* $p<0.1$。

（四）受教育程度异质性分析

就受教育程度异质性而言（见表 4-6），参与意愿（WIL）对低受教育程度青年参与社区事务（PA）存在显著负向影响，对高受教育程度青年参与社区事务（PA）不存在显著影响。由于参与意愿是一个反向测量变量，这个结果说明受教育程度越低的青年越有意愿参与社区活动，越倾向于参与社区事务。低受教育程度青年参与社区事务更可能受到个人主观情感因素支配，且高参与意愿可能会促进其参与行为；而高受教育程度青年参与社区事务的行为则更可能受到理性因素、环境因素的支配。

参与能力（AB）对高受教育程度青年参与社区事务（PA）存在显著正向影响，对低受教育程度青年参与社区事务（PA）不存在显著影响。这可能是因为教育经历会丰富青年的知识和技能，有助于青年更好参与社区事务，解决社区治理难题。

参与时间和精力（OC）对高受教育程度和低受教育程度青年参与社区事务（PA）均存在显著负向影响。但是，表4-6中第（1）列的系数绝对值大于第（2）列的系数绝对值，说明参与时间和精力对高受教育程度青年参与社区事务的影响更大。这可能是因为高受教育程度青年往往忙于学业和就业，他们参与社区事务更容易受到时间和精力因素的制约。

社会信任（BE）对低受教育程度青年参与社区事务（PA）存在显著正向影响，对高受教育程度青年参与社区事务（PA）不存在显著影响。这可能是因为低受教育程度青年多倾向于情感型参与，在社区事务参与中更多依托人情往来，社会信任关系起到了更显著的影响作用；而高受教育程度青年多倾向于工具型参与，更偏重问题解决导向。

参与能力的空间滞后效应（W×AB）对高受教育程度和低受教育程度青年参与社区事务（PA）均存在显著负向影响。参与社区事务的空间滞后效应（W×PA）对高受教育程度和低受教育程度青年参与社区事务（PA）均存在显著正向影响。但是，表4-6中第（1）列的系数绝对值小于第（2）列的系数绝对值，说明参与社区事务的空间滞后效应对低受教育程度青年参与社区事务的影响更大。这可能是因为低受教育程度青年更依赖邻里间的口耳相传获取社区信息，而且他们往往更难理解政策术语，更加依赖邻居对政策进行解读。所以，邻居参与社区事务越多，越能带动低受教育程度青年参与社区事务。

表4-6　参与社区事务的受教育程度异质性分析

变量	因变量：PA	
	高受教育程度	低受教育程度
	（1）	（2）
WIL	−0.706 （−0.88）	−1.539* （−1.88）
AB	0.005** （2.17）	0.002 （1.04）

续表

变量	因变量：PA	
	高受教育程度	低受教育程度
	（1）	（2）
OC	−0.009 ***	−0.008 ***
	（−3.56）	（−2.68）
BE	−0.001	0.002 **
	（−0.28）	（2.36）
控制变量	是	是
W×AB	−0.001 ***	−0.001 ***
	（−3.33）	（−3.27）
W×PA	0.026 ***	0.030 ***
	（4.60）	（3.98）
截距项	0.001	0.030 **
	（0.01）	（2.36）
观测值	873	673
R^2	0.056	0.059
Wald χ^2	161.02 ***	80.02 ***
Wald test of spatial terms	21.20 ***	15.89 ***

注：括号中是 z 统计量；*** $p<0.01$，** $p<0.05$，* $p<0.1$。

（五）家庭收入异质性分析

就家庭收入异质性而言（见表 4-7），参与意愿（WIL）对高收入家庭青年参与社区事务（PA）存在显著负向影响，对低收入家庭青年参与社区事务（PA）不存在显著影响。由于参与意愿是一个反向测量变量，这个结果说明高收入家庭青年越有意愿参与社区活动，越多参与社区事务。这可能是因为高收入家庭青年拥有充足的经济资本和社会资本，更容易将参与意愿转化为实际参与行为，形成显著正向影响；而低收入家庭青年虽可能有参与意愿，但受制于刚性约束（如多份兼职挤占时间、缺乏交通工具、需承担家庭照料责任），参与意愿无法转化为实际参与行为。

参与能力（AB）对低收入家庭青年参与社区事务（PA）存在显著正向影响，对高收入家庭青年参与社区事务（PA）不存在显著影响。

家庭经济资源匮乏可能会促使低收入家庭青年选择通过个人能力弥补家庭经济社会条件的不足，从而影响其在社区事务中的参与。

参与时间和精力（OC）对高收入家庭青年参与社区事务（PA）存在显著负向影响，对低收入家庭青年参与社区事务（PA）不存在显著影响。由于参与时间和精力是一个反向测量变量，这个结果说明高收入家庭青年越有时间和精力参与社区活动，越倾向于参与社区事务。

社会信任（BE）对高收入家庭青年参与社区事务（PA）存在显著正向影响，对低收入家庭青年参与社区事务（PA）不存在显著影响。高收入家庭青年通常拥有更广泛的社会网络，在这些社会网络中，信任关系起到较大的作用。低收入家庭青年的社会资本比较匮乏，可能更依赖制度性支持而非人际信任。现实中，高收入家庭青年更可能通过信任关系拓宽参与渠道，对于低收入家庭青年而言，其社会资本可能相对有限，因而社会信任对社区事务参与的影响较小。

参与能力的空间滞后效应（$W \times AB$）对高收入家庭青年参与社区事务（PA）存在显著负向影响，对低收入家庭青年参与社区事务（PA）不存在显著影响。高收入家庭青年可能更多通过购买专业服务替代邻里互助，而且邻居能力优势可能会削弱高收入家庭青年的自身贡献价值感知，从而使其更少参与社区事务。参与社区事务的空间滞后效应（$W \times PA$）对高收入和低收入家庭青年参与社区事务（PA）均存在显著正向影响。但是，表4-7中第（1）列的系数绝对值小于第（2）列的系数绝对值，说明参与社区事务的空间滞后效应对低收入家庭青年参与社区事务的影响更大。与邻居一起参与社区事务，往往会使低收入家庭青年获得更多社会认同，而这也可能成为低收入家庭的重要社会认同来源。

表4-7　参与社区事务的家庭收入异质性分析

变量	因变量：PA	
	高收入	低收入
	（1）	（2）
WIL	-1.376^{*} (-1.90)	0.650 (0.80)

续表

变量	因变量：PA	
	高收入	低收入
	（1）	（2）
AB	0.003 （1.44）	0.006** （2.53）
OC	−0.010*** （−4.19）	−0.003 （−1.24）
BE	0.002** （2.00）	−0.001 （−1.04）
控制变量	是	是
W×AB	−0.001*** （−4.36）	−0.001 （−1.48）
W×PA	0.021*** （4.88）	0.041*** （3.43）
截距项	0.033** （2.10）	0.010 （0.78）
观测值	1123	423
R^2	0.035	0.012
Wald χ^2	128.75***	29.59***
Wald test of spatial terms	23.86***	12.58***

注：括号中是 z 统计量；*** $p<0.01$，** $p<0.05$，* $p<0.1$。

第四节　青年参与社区事务讨论的实证分析

一　数据来源

基于 CSS 数据集，本研究剔除了缺失值、"不回答"和"不知道"的样本，最终采用来自全国 30 个省区市（除新疆、港澳台外）的 1546 个家庭的观测值。

二　变量与测量

（一）因变量

本研究的因变量是参与社区事务讨论（DIS）。CSS 会询问被调查者

"是否参加社区事务讨论"，对该问题的回答选项采用二分类设置，即
"是＝1，否＝0"。

（二）自变量

本研究共有 5 个自变量。

第一个自变量是参与权利意识（AUT）。CSS 会询问被调查者"村
居/社区活动关系到我的利益，我有权利参加讨论和决策"。该回答采
用四点式计分标准，即"很不同意＝1，不太同意＝2，比较同意＝3，
非常同意＝4"。该问题得分越高，代表个体参与社区事务的权利意识
越强。

第二个自变量是参与意愿（WIL）。CSS 会询问被调查者"我对村
居/社区事务不感兴趣和我对村居/社区活动不感兴趣""村居或社区活
动交给村/居委会就可以了，不用村/居民操心"这两个问题。该回答
采用四点式计分标准，即"很不同意＝1，不太同意＝2，比较同意＝3，
非常同意＝4"。这里通过熵指数法合成这个变量，得分越高，代表个体
参与社区事务的意愿越弱。

第三个自变量是参与成效（EF）。CSS 会询问被调查者"我认为参
加村居/社区事务讨论没用，不会对决策有影响"。该回答采用四点式
计分标准，即"很不同意＝1，不太同意＝2，比较同意＝3，非常同意＝
4"。该问题得分越高，代表个体感知到的参与成效越差。

第四个自变量是参与时间和精力（OC）。CSS 会询问被调查者"我
没有时间和精力参加村居或社区活动讨论"。该回答采用四点式计分标
准，即"很不同意＝1，不太同意＝2，比较同意＝3，非常同意＝4"。该
问题得分越高，代表个体的参与时间和精力越少。

第五个自变量是社会信任（BE）。CSS 会询问被调查者"请用 1～
10 分，来表达您对现在人与人之间的信任水平的评价"，1 分表示非常
不信任，10 分表示非常信任。该问题得分越高，代表个体的社会信任
水平越高。

（三）控制变量

结合研究问题和相关文献，① 本研究选取的控制变量包括以下 5 类：性别（SEX）、受教育程度（EDU）、户口（UR）、家庭收入（INC）、政治面貌（POL）。

参与社区事务讨论的相关变量的定义及描述统计见表 4-8。

表 4-8　参与社区事务讨论的相关变量的定义及描述统计

变量符号	变量名称	定义	均值	标准差	最小值	最大值
DIS	参与社区事务讨论	"是否参加社区事务讨论"。是=1，否=0	0.058	0.234	0	1
AUT	参与权利意识	"村居/社区活动关系到我的利益，我有权利参加讨论和决策"。很不同意=1，不太同意=2，比较同意=3，非常同意=4	3.278	0.629	1	4
WIL	参与意愿	"我对村居/社区事务不感兴趣和我对村居/社区活动不感兴趣""村居或社区活动交给村/居委会就可以了，不用村/居民操心"，通过熵指数法合成	0.005	0.003	0	0.011
EF	参与成效	"我认为参加村居/社区事务讨论没用，不会对决策有影响"。很不同意=1，不太同意=2，比较同意=3，非常同意=4	2.311	0.824	1	4
OC	参与时间和精力	"我没有时间和精力参加村居或社区活动讨论"。很不同意=1，不太同意=2，比较同意=3，非常同意=4	2.675	0.795	1	4

---

① 陈涛、刘伊琳、梁哲浩、陈思：《城乡社区治理中的居民在线参与行为研究——基于公民自愿主义和社区情感承诺的视角》，《中国行政管理》2021 年第 12 期；龙斧、段玲童：《家庭消费如何塑造社会阶层认知——基于 CSS 2015—2021 的实证研究》，《山西财经大学学报》2025 年第 3 期；许由彪、李欣：《群际接触理论视角下互联网使用对居民国家认同感的影响机制——基于 CSS 2021 的实证分析》，《民族学刊》2025 年第 4 期；叶威先：《参与政府组织的志愿服务对青年普遍信任的影响——基于 CSS 2019 年数据的实证分析》，《福建农林大学学报》（哲学社会科学版）2025 年第 1 期。

续表

变量符号	变量名称	定义	均值	标准差	最小值	最大值
BE	社会信任	"请用 1~10 分，来表达您对现在人与人之间的信任水平的评价"，1 分表示非常不信任，10 分表示非常信任	6.376	1.959	1	10
SEX	性别	男性 = 1，女性 = 2	1.549	0.498	1	2
EDU	受教育程度	高受教育程度 = 1，低受教育程度 = 0	0.565	0.496	0	1
UR	户口	城镇户口 = 1，农村户口 = 0	0.399	0.490	0	1
INC	家庭收入	家庭年收入加 1 之后的对数值	7.640	4.802	0	14.914
POL	政治面貌	党员 = 1，非党员 = 0	0.086	0.280	0	1

三　模型与方法

这里将探究上述五个自变量对青年参与社区事务讨论的影响，同时需要考察邻居溢出效应的影响。因此，本研究建构如下空间计量回归模型：

$$DIS = \alpha + \beta_1 AUT + \beta_2 BE + \beta_3 WIL + \beta_4 OC + \beta_5 EF + \beta_6 SEX + \beta_7 EDU + \beta_8 UR +$$
$$\beta_9 INC + \beta_{10} POL + \delta_1 W \times DIS + \delta_2 W \times AUT + \mu \qquad （模型 2）$$

在上述模型中，相关变量已在表 4-8 中定义过。这里需要重点说明的是，模型 2 中的 α 代表截距项，β_i 代表相关变量的回归系数，μ 代表残差项。W 是空间邻近权重矩阵，具体定义与前文一致。参考之前的研究，[1] W 的空间权重矩阵在这里是用来体现邻近关系的。因此，$W \times DIS$ 是 DIS 变量的空间滞后项，$W \times AUT$ 是 AUT 变量的空间滞后项。δ_1 和 δ_2 是这两个空间滞后项的回归系数。

---

[1] Jiafeng Gu, "Do Neighbours Shape the Tourism Spending of Rural Households? Evidence from China," *Current Issues in Tourism* 26 (3) (2023): 2217-2221; Jiafeng Gu, "Neighborhood Does Matter: Farmers' Local Social Interactions and Land Rental Behaviors in China," *Land* 13 (1) (2024): 76.

四 基线模型回归结果分析

参与社区事务讨论的基线模型的回归结果见表4-9。具体来说，表4-9中的第（1）列显示了因变量（DIS）的空间滞后效应与自变量的模型的实证结果；第（2）列显示了自变量（AUT）的空间滞后效应与自变量的模型的实证结果；第（3）列在第（1）列的基础上加入了控制变量；第（4）列在第（2）列的基础上加入了控制变量。

（一） 自变量影响作用分析

四个模型中参与权利意识（AUT）的系数都显著为正（见表4-9）。这说明青年越能够意识到自身参与社区活动的权利，越倾向于参与社区事务讨论（DIS）。积极参与型社区成员不仅具备较强的参与能力，还拥有较强的参与意识。这类居民通常能够认识到自己的权利，并通过参与社区事务来维护和实现这些权利，[①] 这对于推进基层民主化进程意义重大。社区参与具有一定的政治性，有利于居民培育公民意识和权利意识，增强利益表达和利益维护的能力，同时有助于增强社区自治能力，汇聚社区力量，对社区发展具有极其重要的意义。[②] 当青年意识到自己有权利参与社区事务时，他们会更积极地投入社区事务讨论中。这不仅有助于提升社区的整体发展水平，而且能促进政府职能的转变和服务效率的提高。

四个模型中参与意愿（WIL）的系数都显著为负（见表4-9）。由于参与意愿是一个反向测量变量，这个结果说明青年参与社区活动的意愿越强，则越倾向于参与社区事务讨论（DIS）。社区活动是青年融入社区、建立信任、感知问题、提升能力、体验效能的关键场域。这些积极体验共同作用，显著降低了青年参与社区事务讨论的门槛，促成强烈的参与意愿，并转化成积极的参与行为。

---

① 徐林、杨帆：《社区参与的分层检视——基于主体意愿与能力的二维视角》，《北京行政学院学报》2016 年第 6 期。
② 石静：《城市居民社区参与状况分析》，《人民论坛·学术前沿》2010 年第 7 期。

四个模型中参与时间和精力（*OC*）的系数都为负（见表 4-9），但是第（3）列和第（4）列的回归系数都不显著。这说明青年是否有时间和精力参与社区活动，对其参与社区事务讨论（*DIS*）的影响不显著。有研究指出，对于工作地与居住地分离的在职青年来说，其在协调两地的在场参与中常常"顾此失彼"。[1] 当履行职居角色义务出现时空冲突时，囿于有限的时间与精力、工作地与居住地分离带来的空间跨度以及平衡个人发展与增进公共利益的矛盾性，在职青年一般偏重职场角色，轻视居民角色，进而在社区事务讨论中处于缺场状态。

四个模型中社会信任（*BE*）的系数都显著为正（见表 4-9）。这说明青年的社会信任水平越高，越愿意参与社区事务讨论（*DIS*）。有研究发现，青年的社会信任感越强，其参与志愿服务的可能性就越大。[2] 虽然该研究主要关注的是志愿服务，但志愿服务也是一种重要的社区参与形式，其背后的动机与社会信任密切相关。[3] 有研究发现，居民社会信任对社区治理绩效具有显著的正向影响作用，居民参与在居民社会信任对社区治理绩效的影响中起到部分中介作用。[4] 另有研究指出，社会信任是影响居民参与社区事务的重要因素之一，当社区成员之间的信任水平较高时，他们更倾向于相信彼此会遵守规则、共同维护社区利益，从而更愿意参与社区事务的讨论和决策。[5] 这种信任感能够减少猜疑和冲突，促进合作与共识的形成，从而增加居民参与社区事务讨论的频次。

---

① 肖泽磊、熊麒、徐一萌：《从"脱域"到"嵌入"：在职青年城市社区参与的重构》，《青年发展论坛》2025 年第 1 期。

② 赵文龙、李知一：《教育程度、媒介使用与青年群体社会信任》，《北京工业大学学报》（社会科学版）2022 年第 3 期。

③ Ziwei Luo, & Haoran Wu, "Can Higher Education Promote Youth Volunteering Engagement? —An Empirical Analysis Based on CGSS 2019," *Operations Research and Fuzziology* 14 (2) (2024): 94-105.

④ 韦彩盛：《居民社会信任对社区治理绩效的影响研究——以武汉市为例》，载张立荣主编《中国地方政府治理评论》，2022 年总第 10 辑，华中师范大学出版社。

⑤ 王莹：《居民生活满意度、社会信任对志愿服务参与行为的影响——基于 CSS 2021 数据的实证研究》，《运筹与模糊学》2023 年第 13 期。

表 4-9 参与社区事务讨论的基线模型的回归结果

变量	因变量：DIS			
	（1）	（2）	（3）	（4）
AUT	0.029 ***	0.030 ***	0.027 ***	0.029 ***
	（3.04）	（3.16）	（2.86）	（3.01）
WIL	−11.122 ***	−10.800 ***	−11.884 ***	−11.622 ***
	（−3.71）	（−3.59）	（−3.97）	（−3.87）
EF	0.010	0.010	0.010	0.010
	（1.19）	（1.16）	（1.27）	（1.23）
OC	−0.016 *	−0.016 *	−0.016	−0.015
	（−1.70）	（−1.68）	（−1.62）	（−1.60）
BE	0.008 **	0.008 **	0.008 ***	0.008 ***
	（2.51）	（2.47）	（2.64）	（2.60）
SEX			−0.036 ***	−0.033 ***
			（−3.05）	（−2.81）
EDU			−0.004	−0.005
			（−0.31）	（−0.43）
UR			−0.006	−0.008
			（−0.51）	（−0.63）
INC			0.004 ***	0.004 ***
			（3.02）	（3.32）
POL			0.051 **	0.048 **
			（2.37）	（2.24）
W×DIS	0.004 ***		0.005 ***	
	（2.93）		（3.27）	
W×AUT		−0.001 ***		−0.001 ***
		（−3.17）		（−3.45）
截距项	−0.033	−0.019	−0.004	0.006
	（−0.73）	（−0.42）	（−0.08）	（0.11）
观测值	1546	1546	1546	1546
R^2	0.021	0.001	0.012	0.037
Wald χ^2	69.78 ***	79.40 ***	103.03 ***	114.36 ***
Wald test of spatial terms	8.61 ***	18.57 ***	10.72 ***	22.58 ***

注：括号中是 z 统计量；*** $p<0.01$，** $p<0.05$，* $p<0.1$。

（二）空间滞后效应分析

因变量参与社区事务讨论的空间滞后效应（W×DIS）显著为正

（见表4-9）。这说明邻居参与社区事务讨论的行为会通过邻居溢出效应扩散到青年。社会资本理论认为，社会网络、规范和信任等非物质资源对于促进集体行动和增进社会福祉至关重要。邻里资本属于一种社会资本，是一种能够获得居民相互默认并或多或少被制度化的持久的邻里关系和网络，是熟人社会的一种"自然特质"。[1] 增强邻里资本、与社区居民建立熟人关系是提升青年社区认同感与归属感的重要举措。[2] 一个邻居参与社区事务讨论并展现出积极的社会行为，可能会通过邻里资本影响到其他居民，带动青年更多参与社区事务讨论。基于心理学中的示范效应，人们往往会模仿那些他们认为值得尊敬或成功的人的行为。在社区中，如果一个邻居因其积极参与社区事务而受到认可和尊重，那么这种行为可能会被其他居民视为值得学习的榜样。南非的一项研究表明，当邻居中的青年参与社区事务讨论时，社区中的其他青年也会效仿此行为。[3]

自变量参与权利意识的空间滞后效应（$W \times AUT$）显著为负（见表4-9）。这说明邻居参与社区活动的权利意识越强，青年参与社区事务讨论越少，这种权利意识会通过邻居溢出效应影响青年。越多邻居意识到自己有权利参与社区活动的讨论和决策，青年参与社区事务讨论的意愿越弱。

五　异质性分析

（一）城乡异质性分析

就城乡异质性而言（见表4-10），参与权利意识（AUT）对城镇和农村青年参与社区事务讨论（DIS）均存在显著正向影响。但是，表4-

---

[1]　黄建宏：《居民视角下社区治理共同体形成的路径与单元选择》，《岭南学刊》2020年第6期。

[2]　肖泽磊、熊麒、徐一萌：《从"脱域"到"嵌入"：在职青年城市社区参与的重构》，《青年发展论坛》2025年第1期。

[3]　Mawethu Msebi, & Jacques W. Beukes, "Enhancing Youth Involvement in Community Development: A Pragmatic Strategy for Local Churches," *Verbum et Ecclesia* 45 (1) (2024): 1-11.

10 中第（1）列的系数绝对值大于第（2）列的系数绝对值，说明参与权利意识对城镇青年参与社区事务讨论的影响更大。在城镇地区，青年参与社区事务讨论的机会较多、渠道较为畅通，因此参与权利意识成为决定青年是否参与的重要主观因素。而在以血缘和地缘为纽带的农村社会，宗族和乡贤往往掌握着社区事务话语权和利益分配权，[①] 农村青年的参与权利意识可能较难转化成有效的参与行为。

参与意愿（*WIL*）对城镇和农村青年参与社区事务讨论（*DIS*）均存在显著负向影响，且表 4-10 中第（1）列的系数绝对值小于第（2）列的系数绝对值。由于参与意愿是一个反向测量变量，这个结果说明城乡青年越有意愿参与社区活动，越多参与社区事务讨论，且参与社区活动意愿对农村青年参与社区事务讨论的影响更大。相较于城镇地区，农村地区的正式参与渠道、多元化活动平台和社会组织相对匮乏，社区活动是农村青年为数不多且易于接触的公共参与渠道。因此，当农村青年产生参与社区活动的意愿时，这种意愿更容易聚焦并直接转化为对社区事务的参与行为。此外，农村社区是典型的熟人社会，人际关系紧密，信息传播速度快，社区领袖的权威性更强、影响力更大。参与社区活动是青年融入这个网络、建立信任并进行利益表达的关键途径。而城镇地区的参与渠道多元、社会网络相对松散、效能感来源更丰富，参与意愿对参与社区事务讨论的影响路径相对分散。

社会信任（*BE*）对城镇和农村青年参与社区事务讨论（*DIS*）均存在显著正向影响。但是，表 4-10 中第（1）列的系数绝对值大于第（2）列的系数绝对值，说明社会信任对城镇青年参与社区事务讨论的影响更大。城镇青年参与社区事务讨论的行为更加依赖于社会信任关系的建立。城镇社区的"非人情化"特征削弱了传统信任基础，使社会信任成为影响城镇青年社区参与的关键因素。而在农村社会，社会网络的联结更多天然地基于血缘和地缘关系形成，这构成农村青年社区参与

---

① 钟宇慧：《共青团促进城镇化中本土农村青年社区参与的策略探讨——基于佛山市南海区的调查》，《青少年学刊》2016 年第 4 期。

的重要关系基础，使其对社会信任关系的依赖程度相对较低。

参与权利意识的空间滞后效应（$W \times AUT$）对城镇和农村青年参与社区事务讨论（DIS）均存在显著负向影响。参与社区事务讨论的空间滞后效应（$W \times DIS$）对城镇和农村青年参与社区事务讨论（DIS）均存在显著正向影响。但是，表 4-10 中第（1）列的系数绝对值大于第（2）列的系数绝对值，说明参与社区事务讨论的空间滞后效应对城镇青年参与社区事务讨论的影响更大。在城镇地区，邻居参与社区事务讨论更加有助于构建"熟人社区"的雏形，形成互助合作的非正式规范。邻居参与社区事务讨论，往往通过具体的行动示范、社会关系的重构及情感归属的培育，将抽象的社区认同转化为城镇青年可感知、可践行的集体实践，从而更直接地激发其参与动力。

表 4-10　参与社区事务讨论的城乡异质性分析

变量	因变量：DIS	
	城镇	农村
	（1）	（2）
AUT	0.035**	0.026**
	（2.38）	（2.07）
WIL	-12.088**	-12.128***
	（-2.56）	（-3.08）
EF	0.004	0.016
	（0.28）	（1.50）
OC	-0.010	-0.020
	（-0.64）	（-1.57）
BE	0.009**	0.008*
	（2.00）	（1.91）
控制变量	是	是
$W \times AUT$	-0.001***	-0.001***
	（-2.83）	（-3.04）
$W \times DIS$	0.047***	0.017***
	（3.59）	（4.10）
截距项	0.001	0.041
	（0.02）	（0.63）

续表

变量	因变量: DIS	
	城镇	农村
	(1)	(2)
观测值	617	929
R^2	0.042	0.019
Wald χ^2	88.98 ***	71.63 ***
Wald test of spatial terms	14.28 ***	16.94 ***

注: 括号中是 z 统计量; *** $p<0.01$, ** $p<0.05$, * $p<0.1$。

(二) 政治面貌异质性分析

就政治面貌异质性而言 (见表 4-11), 参与权利意识 (AUT) 对非党员青年参与社区事务讨论 (DIS) 存在显著正向影响, 对党员青年参与社区事务讨论 (DIS) 不存在显著影响。可见, 对于非党员青年来说, 具有参与社区事务的权利意识, 能够较好地促进其参与社区事务讨论。而党员青年是党建引领社区治理的关键抓手, 参与社区事务是党员青年应尽的义务。党员青年往往具有较强的权利意识, 这难以成为其参与行为差异化表现的关键因素。

参与意愿 (WIL) 对党员和非党员青年参与社区事务讨论 (DIS) 均存在显著负向影响, 且表 4-11 中第 (1) 列的系数绝对值大于第 (2) 列的系数绝对值。由于参与意愿是一个反向测量变量, 这个结果说明党员和非党员青年越有意愿参与社区活动, 越倾向于参与社区事务讨论, 且参与意愿对党员青年参与社区事务讨论的影响更大。可见, 党员身份可以有效促进青年参与社区事务讨论。一方面, 党员青年要积极贯彻落实党和政府关于社区建设的方针政策, 在社区事务讨论中发挥模范带头作用; 另一方面, 党员青年是党员队伍中的一份子, 是党组织开展社区动员的重点对象群体。[1]

---

① 徐正、毛佩瑾、赵小平:《居民参与社区社会组织的影响因素》,《城市问题》2015 年第 7 期。

参与成效（*EF*）对党员青年参与社区事务讨论（*DIS*）存在显著正向影响，对非党员青年参与社区事务讨论（*DIS*）不存在显著影响。由于参与成效是一个反向测量变量，这个结果说明党员青年越感知不到参与成效，越倾向于参与社区事务讨论。党员青年在参与社区事务讨论中更注重结果导向，更容易受到参与成效的影响，偏重理性参与。非党员青年则不太关注参与结果，更加重视参与过程。党员身份赋予青年更强的政治角色认同和社会责任意识，当参与成效不足时，党员青年更易将其视为自身履职不足或组织目标未达成的信号，触发强烈的改进动机。这种基于政治责任的内驱力促使他们主动通过参与社区事务讨论来诊断问题，积极促进改进落实。

参与时间和精力（*OC*）对党员青年参与社区事务讨论（*DIS*）存在显著负向影响，对非党员青年参与社区事务讨论（*DIS*）不存在显著影响。由于参与时间和精力是一个反向测量变量，这个结果说明党员青年越有时间和精力参与社区活动，越多参与社区事务讨论。可能的原因是，党员青年往往是其所在单位的业务骨干，面临较大的工作强度，业余时间较为匮乏；而社区活动多在工作日开展，与党员青年工作时间冲突，且社区需求响应具有即时性，党员青年参与受碎片化时间限制，难以匹配。可见，党员青年参与社区事务讨论的行为较易受到参与时间和精力的影响。

社会信任（*BE*）对非党员青年参与社区事务讨论（*DIS*）存在显著正向影响，对党员青年参与社区事务讨论（*DIS*）不存在显著影响。在非党员青年中，社会信任可以通过降低协作成本、提供心理安全保障等方式，促进其积极参与社区事务讨论，但是在党员青年中没有起到显著的促进作用。

参与权利意识的空间滞后效应（*W×AUT*）对党员和非党员青年参与社区事务讨论（*DIS*）均存在显著负向影响。但是，表4-11中第（1）列的系数绝对值大于第（2）列的系数绝对值，说明参与权利意识的空间滞后效应对党员青年参与社区事务讨论的影响更大。参与社区事务讨论的空间滞后效应（*W×DIS*）对党员和非党员青年参与社区事务讨论

（DTS）均存在显著正向影响。但是，表4-11中第（1）列的系数绝对值大于第（2）列的系数绝对值，说明参与社区事务讨论的空间滞后效应对党员青年参与社区事务讨论的影响更大。

表4-11 参与社区事务讨论的政治面貌异质性分析

变量	因变量：DIS	
	党员	非党员
	（1）	（2）
AUT	0.030	0.029***
	（0.60）	（3.08）
WIL	−29.500*	−9.389***
	（−1.79）	（−3.16）
EF	0.067*	0.003
	（1.72）	（0.36）
OC	−0.114**	−0.005
	（−2.38）	（−0.50）
BE	0.014	0.008***
	（1.00）	（2.60）
控制变量	是	是
W×AUT	−0.009**	−0.001***
	（−2.44）	（−3.39）
W×DIS	0.114***	0.014***
	（2.79）	（4.46）
截距项	0.002	−0.015
	（0.02）	（−0.29）
观测值	133	1413
R^2	0.043	0.002
Wald χ^2	67.72***	75.69***
Wald test of spatial terms	8.10**	19.94***

注：括号中是 z 统计量；*** $p<0.01$，** $p<0.05$，* $p<0.1$。

（三）性别异质性分析

就性别异质性而言（见表4-12），参与权利意识（AUT）对男性青年参与社区事务讨论（DIS）存在显著正向影响，对女性青年参与社区事务讨论（DIS）不存在显著影响。受到传统性别角色分工的影响，女性往往更多参与家庭事务，导致其公共参与相对受限。① 即使女性意识到自身拥有参与权利，其实际参与社区事务讨论的行为也可能受限于家庭责任和社会偏见。在公共领域，男性在社区会议、社区资源分配中往往占据核心地位，其权利意识更可能会转化为社区参与行为。

参与意愿（WIL）对男性和女性青年参与社区事务讨论（DIS）均存在显著负向影响，表 4-12 中第（1）列的系数绝对值小于第（2）列的系数绝对值。由于参与意愿是一个反向测量变量，这个结果说明不同性别的青年越有意愿参与社区活动，越倾向于参与社区事务讨论，且参与社区活动意愿对女性青年参与社区事务讨论的影响更大。

参与成效（EF）对女性青年参与社区事务讨论（DIS）存在显著正向影响，对男性青年参与社区事务讨论（DIS）不存在显著影响。由于参与成效是一个反向测量变量，这个结果说明女性青年越能感知到社区参与成效，越愿意参与社区事务讨论。在社区事务讨论中，男性对参与成效的感知程度较低，可能是男性参与社区事务讨论往往被视为义务而非"额外贡献"，故参与成效对其激励作用较小。② 女性更倾向于将社区中的信任关系与情感归属作为参与动力。社区参与成效不足，不仅意味着目标未达成，还可能破坏邻里信任。为修复关系网络、避免社区凝聚力崩塌，女性会积极投入社区事务讨论以重建沟通桥梁。

参与时间和精力（OC）对男性青年参与社区事务讨论（DIS）存在显著负向影响，对女性青年参与社区事务讨论（DIS）不存在显著影响。由于参与时间和精力是一个反向测量变量，这个结果说明男性青年越有时间和精力参与社区活动，越倾向于参与社区事务讨论。首先，男性往往被期待成为家庭经济支柱，时间和精力被生计占据，因此参与社区事务讨论的客观条件不足会直接抑制其参与社区事务讨论的行为。其

---

① 丁瑜：《妇女何以成为社群主体——以 G 市 L 村妇女自组织营造经验为例》，《妇女研究论丛》2019 年第 4 期。

② 闫红红、张和清：《优势视角下农村妇女组织与社区参与的实践探索——以广东省 M 村妇女社会工作项目为例》，《妇女研究论丛》2019 年第 2 期。

次，女性往往对家庭事务投入较多的时间和精力，所以时间和精力要素难以对其参与社区事务讨论的行为产生实质性影响。[1]

社会信任（*BE*）对男性青年参与社区事务讨论（*DIS*）存在显著正向影响，对女性青年参与社区事务讨论（*DIS*）不存在显著影响。男性往往更擅长通过建立社会关系网络进入公共领域，例如参与社区事务讨论。女性往往较少与邻居建立公共领域内的信任网络，导致社会信任对女性青年参与社区事务讨论没有显著促进作用。

参与权利意识的空间滞后效应（*W×AUT*）对男性和女性青年参与社区事务讨论（*DIS*）均存在显著负向影响。参与社区事务讨论的空间滞后效应（*W×DIS*）对男性和女性青年参与社区事务讨论（*DIS*）均存在显著正向影响。但是，表4-12中第（1）列的系数绝对值小于第（2）列的系数绝对值，说明参与社区事务讨论的空间滞后效应对女性青年参与社区事务讨论的影响更大。已有研究表明，社群主体作为中间层的重要性可以体现为：当周边人参与讨论时，女性更易受感染。[2]

表4-12 参与社区事务讨论的性别异质性分析

变量	因变量：*DIS*	
	男性	女性
	（1）	（2）
AUT	0.044*** （2.80）	0.017 （1.51）
WIL	−10.059** （−2.03）	−13.855*** （−3.82）
EF	−0.005 （−0.40）	0.025*** （2.60）
OC	−0.035** （−2.16）	0.003 （0.27）

---

[1] 金一虹：《嵌入村庄政治的性别——农村社会转型中妇女公共参与个案研究》，《妇女研究论丛》2019年第4期。

[2] 丁瑜：《妇女何以成为社群主体——以G市L村妇女自组织营造经验为例》，《妇女研究论丛》2019年第4期。

续表

变量	因变量：DIS	
	男性	女性
	（1）	（2）
BE	0.010** （2.08）	0.006 （1.55）
控制变量	是	是
W×AUT	−0.001** （−2.49）	−0.001*** （−3.48）
W×DIS	0.025*** （3.77）	0.027*** （4.67）
截距项	0.001 （0.002）	0.001 （0.03）
观测值	698	848
R^2	0.006	0.040
Wald χ^2	137.96***	88.53***
Wald test of spatial terms	14.53***	21.89***

注：括号中是 z 统计量；*** $p<0.01$，** $p<0.05$。

（四）受教育程度异质性分析

就受教育程度异质性而言（见表4-13），参与权利意识（AUT）对高受教育程度和低受教育程度青年参与社区事务讨论（DIS）均存在显著正向影响，且表4-13中第（1）列的系数绝对值小于第（2）列的系数绝对值。这说明参与权利意识对低受教育程度青年参与社区事务讨论的影响更大。低受教育程度青年可能更依赖外部赋权，当权利受限时参与积极性受挫更明显。有研究表明，职业院校学生因缺乏治理参与渠道，易产生权利剥夺感。[①] 而高受教育程度青年则往往可通过专业技能部分抵消权利缺失产生的负面影响。

参与意愿（WIL）对高受教育程度和低受教育程度青年参与社区事

---

① 李彦鑫：《职业院校学生有序参与基层社会治理的必要性及实施路径研究》，《佳木斯大学社会科学学报》2024年第6期。

务讨论（*DIS*）均存在显著负向影响，且表 4-13 中第（1）列的系数绝对值大于第（2）列的系数绝对值。由于参与意愿是一个反向测量变量，这个结果说明不同受教育程度的青年越有意愿参与社区活动，越倾向于参与社区事务讨论，且参与社区活动意愿对高受教育程度青年参与社区事务讨论的影响更大。高受教育程度青年的社会认知水平更高，其行为更理性且依赖主观意愿[①]。因此，如果高受教育程度青年参与意愿强，那么其可能会更多参与社区事务讨论。

社会信任（*BE*）对低受教育程度青年参与社区事务讨论（*DIS*）存在显著正向影响，对高受教育程度青年参与社区事务讨论（*DIS*）不存在显著影响。这表明低受教育程度青年对社会信任更敏感，其社区参与行为更加依赖外部信任环境。而高受教育程度青年自身资源丰富、社会效能感更强，其参与社区事务讨论的行为可能更依赖个人意愿和能力而非外部信任环境。

参与权利意识的空间滞后效应（*W×AUT*）对高受教育程度和低受教育程度青年参与社区事务讨论（*DIS*）均存在显著负向影响。参与社区事务讨论的空间滞后效应（*W×DIS*）对高受教育程度和低受教育程度青年参与社区事务讨论均存在显著正向影响。但是，表 4-13 中第（1）列的系数绝对值小于第（2）列的系数绝对值，说明参与社区事务讨论的空间滞后效应对低受教育程度青年参与社区事务讨论的影响更大。低受教育程度青年更可能依赖本地化网络获取参与机会。如果周边邻居倾向于参与社区事务讨论，那么邻里互动能够提供更多参与社区事务讨论的机会，推动社区参与行为的同群效应，[②] 从而促进低受教育程度青年参与社区事务讨论。

---

① 李娜：《社会治理视阈下农村青年社会心态的培育路径探究》，《新疆开放大学学报》2024 年第 1 期。

② 金铭钰、田超琼、和雅琴：《职业院校青年有序参与基层社会治理的实践与探索》，《产业与科技论坛》2023 年第 7 期。

表 4-13 参与社区事务讨论的受教育程度异质性分析

变量	因变量：DIS	
	高受教育程度	低受教育程度
	（1）	（2）
AUT	0.027*	0.029**
	（1.83）	（2.39）
WIL	−14.688***	−9.205**
	（−3.30）	（−2.28）
EF	0.014	0.005
	（1.19）	（0.45）
OC	−0.020	−0.009
	（−1.51）	（−0.67）
BE	0.003	0.010***
	（0.71）	（2.65）
控制变量	是	是
W×AUT	−0.001***	−0.001**
	（−2.83）	（−2.47）
W×DIS	0.018***	0.026***
	（4.46）	（3.61）
截距项	0.001	−0.037
	（0.01）	（−0.57）
观测值	873	673
R^2	−0.004	0.025
Wald χ^2	145.88***	48.39***
Wald test of spatial terms	19.92***	13.81***

注：括号中是 z 统计量；*** $p<0.01$，** $p<0.05$，* $p<0.1$。

（五）家庭收入异质性分析

就家庭收入异质性而言（见表 4-14），参与权利意识（AUT）对高收入和低收入家庭青年参与社区事务讨论（DIS）均存在显著正向影响。表 4-14 中第（1）列的系数绝对值小于第（2）列的系数绝对值，说明参与权利意识对低收入家庭青年参与社区事务讨论的影响更大。相较于高收入家庭青年，低收入家庭青年可能在职场或社会中处于相对弱势的地位。当社区为低收入家庭青年提供意见表达渠道时，他们的参与权利意识更易转化为参与社区事务讨论的实质行为。

参与意愿（*WIL*）对高收入家庭青年参与社区事务讨论（*DIS*）存在显著负向影响，对低收入家庭青年参与社区事务讨论（*DIS*）不存在显著影响。由于参与意愿是一个反向测量变量，这个结果说明高收入家庭青年越有意愿参与社区活动，越倾向于参与社区事务讨论。高收入家庭青年往往对自己的居住环境有更高期待，倾向于通过参与社区事务讨论来表达自身利益诉求，推动社区条件改善。所以，高收入家庭青年参与社区活动的意愿越强，就越愿意参与社区事务讨论。

参与时间和精力（*OC*）对高收入家庭青年参与社区事务讨论（*DIS*）存在显著负向影响，对低收入家庭青年参与社区事务讨论（*DIS*）不存在显著影响。由于参与时间和精力是一个反向测量变量，这个结果说明高收入家庭青年越有时间和精力参与社区活动，越倾向于参与社区事务讨论。高收入家庭青年的社区参与常被赋予身份展示功能，其时间和精力的投入能高效转化为社会资本积累，进而提升其在社区事务讨论中的话语权。

社会信任（*BE*）对高收入家庭青年参与社区事务讨论（*DIS*）存在显著正向影响，对低收入家庭青年参与社区事务讨论（*DIS*）不存在显著影响。高收入家庭青年参与社区事务讨论需要更高的社会信任水平，因为他们可能更关注参与效率和声誉风险；而低收入家庭青年则更依赖非正式网络和实际资源获取，对社会信任的依赖度较低。

参与权利意识的空间滞后效应（*W×AUT*）对高收入家庭青年参与社区事务讨论（*DIS*）存在显著负向影响，对低收入家庭青年参与社区事务讨论（*DIS*）不存在显著影响。参与社区事务讨论的空间滞后效应（*W×DIS*）对高收入和低收入家庭青年参与社区事务讨论（*DTS*）均存在显著正向影响。但是，表 4-14 中第（1）列的系数绝对值小于第（2）列的系数绝对值，说明参与社区事务讨论的空间滞后效应对低收入家庭青年参与社区事务讨论的影响更大。低收入家庭青年可能更加依赖社区非正式网络，当邻里频繁讨论社区事务时，会形成开放性信息场域，为其提供低成本获取资源的渠道。而且，邻里社区事务讨论会催生互助机制，使低收入家庭青年增强对社区的归属感，从而更愿意参与社区事务讨论。

表 4-14　参与社区事务讨论的家庭收入异质性分析

变量	因变量：DIS	
	高收入	低收入
	（1）	（2）
AUT	0.029 **	0.037 **
	（2.42）	（2.54）
WIL	−12.518 ***	−5.706
	（−3.26）	（−1.33）
EF	0.012	0.002
	（1.16）	（0.18）
OC	−0.025 **	0.006
	（−2.00）	（0.47）
BE	0.010 ***	0.002
	（2.63）	（0.52）
控制变量	是	是
W×AUT	−0.001 ***	−0.001
	（−3.71）	（−0.62）
W×DIS	0.019 ***	0.030 ***
	（4.40）	（3.93）
截距项	−0.051	−0.085
	（−0.60）	（−1.13）
观测值	1123	423
R^2	0.004	0.011
Wald χ^2	93.97 ***	36.17 ***
Wald test of spatialterms	19.38 ***	19.67 ***

注：括号中是 z 统计量；*** $p<0.01$，** $p<0.05$。

第五节　青年参与社区事务决策投票的实证分析

一　数据来源

基于 CSS 数据集，本研究剔除了缺失值、"不回答"和"不知道"

的样本，最终采用来自全国 30 个省区市（除新疆、港澳台外）的 1546
个家庭的观测值。

二 变量与测量

（一）因变量

本研究的因变量是参与社区事务决策投票（VOT）。CSS 会询问被
调查者"是否参加社区事务决策投票"，对该问题的回答选项采用二分
类设置，即"是 = 1，否 = 0"。

（二）自变量

本研究共有 5 个自变量。

第一个自变量是参与权利意识（AUT）。CSS 会询问被调查者"村
居/社区活动关系到我的利益，我有权利参加讨论和决策"。该回答采用
四点式计分标准，即"很不同意 = 1，不太同意 = 2，比较同意 = 3，非常
同意 = 4"。该问题得分越高，代表个体参与社区事务的权利意识越强。

第二个自变量是社会信任（BE）。CSS 会询问被调查者"请用 1 ~
10 分，来表达您对现在人与人之间的信任水平的评价"，1 分表示非常
不信任，10 分表示非常信任。该问题得分越高，代表个体的社会信任
水平越高。

第三个自变量是参与意愿（WIL）。CSS 会询问被调查者"我对村
居/社区事务不感兴趣和我对村居/社区活动不感兴趣""村居或社区活
动交给村/居委会就可以了，不用村/居民操心"两个问题。该回答采
用四点式计分标准，即"很不同意 = 1，不太同意 = 2，比较同意 = 3，
非常同意 = 4"。这里通过熵指数法合成这个变量，得分越高，代表个体
参与社区事务的意愿越弱。

第四个自变量是参与时间和精力（OC）。CSS 会询问被调查者"我
没有时间和精力参加村居或社区活动讨论"。该回答采用四点式计分标
准，即"很不同意 = 1，不太同意 = 2，比较同意 = 3，非常同意 = 4"。该
问题得分越高，代表个体的参与时间和精力越少。

第五个自变量是生活满意度（*SAT*）。CSS 会询问被调查者"请用 1~10 分，来表达您对生活的满意程度"，1 分表示非常不满意，10 分表示非常满意。该问题得分越高，代表个体对生活的满意度越高。

（三）控制变量

结合研究问题和相关文献，[①] 本研究选取的控制变量包括以下 5 类：性别（*SEX*）、受教育程度（*EDU*）、户口（*UR*）、家庭收入（*INC*）、政治面貌（*POL*）。

参与社区事务决策投票的相关变量的定义及描述统计见表 4-15。

表 4-15　参与社区事务决策投票的相关变量的定义及描述统计

变量符号	变量名称	定义	均值	标准差	最小值	最大值
VOT	参与社区事务决策投票	"是否参加社区事务决策投票"。是 = 1，否 = 0	0.109	0.312	0	1
AUT	参与权利意识	"村居/社区活动关系到我的利益，我有权利参加讨论和决策"。很不同意 = 1，不太同意 = 2，比较同意 = 3，非常同意 = 4	3.278	0.629	1	4
WIL	参与意愿	"我对村居/社区事务不感兴趣和我对村居/社区活动不感兴趣""村居或社区活动交给村/居委会就可以了，不用村/居民操心"，通过熵指数法合成	0.005	0.003	0	0.011
OC	参与时间和精力	"我没有时间和精力参加村居或社区活动讨论"。很不同意 = 1，不太同意 = 2，比较同意 = 3，非常同意 = 4	2.675	0.795	1	4

[①] 陈涛、刘伊琳、梁哲浩、陈思：《城乡社区治理中的居民在线参与行为研究——基于公民自主主义和社区情感承诺的视角》，《中国行政管理》2021 年第 12 期；龙斧、段玲童：《家庭消费如何塑造社会阶层认知——基于 CSS 2015—2021 的实证研究》，《山西财经大学学报》2025 年第 3 期；许加彪、李欣：《群际接触理论视角下互联网使用对居民国家认同感的影响机制——基于 CSS 2021 的实证分析》，《民族学刊》2025 年第 4 期；叶威先：《参与政府组织的志愿服务对青年普遍信任的影响——基于 CSS 2019 年数据的实证分析》，《福建农林大学学报》（哲学社会科学版）2025 年第 1 期。

续表

变量符号	变量名称	定义	均值	标准差	最小值	最大值
SAT	生活满意度	"请用 1~10 分，来表达您对生活的满意程度"，1 分表示非常不满意，10 分表示非常满意	7.248	1.972	1	10
BE	社会信任	"请用 1~10 分，来表达您对现在人与人之间的信任水平的评价"，1 分表示非常不信任，10 分表示非常信任	6.376	1.959	1	10
SEX	性别	男性=1，女性=2	1.549	0.498	1	2
EDU	受教育程度	高受教育程度=1，低受教育程度=0	0.565	0.496	0	1
UR	户口	城镇户口=1，农村户口=0	0.399	0.490	0	1
INC	家庭收入	家庭年收入加 1 之后的对数值	7.640	4.802	0	14.914
POL	政治面貌	党员=1，非党员=0	0.086	0.280	0	1

三 模型与方法

这里将探究上述五个自变量对青年参与社区事务决策投票的影响，同时需要考察邻居溢出效应的影响。因此，建构如下空间计量回归模型：

$$VOT = \alpha + \beta_1 AUT + \beta_2 OC + \beta_3 BE + \beta_4 SAT + \beta_5 WIL + \beta_6 SEX + \beta_7 EDU + \beta_8 UR +$$
$$\beta_9 INC + \beta_{10} POL + \delta_1 W \times VOT + \delta_2 W \times AUT + \mu \qquad \text{（模型 3）}$$

在上述模型中，相关变量已在表 4-15 中定义过。这里需要重点说明的是，模型 3 中的 α 代表截距项，β_i 代表相关变量的回归系数，μ 代表残差项。W 是空间邻近权重矩阵，具体定义与前文一致。参考之前的研究，[①] W 的空间权重矩阵在这里是用来体现邻近关系的。因此，$W \times VOT$ 是 VOT 变量的空间滞后项，$W \times AUT$ 是 AUT 变量的空间滞后项。δ_1 和 δ_2

---

① Jiafeng Gu, "Do Neighbours Shape the Tourism Spending of Rural Households? Evidence from China," *Current Issues in Tourism* 26 (3) (2023): 2217-2221; Jiafeng Gu, "Neighborhood Does Matter: Farmers' Local Social Interactions and Land Rental Behaviors in China," *Land* 13 (1) (2024): 76.

是这两个空间滞后项的回归系数。

四　基线模型回归结果分析

参与社区事务决策投票的基线模型的回归结果见表4-16。具体来说，表4-16中的第（1）列显示了因变量参与社区事务决策投票（VOT）以及自变量参与权利意识（AUT）的空间滞后效应与其他自变量的模型的实证结果；第（2）列在第（1）列的基础上加入了控制变量。

（一）自变量影响作用分析

两个模型中参与权利意识（AUT）的系数都显著为正（见表4-16）。这说明青年在社区活动中越能意识到自身拥有参与讨论和决策的权利，越愿意参与社区事务决策投票（VOT）。现实中，青年参与社区事务决策投票往往与自身利益密切相关，可能直接影响其生活质量和居住环境。因此，青年会有意识地通过投票来表达自己的意愿和诉求。在一些社区自治的实践中，青年会通过参与社区会议、选举社区代表等方式，积极表达自己的意见和建议，参与社区事务决策过程。当青年意识到自己拥有参与权利时，他们更愿意通过参与社区事务决策投票来维护自己的合法权益。

两个模型中参与意愿（WIL）的系数都显著为负（见表4-16）。由于参与意愿是一个反向测量变量，这个结果说明青年越有意愿参与社区活动，越愿意参与社区事务决策投票（VOT）。可见，社区活动参与意愿是青年参与社区事务决策投票的重要影响因素。参与意愿是青年参与社区事务决策的内在驱动力，直接影响社区治理的深度与效能。青年主动参与社区活动的意愿越强，越能充分表达差异化需求，使公共政策更贴近实际，减少社区事务决策偏差与执行阻力。

两个模型中参与时间和精力（OC）的系数都显著为负（见表4-16）。由于参与时间和精力是一个反向测量变量，这个结果说明青年越有时间和精力参与社区活动，越愿意参与社区事务决策投票（VOT）。青年投入更多的时间和精力参与社区活动，可以增强自身与其他社区居民之间的互动和合作，这有助于增强社区凝聚力，形成更加和谐的社区关系。青年在邻里互动过程中可以搭建社区内的社交网络，提高对社区成员与社区整体的信任水平，积累社区社会资本；同时也可以增强在社区内的安全感、对社区的认同感和归属感，提升社区融入度。这些有助于调动青年参与社区事务决策投票的积极性。

两个模型中生活满意度（SAT）的系数都显著为负（见表4-16）。这说明生活满意度越高的青年，越不愿意参与社区事务决策投票（VOT）。在既定的生活状态和社区事务开展过程中，当青年没有参与社区事务决策投票但仍然保持较高的生活满意度时，他们可能不易产生参与动力和需求。部分青年会认为参与社区事务决策投票并不能直接改善自己的生活现状，反而占用个人时间，从而减少参与社区事务决策投票的行为。

两个模型中社会信任（BE）的系数都显著为正（见表4-16）。这说明青年的社会信任水平越高，越愿意参与社区事务决策投票（VOT）。社会信任可以增强青年的社会责任感，促进他们对社区事务的积极参与。[1] 一般而言，参与集体活动的频率越高，青年的社会信任水平也越高。这种频繁的互动和合作有助于建立互信，从而进一步推动青年参与社区事务决策投票行为的发生。青年在参与社区事务决策投票的过程中，深入了解社区及社会运作的复杂性，可以积累处理各种社会问题的经验。这不仅能提升他们的自信心，而且能为未来扮演更重要的社会角色提供准备。青年可以以更加创新的视角和开放的思维方式，为社区决策提供多样化的解决策略。

表4-16　参与社区事务决策投票的基线模型的回归结果

变量	因变量：VOT	
	（1）	（2）
AUT	0.048*** （3.76）	0.048*** （3.78）

---

① 黄森慰、邢耀杰、沈如彬、林汉瑜：《社会信任影响志愿服务持续参与意愿的机制分析》，《公益研究》2025年第2期。

续表

变量	因变量：VOT	
	（1）	（2）
WIL	-8.638**	-10.054***
	（-2.26）	（-2.62）
OC	-0.044***	-0.042***
	（-3.42）	（-3.33）
SAT	-0.008*	-0.009**
	（-1.86）	（-2.08）
BE	0.009*	0.010**
	（1.95）	（2.20）
SEX		-0.035**
		（-2.19）
EDU		-0.025
		（-1.48）
UR		0.008
		（0.50）
INC		0.005***
		（2.71）
POL		0.042
		（1.48）
W×VOT	0.014***	0.018***
	（2.73）	（5.00）
W×AUT	-0.001**	-0.001***
	（-2.54）	（-4.52）
截距项	0.105*	0.132*
	（1.73）	（1.95）
观测值	1546	1546
R^2	0.042	0.019
Wald χ^2	79.28***	120.18***
Wald test of spatial terms	7.59**	25.08***

注：括号中是 z 统计量；*** $p<0.01$，** $p<0.05$，* $p<0.1$。

（二）空间滞后效应分析

因变量参与社区事务决策投票的空间滞后效应（$W×VOT$）显著为正（见表4-16），说明邻居参与社区事务决策投票的行为会通过邻居溢出效应扩散到青年。在社区环境中，人们往往希望与周围人保持一致，以避免孤立或冲突。如果多数邻居积极参与社区事务决策投票，那么即使青年最初没有参与意愿，也可能因从众心理、群体压力而改变主意。尤其是当青年看到邻居中的同辈群体积极参与社区事务决策投票的行为得到认可和尊重时，他们也可能会受到启发和影响，保持与邻居一致的行为倾向，从而选择参与其中。

自变量参与权利意识的空间滞后效应（$W×AUT$）显著为负（见表4-16），说明邻居参与社区活动的权利意识越强，这种权利意识会通过邻居溢出效应影响青年的参与行为，导致青年越少参与社区事务决策投票。邻居参与社区活动的权利意识越强，青年越可能会产生对邻居的依赖心理，希望邻居可以作为"代理人"参与处理社区事务，自己则可以"静观其变"，从而减少参与社区事务决策投票的行为。此外，如果青年感知到邻居参与社区活动的权利意识，却没有感受到实质上的结果改变，那么也可能因此产生受挫心理，减少参与社区事务决策投票的行为。

五　异质性分析

（一）城乡异质性分析

就城乡异质性而言（见表4-17），参与权利意识（AUT）对城镇和农村青年参与社区事务决策投票（VOT）均存在显著正向影响。但是，表4-17中第（1）列的系数绝对值大于第（2）列的系数绝对值，说明参与权利意识对城镇青年参与社区事务决策投票影响更大。许多农村青年长期在外务工，较少参与农村社区基层自治选举投票，多由父母"代劳"。相对来说，城镇青年更依赖制度性权利保障，权利感知成为青年参与社区事务决策投票的重要动力。[①]

参与意愿（WIL）对农村青年参与社区事务决策投票（VOT）存在

---

① 肖泽磊、熊麒、徐一萌：《从"脱域"到"嵌入"：在职青年城市社区参与的重构》，《青年发展论坛》2025年第1期。

显著负向影响，但对城镇青年参与社区事务决策投票（VOT）不存在显著影响。由于参与意愿是一个反向测量变量，这个结果说明农村青年越有意愿参与社区活动，越愿意参与社区事务决策投票。[①]

参与时间和精力（OC）对城镇和农村青年参与社区事务决策投票（VOT）均存在显著负向影响。由于参与时间和精力是一个反向测量变量，且表4-17中第（1）列的系数绝对值大于第（2）列的系数绝对值，说明参与时间和精力对城镇青年参与社区事务决策投票影响更大。大部分农村青年长期在外就学、务工或经商，自身发展与农村社区事务关联性较弱。即使有精力和时间，农村青年也较少与农村社区保持密切联系和互动，难以顾及农村社区事务。[②] 相较而言，城镇青年与城镇社区紧密相连，如果有时间和精力，更可能参与社区事务决策投票。

生活满意度（SAT）对城镇青年参与社区事务决策投票（VOT）存在显著负向影响，但对农村青年参与社区事务决策投票（VOT）不存在显著影响。生活满意度高的城镇青年可能更关注个人发展和职业晋升，参与社区事务的动力不足。有研究发现，由于农村公共产品供给相对不足，无论生活满意度高低，农村青年多倾向于参与社区问题的解决。[③]

社会信任（BE）对农村青年参与社区事务决策投票（VOT）存在显著正向影响，但对城镇青年参与社区事务决策投票（VOT）不存在显著影响。有研究指出，农村青年所在社区属于"半熟人社会"，邻里互动频繁，信任积累更易转化为集体行动；而城镇社区人口异质性强、流动性大，人际信任缺失，较难转化成推动青年参与的关键要素。[④]

参与权利意识的空间滞后效应（W×AUT）对城镇和农村青年参与

---

①　钟宇慧：《共青团促进城镇化中本土农村青年社区参与的策略探讨——基于佛山市南海区的调查》，《青少年学刊》2016年第4期。

②　钟宇慧：《共青团促进城镇化中本土农村青年社区参与的策略探讨——基于佛山市南海区的调查》，《青少年学刊》2016年第4期。

③　王富国：《乡村振兴背景下社会工作参与农村社区治理的路径》，《农村经济与科技》2022年第19期。

④　徐旻霞、郑路：《邻里互动、主观幸福感与小镇青年社区民主政治参与》，《青年研究》2022年第5期。

社区事务决策投票（*VOT*）均存在显著负向影响。参与社区事务决策投票的空间滞后效应（*W×VOT*）对城镇和农村青年参与社区事务决策投票（*VOT*）均存在显著正向影响。但是，表 4-17 中第（1）列的系数绝对值大于第（2）列的系数绝对值，说明参与社区事务决策投票的空间滞后效应对城镇青年参与社区事务决策投票的影响更大。有研究指出，城镇青年易受邻里行为影响，但需近距离示范；而农村社区本身互动频繁，社区参与的空间溢出效应不显著。[①]

表 4-17 参与社区事务决策投票的城乡异质性分析

变量	因变量：*VOT*	
	城镇	农村
	（1）	（2）
AUT	0.048**	0.047***
	（2.35）	（2.85）
WIL	-4.735	-15.223***
	（-0.76）	（-3.09）
OC	-0.049**	-0.035**
	（-2.41）	（-2.14）
SAT	-0.014*	-0.008
	（-1.81）	（-1.42）
BE	0.011	0.010*
	（1.50）	（1.72）
控制变量	是	是
W×AUT	-0.001***	-0.001***
	（-3.70）	（-3.05）
W×VOT	0.040***	0.021***
	（4.50）	（3.68）
截距项	0.001	0.111
	（0.01）	（1.31）
观测值	617	929
R^2	0.030	0.043

① 肖泽磊、熊麒、徐一萌：《从"脱域"到"嵌入"：在职青年城市社区参与的重构》，《青年发展论坛》2025 年第 1 期。

续表

变量	因变量：VOT	
	城镇	农村
	(1)	(2)
Wald χ^2	136.34***	75.80***
Wald test of spatial terms	20.32***	13.86***

注：括号中是 z 统计量；*** $p<0.01$，** $p<0.05$，* $p<0.1$。

（二）政治面貌异质性分析

就政治面貌异质性而言（见表 4-18），参与权利意识（AUT）对非党员青年参与社区事务决策投票（VOT）存在显著正向影响，对党员青年参与社区事务决策投票（VOT）不存在显著影响。党员青年的社区参与既源于个体的身份认同，也依托于党组织动员机制的强化。在社区场域中，党员通过模范行为与组织化行动，成为联结国家与社会的关键节点。[1] 因此，参与权利意识可能不构成关键影响因素。对于非党员青年来说，增强其参与社区事务的权利意识，会显著促进其参与社区事务决策投票。有研究发现，部分社区在参与民主选举意愿上形成倒逼机制，即一般青年群众要比党员干部更愿意参与村委会选举，这也反映出广大青年强烈的参与权利意识。[2]

参与意愿（WIL）对非党员青年参与社区事务决策投票（VOT）存在显著负向影响，对党员青年参与社区事务决策投票（VOT）不存在显著影响。由于参与意愿是一个反向测量变量，这个结果说明非党员青年越有意愿参与社区活动，越可能参与社区事务决策投票，而在党员青年中，这种参与意愿的影响作用并不明显。非党员青年的社区参与意愿常指向具体可见的行动，而投票作为制度化决策行为，是社区参与的重要实践行动。

---

① 郑文强：《中共党员身份是否促进中国公民的政治参与——基于干预效应模型与 PSM 模型的估计》，《中山大学研究生学刊》（社会科学版）2016 年第 2 期。

② 胡湘明、王莹：《新型农村社区建设对青年参与的吸聚效应研究——以河南省新型农村社区为例》，《山西青年管理干部学院学报》2013 年第 2 期。

参与时间和精力（OC）对非党员青年参与社区事务决策投票（VOT）存在显著负向影响，对党员青年参与社区事务决策投票（VOT）不存在显著影响。由于参与时间和精力是一个反向测量变量，这个结果说明非党员青年越有时间和精力参与社区活动，越愿意参与社区事务决策投票。党员青年由于其政治身份要求，往往会将参与社区事务决策投票作为重要事项安排。但是，对于非党员青年来说，参与社区事务决策投票并非必要事项，因此参与此类活动更易受其时间和精力等客观条件的制约。

社会信任（BE）对非党员青年参与社区事务决策投票（VOT）存在显著正向影响，对党员青年参与社区事务决策投票（VOT）不存在显著影响。生活满意度（SAT）对非党员青年参与社区事务决策投票（VOT）存在显著负向影响，对党员青年参与社区事务决策投票（VOT）不存在显著影响。党员青年的社区参与行为更多受到组织身份与政治责任的约束和引导。作为党员，参与社区事务决策是其组织生活的一部分，是履行政治义务和保持组织联系的重要方式。这种参与具有较强的制度性、规范性和稳定性，其动机主要源于组织要求和角色认同，而非个人心理状态，如社会信任水平、生活满意度等。对于非党员青年而言，社区参与行为更依赖于个体自发性的社会心理驱动。较高的人际信任水平可增强他们对社区共同体的归属感和效能感，从而显著促进其参与社区事务决策投票。较高的生活满意度意味着他们对现状较为满足，缺乏通过参与社区事务决策投票改变环境的迫切需求，甚至可能因满足感而降低对社区事务的关注度，导致参与意愿下降。

参与权利意识的空间滞后效应（$W \times AUT$）对党员和非党员青年参与社区事务决策投票（VOT）均存在显著负向影响。参与社区事务决策投票的空间滞后效应（$W \times VOT$）对党员和非党员青年参与社区事务决策投票（VOT）均存在显著正向影响。但是，表 4-18 中第（1）列的系数绝对值大于第（2）列的系数绝对值，说明参与社区事务决策投票的空间滞后效应对党员青年参与社区事务决策投票的影响更大。当邻居参与社区事务决策投票时，党员青年可能会感知到更大的责任压力。基于密切联系群众的组织要求和党员履职尽责的责任要求，党员青年更倾向于在邻居参与社区事务决策投票时，也积极参与社区事务决策投票。

表 4-18 参与社区事务决策投票的政治面貌异质性分析

变量	因变量：VOT	
	党员	非党员
	（1）	（2）
AUT	0.065 （0.98）	0.047 *** （3.65）
WIL	-15.709 （-0.76）	-9.293 ** （-2.38）
OC	-0.087 （-1.38）	-0.040 *** （-3.06）
SAT	-0.024 （-1.05）	-0.008 * （-1.68）
BE	0.022 （1.15）	0.009 * （1.93）
控制变量	是	是
W×AUT	-0.011 ** （-2.19）	-0.001 *** （-4.28）
W×VOT	0.191 *** （2.98）	0.020 *** （4.72）
截距项	0.001 （0.02）	0.118 * （1.71）
观测值	133	1413
R^2	0.002	0.015
Wald χ^2	45.79 ***	97.47 ***
Wald test of spatial terms	8.89 **	22.37 ***

注：括号中是 z 统计量；*** $p < 0.01$，** $p < 0.05$，* $p < 0.1$。

（三）性别异质性分析

就性别异质性而言（表 4-19），参与权利意识（AUT）对男性和女性青年参与社区事务决策投票（VOT）均存在显著正向影响。但是，表 4-19 中第（1）列的系数绝对值大于第（2）列的系数绝对值，说明参与权利意识对男性青年参与社区事务决策投票的影响更大。有研究发现，农村地区男性比女性更加积极地参与村委选举，男性参与村委选举的概率优势是女性的 1.35 倍。[①] 影响女性参与社区治理主体性提升的首要因素是权益保障制度，其次为"男主外、女主内""男强女弱"等传统性别观念。[②]

参与意愿（WIL）对女性青年参与社区事务决策投票（VOT）存在显著负向影响，对男性青年参与社区事务决策投票（VOT）不存在显著影响。由于参与意愿是一个反向测量变量，这个结果说明女性青年越有意愿参与社区活动，越愿意参与社区事务决策投票。有研究指出，缺乏社区人意识、父权式组织管理、传统性别文化对女性社区参与具有不良影响，[③] 会导致青年参与意愿降低，从而限制其参与社区事务决策投票的行为。

参与时间和精力（OC）对男性和女性青年参与社区事务决策投票（VOT）均存在显著负向影响。由于参与时间和精力是一个反向测量变量，且表 4-19 中第（1）列的系数绝对值大于第（2）列的系数绝对值，这个结果说明男性和女性青年越有时间和精力参与社区活动，越能参与社区事务决策投票，且参与时间和精力对男性青年参与社区事务决策投票的影响更大。女性青年往往承担了更多家务与育儿责任，闲暇时间碎片化，较难投入固定的时间和精力参与社区事务决策投票。男性青年则更倾向于将时间和精力投入职业发展或公共领域活动。

生活满意度（SAT）对男性青年参与社区事务决策投票（VOT）存在显著负向影响，对女性青年参与社区事务决策投票（VOT）不存在显著影响。由此可见，男性青年更倾向于将生活满意度与自身的社区参与行

---

① 王甫勤：《社区异质性与中国民众村居委选举参与研究》，《同济大学学报》（社会科学版）2016 年第 3 期。

② 鹿锦秋：《城市女性居民社区参与主体性的影响因素——基于山东省城市社区调研数据的实证分析》，《山东理工大学学报》（社会科学版）2023 年第 2 期。

③ 夏辛萍：《退休女性社区志愿服务角色转换和社会参与》，《中国老年学杂志》2018 年第 2 期。

为相联系，并在生活满意度较低时，采取更加积极的行为参与社区事务决策投票。相较而言，女性青年则较少将生活满意度与自身在社区事务决策中的参与行为相联系。

社会信任（BE）对男性青年参与社区事务决策投票（VOT）存在显著正向影响，对女性青年参与社区事务决策投票（VOT）不存在显著影响。在基层治理中，男性常被视为"家庭公共事务代理人"，其投票行为更倾向于理性考量，高社会信任水平能减少其对投票成本的顾虑，激发参与意愿。相反，女性青年的社区参与多通过非正式关系网络实现，其投票行为受情感联结和集体认同的影响更大，而非社会信任。一项研究显示，年轻男性在与组织和政党相关的更具制度性的参与形式、各种类型的在线政治参与，以及更广泛的政治参与指标（如内部政治效能和通过各种渠道获取政治新闻）方面，比年轻女性更为活跃。[①]

参与权利意识的空间滞后效应（W×AUT）对男性和女性青年参与社区事务决策投票（VOT）均存在显著负向影响。参与社区事务决策投票的空间滞后效应（W×VOT）对男性和女性青年参与社区事务决策投票（VOT）均存在显著正向影响。但是，表4-19中第（1）列的系数绝对值大于第（2）列的系数绝对值，说明参与社区事务决策投票的空间滞后效应对男性青年参与社区事务决策投票的影响更大。女性可能更关注投票对邻里关系的直接影响，而男性更重视投票对公共资源分配的效能。男性青年在社区事务中更易将邻居参与行为视为社会比较信号，激发竞争意识与地位维护动机。当邻居积极参与社区事务决策投票时，男性青年倾向于将其解读为"社区影响力"的体现，为避免在社区事务中被边缘化或被认为"不作为"，从而主动跟进参与。

---

① Maria1 Grasso，& Katherine Smith，"Gender Inequalities in Political Participation and Political Engagement among Young People in Europe：Are Young Women Less Politically Engaged than Young Men？" *Politics* 42（2021）：39-57.

表 4-19 参与社区事务决策投票的性别异质性分析

变量	因变量：VOT	
	男性	女性
	（1）	（2）
AUT	0.057***	0.039**
	（2.91）	（2.30）
WIL	-9.470	-11.859**
	（-1.60）	（-2.35）
OC	-0.060***	-0.030*
	（-3.04）	（-1.80）
SAT	-0.014**	-0.004
	（-2.03）	（-0.71）
BE	0.018***	0.003
	（2.59）	（0.46）
控制变量	是	是
W×AUT	-0.001***	-0.001***
	（-4.14）	（-3.10）
W×VOT	0.044***	0.022***
	（4.47）	（4.21）
截距项	0.002	0.001
	（0.01）	（0.01）
观测值	698	848
R^2	0.076	0.013
Wald χ^2	196.47***	142.28***
Wald test of spatial terms	20.28***	18.75***

注：括号中是 z 统计量；*** $p<0.01$，** $p<0.05$，* $p<0.1$。

（四）受教育程度异质性分析

就受教育程度异质性而言（见表 4-20），参与权利意识（AUT）对高受教育程度和低受教育程度青年参与社区事务决策投票（VOT）均存在显著正向影响。但是，表 4-20 中第（1）列的系数绝对值小于第（2）列的系数绝对值，说明参与权利意识对低受教育程度青年参与社区事务决策投票的影响更大。由于低受教育程度青年可能面临工作、生活中的参与排斥，赋权对其具有补偿性激活效应，激发"被看见"的积极回应；而高受教育程度青年本身拥有更多替代性参与途径，故对参与权利意识的行为回应较少。

参与意愿（WIL）对高受教育程度青年参与社区事务决策投票（VOT）存在显著负向影响，对低受教育程度青年参与社区事务决策投票（VOT）不存在显著影响。由于参与意愿是一个反向测量变量，这个结果说明高受教育程度青年越有意愿参与社区活动，越愿意参与社区事务决策投票。高受教育程度青年往往对决策效率、程序正义的要求更高，当现实与预期不符时，更加倾向于付诸实际行动；低受教育程度青年则更依赖外部激励而非内在意愿驱动行为。

参与时间和精力（OC）对高受教育程度和低受教育程度青年参与社区事务决策投票（VOT）均存在显著负向影响。由于参与时间和精力是一个反向测量变量，且表 4-20 中第（1）列的系数绝对值大于第（2）列的系数绝对值，这个结果说明青年越有时间和精力参与社区活动，越能够参与社区事务决策投票，且参与时间和精力对高受教育程度青年参与社区事务决策投票的影响更大。高受教育程度青年往往面临高强度职业竞争与时间稀缺性，参与社区事务决策投票的机会成本较高；而低受教育程度青年的工作模式往往更灵活，如零工经济下的青年群体，且社区事务与其日常生活、工作空间重合度更高，时间和精力等客观条件限制反而被部分缓冲。

生活满意度（SAT）对高受教育程度青年参与社区事务决策投票（VOT）存在显著负向影响，对低受教育程度青年参与社区事务决策投票（VOT）不存在显著影响。高受教育程度青年若生活满意度高，往往更专注职业发展或个人成长，导致生活满意度和参与社区事务决策投票呈负相关关系。

社会信任（BE）对高受教育程度青年参与社区事务决策投票（VOT）存在显著正向影响，对低受教育程度青年参与社区事务决策投票（VOT）不存在显著影响。高受教育程度青年通常具备更强的社会资本获取能力与理性判断意识，其对社区的制度信任更易转化为对投票有效性的积极预期；而低受教育程度青年往往更依赖熟人网络或实际利益驱动，制度信任难以直接触发其投票行为。

参与权利意识的空间滞后效应（$W \times AUT$）对高受教育程度和低受教育程度青年参与社区事务决策投票（VOT）均存在显著负向影响。参与社区事务决策投票的空间滞后效应（$W \times VOT$）对高受教育程度和低受教育程度青年参与社区事务决策投票（VOT）均存在显著正向影响。但是，表4-20中第（1）列的系数绝对值小于第（2）列的系数绝对值，说明参与社区事务决策投票的空间滞后效应对低受教育程度青年参与社区事务决策投票的影响更大。邻居参与为低受教育程度青年构建"看得见的安全感"，通过行为示范消解能力焦虑，通过关系绑定强化归属动力，通过协作模式减少实操障碍，从而更高效地撬动其投票行为。相比之下，高受教育程度青年因理性决策主导和社会资本多元性，对邻里行为的敏感度较低。

表4-20　参与社区事务决策投票的受教育程度异质性分析

变量	因变量：VOT	
	高受教育程度	低受教育程度
	（1）	（2）
AUT	0.044**	0.054***
	（2.39）	（3.05）
WIL	-16.060***	-5.758
	（-3.04）	（-1.01）
OC	-0.042**	-0.038*
	（-2.46）	（-1.93）
SAT	-0.017**	-0.002
	（-2.54）	（-0.36）
BE	0.011*	0.008
	（1.70）	（1.26）
控制变量	是	是
$W \times AUT$	-0.001**	-0.001***
	（-2.00）	（-3.96）
$W \times VOT$	0.021***	0.032***
	（2.77）	（4.53）

续表

变量	因变量：VOT	
	高受教育程度	低受教育程度
	（1）	（2）
截距项	0.001 （0.03）	0.003 （0.03）
观测值	873	673
R^2	0.033	0.026
Wald χ^2	198.70***	53.54***
Wald test of spatial terms	11.08***	22.35***

注：括号中是 z 统计量；*** $p<0.01$，** $p<0.05$，* $p<0.1$。

（五）家庭收入异质性分析

就家庭收入异质性而言（见表4-21），参与权利意识（AUT）对高收入和低收入家庭青年参与社区事务决策投票（VOT）均存在显著正向影响。但是，表4-21中第（1）列的系数绝对值大于第（2）列的系数绝对值，说明参与权利意识对高收入家庭青年参与社区事务决策投票的影响更大。高收入家庭青年可能对自身的主体地位有更清晰的认知，受到强烈的参与权利意识的驱动，从而作出参与社区事务决策投票的行为。低收入家庭青年可能由于面临工作、生活中的经济压力，较少关注自身权益的实现。

参与意愿（WIL）对低收入家庭青年参与社区事务决策投票（VOT）存在显著负向影响，对高收入家庭青年参与社区事务决策投票（VOT）不存在显著影响。由于参与意愿（WIL）是一个反向测量变量，这个结果说明低收入家庭青年越有意愿参与社区活动，越倾向于参与社区事务决策投票。在熟人社区中，公开表达的意愿会形成社会期待压力。若后续因客观条件限制而未能履约，将面临"失信于邻"的风险。低收入家庭青年可能更注重维护社区内的声誉和社群关系，从而将意愿表达转化为参与社区事务决策投票的行为。

参与时间和精力（OC）对高收入家庭青年参与社区事务决策投票

（VOT）存在显著负向影响，对低收入家庭青年参与社区事务决策投票（VOT）不存在显著影响。由于参与时间和精力是一个反向测量变量，这个结果说明高收入家庭青年越有时间和精力参与社区活动，越能够参与社区事务决策投票。由于职业发展高压与时间刚性化，高收入家庭青年的社区参与机会成本较高。因此，时间和精力成为制约其参与社区事务决策投票的重要因素。相较而言，低收入家庭青年的工作灵活性强且社区空间与生活空间重叠，时间和精力约束反而被弱化。

生活满意度（SAT）对低收入家庭青年参与社区事务决策投票（VOT）存在显著负向影响，对高收入家庭青年参与社区事务决策投票（VOT）不存在显著影响。生活满意度高的低收入家庭青年更倾向于维持生活现状，将参与社区事务决策投票视为可能打破这种现状的风险行为；高收入家庭青年因资源缓冲能力强，不易受此类心理机制影响。

社会信任（BE）对低收入家庭青年参与社区事务决策投票（VOT）存在显著正向影响，对高收入家庭青年参与社区事务决策投票（VOT）不存在显著影响。低收入家庭青年的正式社会资本匮乏，其投票行为高度依赖基于邻里互助形成的关系型信任，社会信任水平成为解决参与不确定性问题的关键媒介；而高收入家庭青年更可能通过专业网络、媒体信息、制度渠道等方式验证投票价值，所以对社会信任的依赖程度较低。

参与权利意识的空间滞后效应（W×AUT）对高收入和低收入家庭青年参与社区事务决策投票（VOT）均存在显著负向影响。参与社区事务决策投票的空间滞后效应（W×VOT）对高收入和低收入家庭青年参与社区事务决策投票（VOT）均存在显著正向影响。但是，表 4-21 中第（1）列的系数绝对值小于第（2）列的系数绝对值，说明参与社区事务决策投票的空间滞后效应对低收入家庭青年参与社区事务决策投票的影响更大。这可能是由于邻居的权利意识向低收入家庭青年传递了社区治理结构的层级跃迁信号，这种信号暗示社区事务决策投票从形式化表态升级为实质性权力场域，激发其掌握日常生活中的话语主动权，规避潜在利益风险。

表 4-21　参与社区事务决策投票的家庭收入异质性分析

变量	因变量：VOT	
	高收入	低收入
	（1）	（2）
AUT	0.050***	0.044**
	（3.27）	（1.99）
WIL	-7.792	-14.431**
	（-1.64）	（-2.30）
OC	-0.062***	0.004
	（-3.90）	（0.19）
SAT	-0.004	-0.028***
	（-0.78）	（-3.65）
BE	0.008	0.018**
	（1.41）	（2.33）
控制变量	是	是
W×AUT	-0.001***	-0.001**
	（-4.78）	（-2.24）
W×VOT	0.024***	0.040***
	（5.37）	（3.87）
截距项	0.086	0.042
	（0.76）	（0.37）
观测值	1123	423
R^2	0.029	0.036
Wald χ^2	112.15***	43.58***
Wald test of spatial terms	29.06***	15.28***

注：括号中是 z 统计量；*** $p<0.01$，** $p<0.05$。

第六节　青年反映社区问题的实证分析

一　数据来源

基于 CSS 数据集，本研究剔除了缺失值、"不回答"和"不知道"

的样本，最终采用来自全国 30 个省区市（除新疆、港澳台外）的 1546 个家庭的观测值。

二 变量与测量

（一）因变量

本研究的因变量是反映社区问题（*RP*）。CSS 会询问被调查者"是否反映社区存在的问题"，对该问题的回答选项采用二分类设置，即"是 = 1，否 = 0"。

（二）自变量

本研究共有 3 个自变量。

第一个自变量是参与权利意识（*AUT*）。CSS 会询问被调查者"村居/社区活动关系到我的利益，我有权利参加讨论和决策"。该回答采用四点式计分标准，即"很不同意 = 1，不太同意 = 2，比较同意 = 3，非常同意 = 4"。该问题得分越高，代表个体参与社区事务的权利意识越强。

第二个自变量是参与意愿（*WIL*）。CSS 会询问被调查者"我对村居/社区事务不感兴趣和我对村居/社区活动不感兴趣""村居/社区活动交给村/居委会就可以了，不用村/居民操心"两个问题。上述问题的回答都采用四点式计分标准，即"很不同意 = 1，不太同意 = 2，比较同意 = 3，非常同意 = 4"。这里通过熵指数法合成这个变量，得分越高，代表个体参与社区事务的意愿越弱。

第三个自变量是参与成效（*EF*）。CSS 会询问被调查者"我认为参加村居/社区事务讨论没用，不会对决策有影响"。该回答采用四点式计分标准，即"很不同意 = 1，不太同意 = 2，比较同意 = 3，非常同意 = 4"。该问题得分越高，代表个体感知到的参与成效越差。

(三) 控制变量

结合研究问题和相关文献,[①] 本研究选取的控制变量包括以下 5 类：性别（*SEX*）、受教育程度（*EDU*）、户口（*UR*）、家庭收入（*INC*）、政治面貌（*POL*）。

反映社区问题的相关变量的定义及描述统计见表 4-22。

表 4-22　反映社区问题的相关变量的定义及描述统计

变量符号	变量名称	定义	均值	标准差	最小值	最大值
RP	反映社区问题	"是否反映社区存在的问题"。是 = 1，否 = 0	0.116	0.320	0	1
AUT	参与权利意识	"村居/社区活动关系到我的利益，我有权利参加讨论和决策"。很不同意 = 1，不太同意 = 2，比较同意 = 3，非常同意 = 4	3.279	0.629	1	4
WIL	参与意愿	"我对村居/社区事务不感兴趣和我对村居/社区活动不感兴趣" "村居/社区活动交给村/居委会就可以了，不用村/居民操心"，通过熵指数法合成	0.005	0.003	0	0.011
EF	参与成效	"我认为参加村居/社区事务讨论没用，不会对决策有影响"。很不同意 = 1，不太同意 = 2，比较同意 = 3，非常同意 = 4	2.301	0.817	1	4
SEX	性别	男性 = 1，女性 = 2	1.549	0.498	1	2
EDU	受教育程度	高受教育程度 = 1，低受教育程度 = 0	0.565	0.496	0	1

[①]　陈涛、刘伊琳、梁哲浩、陈思：《城乡社区治理中的居民在线参与行为研究——基于公民自愿主义和社区情感承诺的视角》，《中国行政管理》2021 年第 12 期；龙斧、段玲童：《家庭消费如何塑造社会阶层认知——基于 CSS 2015—2021 的实证研究》，《山西财经大学学报》2025 年第 3 期；许加彪、李欣：《群际接触理论视角下互联网使用对居民国家认同感的影响机制——基于 CSS 2021 的实证分析》，《民族学刊》2025 年第 4 期；叶威先：《参与政府组织的志愿服务对青年普遍信任的影响——基于 CSS 2019 年数据的实证分析》，《福建农林大学学报》（哲学社会科学版）2025 年第 1 期。

续表

变量符号	变量名称	定义	均值	标准差	最小值	最大值
UR	户口	城镇户口 = 1，农村户口 = 0	0.399	0.490	0	1
INC	家庭收入	家庭年收入加 1 之后的对数值	7.640	4.802	0	14.914
POL	政治面貌	党员 = 1，非党员 = 0	0.086	0.280	0	1

三　模型与方法

这里将探究上述三个自变量对青年反映社区问题的影响，同时需要考察邻居溢出效应的影响。因此，建构如下空间计量回归模型：

$$RP = \alpha + \beta_1 AUT + \beta_2 WIL + \beta_3 EF + \beta_4 SEX + \beta_5 EDU + \beta_6 UR + \beta_7 INC + \beta_8 POL +$$
$$\delta_1 W \times RP + \delta_2 W \times AUT + \mu \qquad\text{（模型 4）}$$

在上述模型中，相关变量已在表 4-22 中定义过。这里需要重点说明的是，模型 4 中的 α 代表截距项，β_i 代表相关变量的回归系数，μ 代表残差项。W 是空间邻近权重矩阵，具体定义与前文一致。参考之前的研究，[①] W 的空间权重矩阵在这里是用来体现邻近关系的。因此，$W \times RP$ 是 RP 变量的空间滞后项，$W \times AUT$ 是 AUT 变量的空间滞后项。δ_1 和 δ_2 是这两个空间滞后项的回归系数。

四　基线模型回归结果分析

反映社区问题的基线模型的回归结果见表 4-23。具体来说，表 4-23 中的第（1）列显示了因变量反映社区问题（RP）以及自变量参与权利意识（AUT）的空间滞后效应与其他自变量的模型的实证结果；第（2）列在第（1）列的基础上加入了控制变量。

---

① Jiafeng Gu, "Do Neighbours Shape the Tourism Spending of Rural Households? Evidence from China," *Current Issues in Tourism* 26 (3) (2023): 2217-2221; Jiafeng Gu, "Neighborhood Does Matter: Farmers' Local Social Interactions and Land Rental Behaviors in China," *Land* 13 (1) (2024): 76.

（一）自变量影响作用分析

两个模型中参与权利意识（AUT）的系数都显著为正（见表 4-23），说明青年在社区活动参与中越能够意识到自身的权利，越愿意反映社区问题（RP）。当青年意识到自己在社区活动中享有参与决策权利时，他们可能会相应地产生一种责任感，认为有义务为社区的发展贡献力量。这种主人翁意识促使他们在发现社区问题时，主动去反映问题和寻求解决办法。此外，青年在社区活动中意识到自身权利后，可能会更加关注社区事务是否会影响自己的切身利益，如居住环境、公共设施、安全保障等方面。当发现社区存在损害自身利益的问题时，青年会积极反映，以维护自身合法权益。①

两个模型中参与意愿（WIL）的系数都显著为负（见表 4-23）。由于参与意愿是一个反向测量变量，这个结果说明青年越有意愿参与社区活动，越愿意反映社区问题（RP）。参与意愿是居民反映社区问题的心理起点，是居民反映社区问题的前提和动力。尤其是当居民感知到社区问题直接影响自身利益（如设施损坏、环境卫生恶化）时，参与意愿转化为反映社区问题的动力最强。此外，在两个模型中，参与成效的回归系数都不显著。

表 4-23 反映社区问题的基线模型的回归结果

变量	因变量：RP	
	（1）	（2）
AUT	0.046*** (3.54)	0.041*** (3.13)
WIL	-16.643*** (-4.80)	-16.819*** (-4.83)
EF	0.005 (0.44)	0.007 (0.58)
SEX		-0.027 (-1.64)

---

① 彭凌：《城市社区居民参与的问题和原因分析》，《科教文汇》（下旬刊）2012 年第 21 期。

续表

变量	因变量：RP	
	（1）	（2）
EDU		0.039**
		（2.28）
UR		−0.013
		（−0.80）
INC		0.004**
		（2.57）
POL		0.016
		（0.55）
W×RP	0.011*	0.014***
	（1.76）	（3.33）
W×AUT	−0.001**	−0.001***
	（−2.15）	（−3.67）
截距项	0.032	0.029
	（0.59）	（0.47）
观测值	1546	1546
R^2	−0.001	0.041
Wald χ^2	52.90***	81.57***
Wald test of spatial terms	5.63	13.45***

注：括号中是 z 统计量；*** $p<0.01$，** $p<0.05$，* $p<0.1$。

（二）空间滞后效应分析

因变量反映社区问题的空间滞后效应（W×RP）显著为正（见表4-23）。可见，邻居反映社区问题的行为会通过邻居溢出效应扩散到青年。社区参与行为具有一定的传播效应，居民的参与实践可以影响其他居民的行为。[1] 在社区中，邻居反映社区问题的行为可以通过日常的互动和交流传递给其他居民，包括青年。邻居反映社区问题的行为往往被视为对社区的积极贡献，进而影响青年的行为选择，促使他们也去反映社区问题。

---

[1] 邱婴芝、陈宏胜、李志刚、王若宇、刘晔、覃小菲：《基于邻里效应视角的城市居民心理健康影响因素研究——以广州市为例》，《地理科学进展》2019年第2期。

自变量参与权利意识的空间滞后效应（$W \times AUT$）显著为负（见表4-23）。这说明邻居越意识到自身的参与权利，这种权利意识会通过邻居溢出效应影响青年，导致青年越少反映社区问题（RP）。当居民在社区活动中获得了广泛的参与权利时，他们会获得一种特定的角色认同，如积极参与者或社区活动组织者等。这种角色认同会使他们更关注维护自己在社区中的形象和地位，同时也会影响周围居民的行为选择。[1] 部分青年会将反映社区问题视为积极参与者或社区活动组织者的职责，自己则选择"避免出风头"，从而减少对社区问题的反映。

五　异质性分析

（一）城乡异质性分析

就城乡异质性而言（见表4-24），参与权利意识（AUT）对城镇和农村青年反映社区问题（RP）均存在显著正向影响。但是，表4-24中第（1）列的系数绝对值大于第（2）列的系数绝对值，说明参与权利意识对城镇青年反映社区问题的影响更大。这也从侧面印证了城镇青年更加倾向于将自身权利意识转化为实际行动，而参与权利意识对农村青年反映社区问题的促进作用相对较小。

参与意愿（WIL）对农村青年反映社区问题（RP）存在显著负向影响，对城镇青年反映社区问题（RP）不存在显著影响。由于参与意愿是一个反向测量变量，这个结果说明农村青年越有意愿参与社区活动，越会作出反映社区问题的行为。可见，农村青年反映社区问题更多受到个体主观动机的驱使，但是城镇青年反映社区问题更多受到参与渠道和平台的推动。

参与成效（EF）对农村青年反映社区问题（RP）存在显著正向影响，对城镇青年反映社区问题（RP）不存在显著影响。由于参与成效是一个反向测量变量，这个结果说明农村青年越能感知到参与社区活动

---

[1] 颜玉凡、叶南客：《认同与参与——城市居民的社区公共文化生活逻辑研究》，《社会学研究》2019年第2期。

的成效，越少作出反映社区问题的行为。农村青年虽能感知到参与社区活动的成效，但如果预见到反映社区问题可能会面临较大的社会压力、资源匮乏导致的无力感，则可能抑制实际发声行为，以避免潜在的风险。此外，具有参与成效意识的更多是外出务工、社会活动能力较强的农村青年，他们缺乏反映社区问题的时空条件。

参与权利意识的空间滞后效应（$W \times AUT$）对城镇和农村青年反映社区问题（RP）均存在显著负向影响。反映社区问题的空间滞后效应（$W \times RP$）对城镇和农村青年反映社区问题（RP）均存在显著正向影响。但是，表4-24中第（1）列的系数绝对值大于第（2）列的系数绝对值，说明反映社区问题的空间滞后效应对城镇青年反映社区问题的影响更大。

表4-24　反映社区问题的城乡异质性分析

变量	因变量：RP	
	城镇	农村
	（1）	（2）
AUT	0.059***	0.034**
	(2.74)	(2.04)
WIL	-6.884	-23.514***
	(-1.21)	(-5.33)
EF	-0.026	0.028**
	(-1.42)	(1.98)
控制变量	是	是
$W \times AUT$	-0.001***	-0.001**
	(-3.62)	(-2.49)
$W \times RP$	0.044***	0.015*
	(4.08)	(1.77)
截距项	0.001	0.024
	(0.01)	(0.30)
观测值	617	929
R^2	0.014	0.001
Wald χ^2	119.44***	61.75***
Wald test of spatial terms	16.69***	7.21**

注：括号中是 z 统计量；*** $p < 0.01$，** $p < 0.05$，* $p < 0.1$。

（二）政治面貌异质性分析

就政治面貌异质性而言（见表 4-25），参与权利意识（AUT）对非党员青年反映社区问题（RP）存在显著正向影响，对党员青年反映社区问题不存在显著影响。这可能是因为党组织拥有更完善的制度性参与渠道和平台，并不断加强对党员社区参与的思想引领。因此，党员青年对自身参与权利普遍具有清晰的认知，导致参与权利意识的影响作用不显著。

参与意愿（WIL）对党员和非党员青年反映社区问题（RP）均存在显著负向影响。由于参与意愿是一个反向测量变量，且表 4-25 中第（1）列的系数绝对值大于第（2）列的系数绝对值，这个结果说明青年越有意愿参与社区活动，越愿意反映社区问题，且参与意愿对党员青年反映社区问题的影响更大。有研究表明，党员身份可以显著提升社会参与水平，[1] 党员受组织规范约束更强。[2]

参与成效（EF）对党员青年反映社区问题存在显著正向影响，对非党员青年反映社区问题不存在显著影响。由于参与成效是一个反向测量变量，这个结果说明党员青年的参与成效感越弱，越倾向于反映社区问题。党员通过组织化渠道反映社区问题容易获得实质性回应，形成正向激励；非党员青年多通过非正式渠道反映社区问题，成效感知较为模糊。当党员青年认为自身参与社区活动的成效不明显时，他们更想改变现状，因而越倾向于继续反映社区问题，直至问题得到解决。这也表明党员青年在社区事务中可以发挥积极推动问题解决的重要作用。

参与权利意识的空间滞后效应（W×AUT）对党员和非党员青年反映社区问题（RP）均存在显著负向影响。但是，表 4-25 中第（1）列的系数绝对值大于第（2）列的系数绝对值，说明参与权利意识的空间滞后效应对党员青年反映社区问题的影响更大。反映社区问题的空间滞

---

① 邓智平、郑黄烨：《流动青年的社会参与及影响因素研究》，《中国青年社会科学》2023 年第 4 期。

② 刘静：《嵌入与建构：青年社会组织参与社区治理的行动逻辑》，《社会与公益》2024 年第 12 期。

后效应（$W \times RP$）对党员和非党员青年反映社区问题（RP）均存在显著正向影响。但是，表 4-25 中第（1）列的系数绝对值大于第（2）列的系数绝对值，说明反映社区问题的空间滞后效应对党员青年反映社区问题的影响更大。可见，邻居反映社区问题的行为更易对党员青年产生示范作用。有研究表明，情感共同体通过空间纽带强化参与，党员的组织网络嵌入更易受空间交互影响。[1]

表 4-25 反映社区问题的政治面貌异质性分析

变量	因变量：RP	
	党员	非党员
	（1）	（2）
AUT	0.085 （1.42）	0.039*** （2.94）
WIL	-34.599** （-2.35）	-14.473*** （-4.06）
EF	0.104** （2.20）	-0.003 （-0.23）
控制变量	是	是
$W \times AUT$	-0.010** （-2.51）	-0.001*** （-3.20）
$W \times RP$	0.160*** （3.93）	0.012*** （2.66）
截距项	0.002 （0.03）	0.051 （0.80）
观测值	133	1413
R^2	0.110	0.003
Wald χ^2	57.02***	69.49***
Wald test of spatialterms	15.45**	10.33***

注：括号中是 z 统计量；*** $p<0.01$，** $p<0.05$。

---

[1] 张振、钟超平、武嘉瑶：《青年参与城市社区治理共同体建构的实践逻辑与运作机制——基于"社区青春行动"的多案例分析》，https://link.cnki.net/urlid/61.1329.C.20250514.1515.002，最后访问日期：2025 年 5 月 3 日。

（三）性别异质性分析

就性别异质性而言（见表4-26），参与权利意识（AUT）对男性和女性青年反映社区问题（RP）均存在显著正向影响。但是，表4-26中第（1）列的系数绝对值小于第（2）列的系数绝对值，说明参与权利意识对女性青年反映社区问题的影响更大。当女性青年清晰认识到自身在社区治理中的知情权、参与权、表达权与监督权时，她们对公共问题的识别敏锐度会显著提升，更愿意为解决问题而积极发声。有研究指出，农村户籍、低学历女性的政治疏离感较强，但是线上参与更活跃；当赋予参与权利时，女性更可能通过线上渠道反映问题，形成"补偿性参与"效应。[①]

参与意愿（WIL）对男性和女性青年反映社区问题（RP）均存在显著负向影响。由于参与意愿是一个反向测量变量，且表4-26中第（1）列的系数绝对值大于第（2）列的系数绝对值，这个结果说明参与社区意愿对男性青年反映社区问题（RP）的影响更大。有研究发现，农村留守男性青年的社区政治参与率显著高于女性，且男性更可能将参与意愿直接转化为行动。[②] 另有研究指出，城镇户籍男性倾向于通过线下关切式参与解决问题，其参与行为受个人意愿驱动更强。[③]

参与权利意识的空间滞后效应（$W \times AUT$）对男性和女性青年反映社区问题（RP）均存在显著负向影响。反映社区问题的空间滞后效应（$W \times RP$）对男性和女性青年反映社区问题均存在显著正向影响。但是，表4-26中第（1）列的系数绝对值小于第（2）列的系数绝对值，说明反映社区问题的空间滞后效应对女性青年反映社区问题的影响更大。女性青年更易受社区伙伴的参与行为的影响，形成"情绪传染"，这推动

[①]　孟利艳：《对政治越有疏离感越不参与政治吗——青年的政治态度偏好与线上、线下生活政治行为选择》，《中国青年研究》2020年第2期。

[②]　刘兵：《农村留守青年社区政治参与的性别差异研究——基于CGSS 2010年调查数据》，《山西农业大学学报》（社会科学版）2015年第1期。

[③]　孟利艳：《对政治越有疏离感越不参与政治吗——青年的政治态度偏好与线上、线下生活政治行为选择》，《中国青年研究》2020年第2期。

其反映社区问题。[1] 有研究指出，女性在网络空间中通过"点赞、转发批评性言论"参与线上关切式政治，这种行为具有强传染性，易引发群体效仿。[2]

表 4-26　反映社区问题的性别异质性分析

变量	因变量：RP	
	男性	女性
	（1）	（2）
AUT	0.038*	0.046***
	（1.88）	（2.66）
WIL	-18.280***	-15.208***
	（-3.43）	（-3.28）
EF	0.014	-0.001
	（0.83）	（-0.01）
控制变量	是	是
W×AUT	-0.001***	-0.001***
	（-3.09）	（-3.54）
W×RP	0.024***	0.032***
	（3.30）	（3.27）
截距项	0.002	0.001
	（0.01）	（0.01）
观测值	698	848
R^2	0.015	0.018
Wald χ^2	148.25***	150.07***
Wald test of spatial terms	12.05***	12.51***

注：括号中是 z 统计量；*** $p < 0.01$，* $p < 0.1$。

（四）受教育程度异质性分析

就受教育程度异质性而言（见表 4-27），参与权利意识（AUT）对

---

[1] 王源、李秋林：《新时代广东青年女性社区治理参与意向分析——基于广东高职院校 798 份调研数据的分析》，《现代商贸工业》2025 年第 7 期。

[2] 孟利艳：《对政治越有疏离感越不参与政治吗——青年的政治态度偏好与线上、线下生活政治行为选择》，《中国青年研究》2020 年第 2 期。

高受教育程度和低受教育程度青年反映社区问题（RP）均存在显著正向影响。但是，表4-27中第（1）列的系数绝对值大于第（2）列的系数绝对值，说明参与权利意识对高受教育程度青年反映社区问题的影响更大。高受教育程度青年通常具备更强的信息获取能力、批判性思维和权利意识，更倾向于通过制度化渠道表达诉求。有研究发现，高受教育程度青年因社会资本和政治效能感更强，更善于利用自身权利资源反映深层次问题。[①]

参与意愿（WIL）对高受教育程度和低受教育程度青年反映社区问题（RP）均存在显著负向影响。由于参与意愿是一个反向测量变量，且表4-27中第（1）列的系数绝对值大于第（2）列的系数绝对值，这个结果说明参与意愿对高受教育程度青年反映社区问题的影响更大。在同样的参与意愿的驱使下，高受教育程度青年更可能作出反映社区问题的行为，而低受教育程度青年可能会受到参与渠道不畅、议事风险规避等原因影响，参与意愿对其的驱动作用较小。

参与权利意识的空间滞后效应（$W \times AUT$）对高受教育程度和低受教育程度青年反映社区问题（RP）均存在显著负向影响。反映社区问题的空间滞后效应（$W \times RP$）对高受教育程度和低受教育程度青年反映社区问题（RP）均存在显著正向影响。但是，表4-27中第（1）列的系数绝对值小于第（2）列的系数绝对值，说明反映社区问题的空间滞后效应对低受教育程度青年反映社区问题的影响更大。低受教育程度青年往往更依赖邻里互动和在地社交网络，易受周围人行为的影响，[②] 而高受教育程度青年则可能更依赖制度化渠道。有研究发现，低受教育程度青年的社区参与更依赖线下互动，且易受周围人的影响。[③]

---

①　徐旻霞、郑路：《邻里互动、主观幸福感与小镇青年社区民主政治参与》，《青年研究》2022年第5期。

②　徐旻霞、郑路：《邻里互动、主观幸福感与小镇青年社区民主政治参与》，《青年研究》2022年第5期。

③　常进锋、章洵：《互联网使用对城市青年社会参与的影响研究——基于CSS 2021数据的实证分析》，《青年发展论坛》2024年第3期。

表 4-27　反映社区问题的受教育程度异质性分析

变量	因变量：RP	
	高受教育程度	低受教育程度
	（1）	（2）
AUT	0.047 **	0.032 **
	（2.22）	（2.04）
WIL	-26.502 ***	-8.504 **
	（-4.82）	（-2.01）
EF	0.013	0.007
	（0.75）	（0.52）
控制变量	是	是
$W \times AUT$	-0.001 ***	-0.001 ***
	（-2.60）	（-3.82）
$W \times RP$	0.023 ***	0.030 ***
	（2.60）	（3.88）
截距项	0.001	0.009
	（0.01）	（0.12）
观测值	873	673
R^2	0.041	0.031
Wald χ^2	197.25 ***	37.46 ***
Wald test of spatial terms	7.05 **	18.41 ***

注：括号中是 z 统计量；*** $p < 0.01$，** $p < 0.05$。

（五）家庭收入异质性分析

就家庭收入异质性而言（见表 4-28），参与权利意识（AUT）对高收入家庭青年反映社区问题（RP）存在显著正向影响，对低收入家庭青年反映社区问题（RP）不存在显著影响。高收入家庭青年更可能将参与权利意识转化成实际参与行为，例如通过制度化渠道反映社区问题，权利意识强会强化其问题反馈行为。低收入家庭青年则较少将参与权利意识转化成实际参与行为。有研究指出，青年务工人员因社会资本匮乏，即使有参与权利，也难以有效转化为问题反馈行动。[①]

[①] 张敏：《青年务工人员的社区参与研究——以成都市 M 社区青年务工人员为例》，《智库时代》2019 年第 44 期。

参与意愿（*WIL*）对高收入家庭青年反映社区问题（*RP*）存在显著负向影响，对低收入家庭青年反映社区问题（*RP*）不存在显著影响。由于参与意愿是一个反向测量变量，这个结果说明高收入家庭青年参与社区活动的意愿越强，越愿意反映社区问题。有研究指出，高收入家庭青年更关注与自身利益相关的社区事务，其参与意愿越强，越倾向于反映问题并推动问题解决。[①] 低收入家庭青年受资源不足、信息不对称等因素限制，参与意愿往往较难转化为实际的问题反馈行动。[②]

参与权利意识的空间滞后效应（*W×AUT*）对高收入和低收入家庭青年反映社区问题（*RP*）均存在显著负向影响。反映社区问题的空间滞后效应（*W×RP*）对高收入和低收入家庭青年反映社区问题（*RP*）均存在显著正向影响。但是，表 4-28 中第（1）列的系数绝对值小于第（2）列的系数绝对值，说明反映社区问题的空间滞后效应对低收入家庭青年反映社区问题的影响更大。低收入家庭青年在反映社区问题方面更易受邻居行为影响，这可能是由于低收入家庭青年的社区关系网络是其获取社会支持、应对生活困境的关键渠道，因此其社区参与行为更易受到社区伙伴影响。

表 4-28　反映社区问题的家庭收入异质性分析

变量	因变量：*RP*	
	高收入	低收入
	（1）	（2）
AUT	0.047 *** (3.02)	0.032 (1.30)
WIL	−20.875 *** (−4.98)	−5.107 (−0.80)
EF	0.008 (0.57)	−0.008 (−0.38)

① 张敏：《青年务工人员的社区参与研究——以成都市 M 社区青年务工人员为例》，《智库时代》2019 年第 44 期。
② 徐旻霞、郑路：《邻里互动、主观幸福感与小镇青年社区民主政治参与》，《青年研究》2022 年第 5 期。

续表

变量	因变量：RP	
	高收入	低收入
	（1）	（2）
控制变量	是	是
$W \times AUT$	-0.001^{***} （-3.75）	-0.001^{**} （-2.42）
$W \times RP$	0.021^{***} （3.65）	0.043^{***} （2.67）
截距项	-0.124 （-1.14）	0.006 （0.06）
观测值	1123	423
R^2	0.043	0.001
Wald χ^2	73.08^{***}	19.85^{**}
Wald test of spatial terms	14.35^{***}	8.07^{**}

注：括号中是 z 统计量；$^{***} p < 0.01$，$^{**} p < 0.05$。

第七节　青年参与社区文化建设的实证分析

一　数据来源

基于 CSS 数据集，本研究剔除了缺失值、"不回答"和"不知道"的样本，最终采用来自全国 30 个省区市（除新疆、港澳台外）的 1481 个家庭的观测值[①]。

二　变量与测量

（一）因变量

本研究的因变量是参与社区文化建设（CCP）。CSS 会询问被调查

---

① 由于因变量"参与社区文化建设"的缺失值较多，剔除该变量的缺失值后，最终获得 1481 个家庭的观测值。

者"最近 2 年，在当前所居住的村/居里，是否为建设村居的文化长廊、社区图书室等活动出过力或出过点子""最近 2 年，在当前所居住的村居，是否为参加村居的文艺活动、传播社区文化等出过力或出过点子"这两个问题，通过熵指数法合成。

（二）自变量

本研究共有 4 个自变量。

第一个自变量是住房问题（*HP*）。CSS 会询问被调查者"在过去 12 个月中，您或您家庭是否遇到住房条件差、长期得不到改善的问题"。对该问题的回答选项采用二分类设置，即"是 = 1，否 = 0"。

第二个自变量是赡养负担（*BS*）。CSS 会询问被调查者"在过去 12 个月中，您或您家庭是否遇到赡养老人负担过重的问题"。对该问题的回答选项采用二分类设置，即"是 = 1，否 = 0"。

第三个自变量是人情支出（*HFE*）。CSS 会询问被调查者"在过去 12 个月中，您或您家庭是否遇到家庭人情支出大、难以承受的问题"。对该问题的回答选项采用二分类设置，即"是 = 1，否 = 0"。

第四个自变量是生活满意度（*LS*）。CSS 会询问被调查者"请用 1～10 分，来表达您对生活的满意程度"，1 分表示非常不满意，10 分表示非常满意。该问题得分越高，代表个体的生活满意度越高。

（三）控制变量

结合研究问题和相关文献，[①] 本研究选取的控制变量为以下 5 类：性别（*SEX*）、受教育程度（*EDU*）、户口（*UR*）、家庭收入（*INC*）、政治面貌（*POL*）。

---

① 陈涛、刘伊琳、梁哲浩、陈思：《城乡社区治理中的居民在线参与行为研究——基于公民自愿主义和社区情感承诺的视角》，《中国行政管理》2021 年第 12 期；龙斧、段玲童：《家庭消费如何塑造社会阶层认知——基于 CSS 2015—2021 的实证研究》，《山西财经大学学报》2025 年第 3 期；许加彪、李欣：《群际接触理论视角下互联网使用对居民国家认同感的影响机制——基于 CSS 2021 的实证分析》，《民族学刊》2025 年第 4 期；叶威先：《参与政府组织的志愿服务对青年普遍信任的影响——基于 CSS 2019 年数据的实证分析》，《福建农林大学学报》（哲学社会科学版）2025 年第 1 期。

参与社区文化建设的相关变量的定义及描述统计见表4-29。

表 4-29　参与社区文化建设的相关变量的定义及描述统计

变量符号	变量名称	定义	均值	标准差	最小值	最大值
CCP	参与社区文化建设	"最近 2 年，在当前所居住的村居，是否为建设村居的文化长廊、社区图书室等活动出过力或出过点子""最近 2 年，在当前所居住的村/居里，是否为参加村居的文艺活动、传播社区文化等出过力或出过点子"，通过熵指数法合成	0.048	0.173	0.0001	1
HP	住房问题	"在过去 12 个月中，您或您家庭是否遇到住房条件差、长期得不到改善的问题"。是 = 1，否 = 0	0.136	0.343	0	1
BS	赡养负担	"在过去 12 个月中，您或您家庭是否遇到赡养老人负担过重的问题"。是 = 1，否 = 0	0.099	0.298	0	1
HFE	人情支出	"在过去 12 个月中，您或您家庭是否遇到家庭人情支出大、难以承受的问题"。是 = 1，否 = 0	0.146	0.353	0	1
LS	生活满意度	"请用 1~10 分，来表达您对生活的满意程度"，1 分表示非常不满意，10 分表示非常满意	7.242	1.974	1	10
SEX	性别	男性 = 1，女性 = 2	1.553	0.497	1	2
EDU	受教育程度	高受教育程度 = 1，低受教育程度 = 0	0.562	0.496	0	1
UR	户口	城镇户口 = 1，农村户口 = 0	0.402	0.491	0	1
INC	家庭收入	家庭年收入加 1 之后的对数值	7.726	4.764	0	14.914
POL	政治面貌	党员 = 1，非党员 = 0	0.086	0.280	0	1

三 模型与方法

这里将探究上述四个自变量对青年参与社区文化建设的影响，同时需要考察邻居溢出效应的影响。因此，建构如下空间计量回归模型：

$$CCP = \alpha + \beta_1 HP + \beta_2 BS + \beta_3 HFE + \beta_4 LS + \beta_5 SEX + \beta_6 EDU + \beta_7 UR + \beta_8 INC +$$
$$\beta_9 POL + \delta_1 W \times CCP + \delta_2 W \times LS + \mu \qquad （模型5）$$

在上述模型中，相关变量已在表4-29中定义过。这里需要重点说明的是，模型5中的 α 代表截距项，β_i 代表相关变量的回归系数，μ 代表残差项。W 是空间邻近权重矩阵，具体定义与前文一致。参考之前的研究，[①] W 的空间权重矩阵在这里是用来体现邻近关系的。因此，$W \times CCP$ 是 CCP 变量的空间滞后项，$W \times LS$ 是 LS 变量的空间滞后项。δ_1 和 δ_2 是这两个空间滞后项的回归系数。

四 基线模型回归结果分析

参与社区文化建设的基线模型的回归结果见表4-30。具体来说，表4-30中的第（1）列显示了因变量参与社区文化建设（CCP）的空间滞后效应与四个自变量的模型的实证结果；第（2）列在第（1）列的基础上增加了自变量生活满意度（LS）的空间滞后效应；第（3）列在第（1）列的基础上增加了控制变量；第（4）列在第（1）列的基础上同时增加了自变量生活满意度（LS）的空间滞后效应和控制变量。

（一）自变量影响作用分析

四个模型中赡养负担（BS）的系数都显著为正（表4-30），说明青年赡养负担越重，越倾向于参与社区文化建设（CCP）。随着我国人

---

① Jiafeng Gu, "Do Neighbours Shape the Tourism Spending of Rural Households? Evidence from China," *Current Issues in Tourism* 26 (3) (2023): 2217-2221; Jiafeng Gu, "Neighborhood Does Matter: Farmers' Local Social Interactions and Land Rental Behaviors in China," *Land* 13 (1) (2024): 76.

口老龄化的不断加剧,养老压力逐渐增大,而青年一代作为社会的主力军,承担着越来越重的养老责任。一项研究显示,城市中近37%的独生子女认为最大的压力是独自赡养老人。[1] 研究表明,承担沉重的照顾负担会增加心理压力。[2] 社区文化活动作为青年放松自我、缓解压力的有效途径,可以帮助他们愉悦心情,减轻在赡养老人过程中产生的压力和焦虑,以健康积极的心态对待生活与工作。

四个模型中生活满意度(LS)的系数都显著为正(见表4-30),说明青年生活满意度越高,越倾向于参与社区文化建设(CCP)。生活满意度是个体基于自身标准对其生活状态所作出的主观评价,是主观幸福感的重要组成部分。[3] 生活满意度较高的青年,在物质需求得到基本满足之后,可能更看重精神文化层面的追求。社区文化活动是促进精神文明建设的有效载体,有利于满足群众对于精神文化生活的追求。[4] 因此,生活满意度越高的青年,越有可能参与社区文化建设,以满足自身精神文化需求。

四个模型中的自变量住房问题(HP)和人情支出(HFE)的系数都不显著(见表4-30),说明住房问题和人情支出对参与社区文化建设(CCP)的影响并不显著。

表4-30 参与社区文化建设的基线模型的回归结果

变量	因变量:CCP			
	(1)	(2)	(3)	(4)
HP	-0.002 (-0.15)	-0.003 (-0.22)	-0.005 (-0.36)	-0.006 (-0.44)

① 韩一玮、倪慧、张雨晴:《城市第一代独生子女赡养父母压力研究——以南京市栖霞区为例》,《劳动保障世界》2020年第21期。

② Carol M. Musil, Nahida L. Gordon, Camille B. Warner, Jaclene A. Zauszniewski, Theresa Standing, & May Wykle, "Grandmothers and Caregiving to Grandchildren: Continuity, Change, and Outcomes over 24 Months," *The Gerontologist* 51 (1) (2011): 86-100.

③ Ed Diener, Robert A. Emmons, Randy J. Larsen, & Sharon Griffin, "The Satisfaction with Life Scale," *Journal of Personality Assessment* 49 (1) (1985): 71-75.

④ 田艳:《新形势下开展基层群众文化活动的策略研究》,《中国民族博览》2024年第14期。

续表

变量	因变量：CCP			
	（1）	（2）	（3）	（4）
BS	0.028* (1.83)	0.028* (1.80)	0.030* (1.95)	0.029* (1.90)
HFE	-0.001 (-0.01)	-0.002 (-0.13)	0.001 (0.01)	-0.002 (-0.17)
LS	0.009*** (3.62)	0.007*** (3.15)	0.008*** (3.19)	0.006*** (2.67)
SEX			-0.015* (-1.69)	-0.013 (-1.47)
EDU			-0.002 (-0.18)	-0.001 (-0.10)
UR			-0.008 (-0.82)	-0.010 (-1.11)
INC			0.002** (2.24)	0.002** (2.44)
POL			0.067*** (4.12)	0.065*** (4.04)
W×CCP	0.003* (1.71)	0.017*** (5.31)	0.004** (2.45)	0.020*** (6.99)
W×LS		-0.001*** (-4.93)		-0.001*** (-6.27)
截距项	-0.025 (-1.31)	0.005 (0.25)	-0.016 (-0.60)	0.017 (0.63)
观测值	1481	1481	1481	1481
R^2	0.008	0.008	0.023	0.001
Wald χ^2	19.52***	45.21***	53.45***	96.94***
Wald test of spatial terms	2.92*	28.39***	6.01**	49.03***

注：括号中是 z 统计量；*** $p<0.01$，** $p<0.05$，* $p<0.1$。

（二）空间滞后效应分析

因变量参与社区文化建设的空间滞后效应（$W×CCP$）显著为正（见表4-30），说明当邻居参与社区文化建设时，这种行为会通过邻居溢出效应扩散到同一村居的青年。这种溢出效应可以有效促进青年参与社区文化建设。一方面，从社会心理学的角度来看，人们往往会受到周围人影响，产生从众行为。当邻居参与社区文化建设时，他们的积极参与会成为其他居民学习的榜样。青年更倾向于跟随同龄人或者社区中活跃成员的行为模式。[1] 另一方面，在社区参与行动中，居民会由集体记忆产生群体认同、在获取社会报酬中实现角色认同，以及在自我价值重建中重拾个人认同。[2] 当邻居参与社区文化建设时，这种参与行为不仅能够增强居民的认同感，从而推动他们持续参与社区文化建设，而且会形成一种积极的社区文化建设参与氛围。这种认同感的建立和强化，以及积极的社区文化建设参与氛围，会使青年更愿意模仿邻居中同辈群体的行为。

自变量生活满意度的空间滞后效应（$W \times LS$）显著为负（见表 4-30）。这说明，当邻居的生活满意度较低时，这种负面生活感知会通过邻居溢出效应扩散到同一村居的青年，导致青年倾向于参与社区文化建设。有研究表明，心理因素是影响居民社区文化建设参与的重要因素。[3] 当邻居的生活满意度较低时，其可能会将自身主观感知分享给社区中的其他青年，导致社区邻里网络中的青年为了改善生活条件、提升生活满意度，积极参与社区文化建设。

五　异质性分析

（一）城乡异质性分析

就城乡异质性而言（见表 4-31），赡养负担（BS）对城镇青年参与社区文化建设（CCP）的影响显著为正，但对农村青年参与社区文化建设（CCP）不存在显著影响。一方面，城镇与农村地区在生活成本上

---

① 杜怡：《居民认知对参与行为的影响研究——基于 CGSS2015 数据的实证分析》，《应用数学进展》2022 年第 3 期。

② 颜玉凡、叶南客：《认同与参与——城市居民的社区公共文化生活逻辑研究》，《社会学研究》2019 年第 2 期。

③ Marie Briguglio, & Ariana Sultana, "Man Cannot Live by Bread Alone: Cultural Participation and Life-Satisfaction in Malta," *Journal of Mediterranean Studies* 10000 (1) (2018): 15-36.

存在一定差异，城镇青年往往面临更大的经济压力，赡养老人的负担也更重，更需要通过参与社区文化建设来缓解压力。另一方面，根据第四次中国城乡老年人生活状况抽样调查数据，2015 年我国城市老年人参与文化娱乐组织的占 5.44%，显著高于农村老年人（1.72%）。[①] 城镇社区文化活动的基础设施和组织形式更为完善，城镇青年在赡养老人的同时，也更有可能跟随老人参与社区文化活动。

生活满意度（LS）对城镇和农村青年参与社区文化建设（CCP）均有显著的正向影响，且表 4-31 中第（1）列的系数绝对值大于第（2）列的系数绝对值。这说明生活满意度对城镇青年参与社区文化建设的影响更大。一方面，相比于农村青年，城镇青年的生活满意度更高[②]，也更倾向于参与社区文化活动，以满足自身精神文化需求；另一方面，城镇青年参与社区文化活动，有助于进一步提升幸福感和满足感。[③]

生活满意度的空间滞后效应（$W×LS$）对城镇和农村青年参与社区文化建设（CCP）的影响均显著为负，且表 4-31 中第（1）列的系数绝对值和第（2）列的系数绝对值相同，说明生活满意度的空间滞后效应对城乡青年的作用并无显著差异。参与社区文化建设的空间滞后效应（$W×CCP$）对城镇和农村青年参与社区文化建设（CCP）的影响均显著为正，且表 4-31 中第（1）列的系数绝对值大于第（2）列的系数绝对值，说明参与社区文化建设的空间滞后效应对城镇青年的作用更加明显。城镇青年更倾向于通过参与社区文化活动来建立彼此之间的熟悉感、信任感，以及社区居民身份认同感，从而进一步为社区发展、社区参与奠定基础。因此，城镇青年可能更容易受到邻里间社区文化活动参与行为的影响。

---

①　罗晓晖：《刍议文化活动中的老年人组织化参与》，《老龄科学研究》2021 年第 6 期。

②　邢占军：《城乡居民主观生活质量比较研究初探》，《社会》2006 年第 1 期；徐浙宁：《城市发展对青年生活满意度的影响》，《青年研究》2020 年第 5 期。

③　潘远杭、王嘉瑶、张慧芳、林诚彦：《城镇居民社区参与对生活满意度的影响》，《合作经济与科技》2022 年第 17 期。

表 4-31　参与社区文化建设的城乡异质性分析

变量	因变量：CCP	
	城镇	农村
	（1）	（2）
BS	0.054 ** （2.07）	0.022 （1.16）
LS	0.008 ** （2.20）	0.005 * （1.65）
控制变量	是	是
W×CCP	0.035 *** （3.56）	0.031 *** （7.03）
W×LS	−0.001 *** （−2.98）	−0.001 *** （−5.63）
截距项	0	0.042 （1.22）
观测值	596	885
R^2	0.020	0.011
Wald χ^2	79.75 ***	77.66 ***
Wald test of spatial terms	12.67 ***	49.47 ***

注：括号中是 z 统计量；*** p<0.01，** p<0.05，* p<0.1。

（二）受教育程度异质性分析

就受教育程度异质性而言（见表 4-32），赡养负担（BS）对高受教育程度青年参与社区文化建设（CCP）的影响显著为正，但对低受教育程度青年参与社区文化建设（CCP）不存在显著影响。有研究表明，受教育程度越高的居民，对文化建设和居民参与的内涵、意义的把握越深刻。[1] 基于此，高受教育程度青年可能对参与社区文化活动的价值和意义的理解更深刻，因此即使面临较重的赡养负担，也可能会更积极地参与社区文化活动，以满足更高层次的精神需求。

生活满意度（LS）对低受教育程度青年参与社区文化建设（CCP）

---

[1]　宋文辉：《城市社区文化建设中居民参与认知的困境及其排解》，《行政论坛》2013 年第 4 期。

的影响显著为正，但对高受教育程度青年参与社区文化建设（CCP）不存在显著影响。受教育程度越高的青年往往对社区文化建设理念的认同度也越高。① 低受教育程度青年可能更加依赖主观感知来获取对社区文化建设理念的认同，以满足自身社会交往和增强归属感的需求。

生活满意度的空间滞后效应（W×LS）对高受教育程度和低受教育程度青年参与社区文化建设（CCP）的影响均显著为负。表 4-32 中第（1）列的系数绝对值和第（2）列的系数绝对值相同，说明生活满意度的空间滞后效应对不同受教育程度青年参与社区文化建设的作用并无显著差异。

参与社区文化建设的空间滞后效应（W×CCP）对高受教育程度和低受教育程度青年参与社区文化建设（CCP）的影响均显著为正。表 4-32 中第（1）列的系数绝对值小于第（2）列的系数绝对值，说明参与社区文化建设的空间滞后效应对低受教育程度青年的作用更加明显。当邻居参与社区文化活动获得了归属感和认同感时，其积极参与更可能会成为低受教育程度青年学习的榜样，进而促进低受教育程度青年参与社区文化活动。

表 4-32　参与社区文化建设的受教育程度异质性分析

变量	因变量：CCP	
	高受教育程度	低受教育程度
	（1）	（2）
BS	0.057**	0.014
	(2.52)	(0.72)
LS	0.003	0.007***
	(0.77)	(2.64)
控制变量	是	是
W×CCP	0.022***	0.051***
	(5.21)	(9.53)

① 黄小军：《社区文化建设中居民幸福感影响因素实证研究》，《福建论坛》（人文社会科学版）2014 年第 10 期。

续表

变量	因变量：CCP	
	高受教育程度	低受教育程度
	（1）	（2）
$W×LS$	-0.001^{***} (-3.80)	-0.001^{***} (-7.25)
截距项	0	0.017 (0.50)
观测值	832	649
R^2	0.032	0.002
Wald χ^2	133.74^{***}	115.50^{***}
Wald test of spatial terms	27.15^{***}	90.81^{***}

注：括号中是 z 统计量；*** $p<0.01$，** $p<0.05$。

（三）性别异质性分析

就性别异质性而言（见表4-33），赡养负担（BS）对男性青年参与社区文化建设（CCP）的影响显著为正，对女性青年参与社区文化建设（CCP）不存在显著影响。在传统家庭观念中，男性承担着"养家糊口"的重要责任。[1] 在面对赡养老人的负担时，男性可能更倾向于通过参与社区文化建设来寻求社会支持和资源，以减轻家庭负担和缓解自身压力。

生活满意度（LS）对男性和女性青年参与社区文化建设（CCP）均有显著的正向影响，且表4-33中第（1）列的系数绝对值大于第（2）列的系数绝对值，说明生活满意度对男性青年参与社区文化建设的影响更大。在"男主外、女主内"的传统性别视角下，女性往往比男性投入更多精力照顾家庭和孩子，这成为其生活满意度的重要来源。[2] 生活满意度高的男性青年往往拥有更多机会和资源参与社区文化建设。

---

[1] 张静敏、陈业强：《性别化策略：对城市老年人社区参与性别差异的解读》，《济南大学学报》（社会科学版）2022年第4期。

[2] 陆杰华、刘畅：《区域性别文化影响视角下的性别收入不平等研究——基于2018年劳动力动态调查数据的验证》，《西北人口》2023年第4期。

　　生活满意度的空间滞后效应（$W×LS$）对男性和女性青年参与社区文化建设（CCP）的影响均显著为负，且表 4-33 中第（1）列的系数绝对值和第（2）列的系数绝对值相同，说明生活满意度的空间滞后效应对男性青年和女性青年的作用并无显著差异。参与社区文化建设的空间滞后效应（$W×CCP$）对男性和女性青年参与社区文化建设（CCP）的影响均显著为正，且表 4-33 中第（1）列的系数绝对值小于第（2）列的系数绝对值，说明参与社区文化建设的空间滞后效应对女性青年的作用更加明显。女性往往更加注重在社会关系网络中实现情绪宣泄、情感支持与认同，获得归属感。女性青年重视邻里人际网络的价值，更容易受到邻居的社区文化建设参与行为的影响。

　　综上，赡养负担和生活满意度对男性青年参与社区文化建设（CCP）的影响更大，参与社区文化建设的空间滞后效应对女性青年参与社区文化建设的影响更大，说明青年参与社区文化建设的影响因素存在性别差异。

表 4-33　参与社区文化建设的性别异质性分析

变量	因变量：CCP	
	男性	女性
	（1）	（2）
BS	0.075***	-0.005
	(2.78)	(-0.30)
LS	0.007*	0.006**
	(1.79)	(2.01)
控制变量	是	是
$W×CCP$	0.027***	0.033***
	(3.32)	(7.16)
$W×LS$	-0.001**	-0.001***
	(-2.48)	(-6.16)
截距项	0	0
观测值	662	819
R^2	0.009	0.007
Wald χ^2	117.66***	126.38***

续表

变量	因变量：*CCP*	
	男性	女性
	（1）	（2）
Wald test of spatial terms	11.60***	53.03***

注：括号中是 *z* 统计量；*** *p*<0.01，** *p*<0.05，* *p*<0.1。

（四）政治面貌异质性分析

就政治面貌异质性而言（见表 4-34），赡养负担（*BS*）对非党员青年参与社区文化建设（*CCP*）的影响显著为正，但对党员青年参与社区文化建设（*CCP*）不存在显著影响。有研究表明，党员对公共利益的认同度明显高于非党员。[1] 这表明党员青年具有更强的公共利益认同感，他们参与社区文化建设可能更多出于对公共利益的认同，而不是缓解赡养负担带来的心理压力。而非党员青年往往面临沉重的赡养老人的负担，更期望通过参与社区文化建设来获得情绪疏解和社会资源支持。

生活满意度（*LS*）对非党员青年参与社区文化建设（*CCP*）的影响显著为正，但对党员青年参与社区文化建设（*CCP*）不存在显著影响。有研究显示，青年的自我认知和社会认知对其参与志愿服务行为有着正向影响。[2] 在社区文化建设参与中，非党员青年更可能基于个人的生活满意度来决定是否参与，而党员青年可能更多地基于政治责任和组织要求。

生活满意度的空间滞后效应（*W×LS*）对党员和非党员青年参与社区文化建设（*CCP*）的影响均显著为负。而且，表 4-34 中第（1）列的系数绝对值大于第（2）列的系数绝对值，说明生活满意度的空间滞后效应对党员青年参与社区文化建设的作用更加显著。党员青年在社区中发挥先锋模范作用，他们通过参与社区文化建设来强化党性修养和社

---

[1] 颜玉凡、叶南客：《认同与参与——城市居民的社区公共文化生活逻辑研究》，《社会学研究》2019 年第 2 期。

[2] 郭帅梁：《认知行为理论下青年志愿服务影响因素研究》，《社会科学前沿》2023 年第 10 期。

会责任感。面对邻居生活满意度较低的情况，党员青年可能会更加积极地参加社区文化建设，以身作则，以营造社区的整体文化氛围和提升居民的生活质量。

参与社区文化建设的空间滞后效应（$W×CCP$）对党员和非党员青年参与社区文化建设（CCP）的影响均显著为正。而且，表4-34中第（1）列的系数绝对值大于第（2）列的系数绝对值，说明参与社区文化建设的空间滞后效应对党员青年参与社区文化建设的作用更加明显。一方面，与非党员青年相比，党员青年的总体文化参与度更高，[①] 党员青年可能更加认同社区文化建设的理念，从而更易受到邻居参与行为的影响。另一方面，当邻居参与社区文化建设时，党员青年作为社区中的积极分子，更可能会被积极的社区参与行为激励，从而加入其中。

综上，赡养负担和生活满意度对非党员青年参与社区文化建设的影响更大，参与社区文化建设的空间滞后效应对党员青年参与社区文化建设的影响更大，说明青年参与社区文化建设的影响因素存在政治面貌差异。

表4-34　参与社区文化建设的政治面貌异质性分析

变量	因变量：CCP	
	党员	非党员
	（1）	（2）
BS	0.052 （0.52）	0.030** （2.06）
LS	−0.005 （−0.29）	0.007*** （3.15）
控制变量	是	是
$W×CCP$	0.120*** （2.81）	0.025*** （7.97）
$W×LS$	−0.002* （−1.66）	−0.001*** （−7.25）

① 吴延明、雷莎莎、杨洁：《我国居民文化参与的影响因素——基于社会学新制度主义视角》，《湖北科技学院学报》2023年第6期。

续表

变量	因变量：CCP	
	党员	非党员
	（1）	（2）
截距项	0	0.004 （0.15）
观测值	127	1354
R^2	0.006	−0.001
Wald χ^2	36.50***	91.34***
Waldtest of spatial terms	7.91**	64.25***

注：括号中是 z 统计量；*** $p<0.01$，** $p<0.05$，* $p<0.1$。

（五）家庭收入异质性分析

就家庭收入异质性而言（见表 4-35），赡养负担（BS）对高收入家庭青年参与社区文化建设（CCP）的影响显著为正，但对低收入家庭青年参与社区文化建设（CCP）不存在显著影响。对于高收入家庭，老年人个体差异性或数量对家庭收支的影响强度相对较低，老年人呈现更好的健康状态和更强的代际向下支持能力。[①] 因此，高收入家庭青年即使面临较重的赡养负担，也能够更有余力参与社区文化建设，且更愿意通过丰富文化生活获得精神支持。

生活满意度（LS）对高收入家庭青年参与社区文化建设（CCP）的影响显著为正，但对低家庭收入青年参与社区文化建设（CCP）不存在显著影响。根据马斯洛的需求层次理论，高收入家庭青年的生活满意度较高、经济条件较好，其基本的生理和安全需求得到满足，更可能追求社交、尊重和自我实现等更高层次需求的满足，包括参与社区文化建设以提升生活质量和促进个人成长。[②] 因此，高收入家庭青年的生活满意度越高，越有可能通过参与社区文化建设来追求更高层次的精神满足。

---

① 殷俊、游姣、郭元元：《赡养老人专项附加扣除政策的收入再分配效应研究——基于三种调整方案的测算与评价》，《社会保障研究》2021 年第 5 期。

② 周洁、沈政、张书赫、闫铭威、吴连翠：《浙江省农村社区文化建设的居民认知与参与行为》，《浙江农业科学》2022 年第 5 期。

生活满意度的空间滞后效应（$W \times LS$）对高收入家庭青年参与社区文化建设（CCP）的影响显著为负，但对低收入家庭青年参与社区文化建设（CCP）不存在显著影响。这说明当高收入家庭青年感知到邻居的生活满意度较低时，其更可能会通过参与社区文化建设来改善社区环境和提升居民生活质量。这种参与行为可能是出于对社区整体福祉的关心，希望通过自己的行动带动社区发生积极变化。

参与社区文化建设的空间滞后效应（$W \times CCP$）对高收入和低收入家庭青年参与社区文化建设（CCP）的影响均显著为正。而且，表4-35中第（1）列的系数绝对值小于第（2）列的系数绝对值，说明参与社区文化建设的空间滞后效应对低收入家庭青年参与社区文化建设的作用更加明显。居民参与社区文化建设不仅是基于愉悦身心的需求，而且是基于对社会互助的共同诉求，是为了得到类似"友谊"等交往范畴中的社会报酬。这种社会报酬有助于居民建立互帮互助网络，促使社会网络成员采取一致的互助行为模式。[①] 当邻居参加社区文化建设时，低收入家庭青年可能出于互助网络构建、促进社区认同等目的，也积极参加社区文化建设。

综上，赡养负担、生活满意度及生活满意度的空间滞后效应均对高收入家庭青年参与社区文化建设的影响更大，参与社区文化建设的空间滞后效应对低收入家庭青年参与社区文化建设的影响更大，说明青年参与社区文化建设的影响因素存在家庭收入差异。

表4-35 参与社区文化建设的家庭收入异质性分析

变量	因变量：CCP	
	高收入	低收入
	（1）	（2）
BS	0.036* (1.81)	0.013 (0.66)

---

① 颜玉凡、叶南客：《认同与参与——城市居民的社区公共文化生活逻辑研究》，《社会学研究》2019年第2期。

续表

变量	因变量：CCP	
	高收入	低收入
	（1）	（2）
LS	0.009*** （3.01）	0.001 （0.32）
控制变量	是	是
W×CCP	0.028*** （6.20）	0.034*** （3.35）
W×LS	-0.001*** （-5.77）	-0.001 （-1.44）
截距项	0.073 （1.25）	0.045 （1.27）
观测值	1087	394
R^2	0.001	0.005
Wald χ^2	73.99***	18.21*
Wald test of spatial terms	38.88***	11.41***

注：括号中是 z 统计量；*** $p < 0.01$，* $p < 0.1$。

第八节 青年参与社团组织的实证分析

一 数据来源

基于 CSS 数据集，本研究剔除了缺失值、"不回答"和"不知道"的样本，最终得到来自全国 30 个省区市（除新疆、港澳台外）的 1546 个家庭的观测值。

二 变量与测量

（一）因变量

本研究的因变量是参与社团组织（CI）。CSS 会询问被调查者"目前您参加了下列哪些团体？民间自发组织的公益社团（如志愿者团体、业主委员会等）、职业团体（如商会、农村合作组织、专业学会、行业协会等）、维权组织"这三个问题，通过熵指数法合成。

（二）自变量

本研究共有 3 个自变量。

第一个自变量是参与意愿（WIL）。CSS 会询问被调查者"我对村居/社区事务不感兴趣和我对村居/社区活动不感兴趣""村居/社区活动交给村/居委会就可以了，不用村/居民操心"两个问题。该回答采用四点式计分标准，即"很不同意＝1，不太同意＝2，比较同意＝3，非常同意＝4"。这里通过熵指数法合成这个变量，得分越高，代表个体参与社区事务的意愿越弱。

第二个自变量是参与能力（AB）。CSS 会询问被调查者"我有能力和知识对村居/社区事务发表意见"。该回答采用四点式计分标准，即"很不同意＝1，不太同意＝2，比较同意＝3，非常同意＝4"。该问题得分越高，代表个体参与社区事务的能力越强。

第三个自变量是参与成效（EF）。CSS 会询问被调查者"我认为参加村居/社区事务讨论没用，不会对决策有影响"。该回答采用四点式计分标准，即"很不同意＝1，不太同意＝2，比较同意＝3，非常同意＝4"。该问题得分越高，代表个体感知到的参与成效越差。

（三）控制变量

结合研究问题和相关文献，[①] 本研究选取的控制变量为以下 5 类：性别（SEX）、受教育程度（EDU）、户口（UR）、家庭收入（INC）、政治面貌（POL）。

---

① 陈涛、刘伊琳、梁哲浩、陈思：《城乡社区治理中的居民在线参与行为研究——基于公民自愿主义和社区情感承诺的视角》，《中国行政管理》2021 年第 12 期；龙斧、段玲童：《家庭消费如何塑造社会阶层认知——基于 CSS 2015—2021 的实证研究》，《山西财经大学学报》2025 年第 3 期；许加彪、李欣：《群际接触理论视角下互联网使用对居民国家认同感的影响机制——基于 CSS 2021 的实证分析》，《民族学刊》2025 年第 4 期；叶威先：《参与政府组织的志愿服务对青年普遍信任的影响——基于 CSS 2019 年数据的实证分析》，《福建农林大学学报》（哲学社会科学版）2025 年第 1 期。

参与社团组织的相关变量的定义及描述统计见表 4-36。

表 4-36　参与社团组织的相关变量的定义及描述统计

变量符号	变量名称	定义	均值	标准差	最小值	最大值
CI	参与社团组织	"目前您参加了下列哪些团体？民间自发组织的公益社团（如志愿者团体、业主委员会等）、职业团体（如商会、农村合作组织、专业学会、行业协会等）、维权组织"，通过熵指数法合成	0.062	0.136	0	1
WIL	参与意愿	"我对村居/社区事务不感兴趣和我对村居/社区活动不感兴趣""村居/社区活动交给村/居委会就可以了，不用村/居民操心"，通过熵指数法合成	0.005	0.003	0	0.011
AB	参与能力	"我有能力和知识对村居/社区事务发表意见"。很不同意 = 1，不太同意 = 2，比较同意 = 3，非常同意 = 4	2.910	0.704	1	4
EF	参与成效	"我认为参加村居/社区事务讨论没用，不会对决策有影响"。很不同意 = 1，不太同意 = 2，比较同意 = 3，非常同意 = 4	2.301	0.817	1	4
SEX	性别	男性 = 1，女性 = 2	1.549	0.498	1	2
EDU	受教育程度	高受教育程度 = 1，低受教育程度 = 0	0.565	0.496	0	1
UR	户口	城镇户口 = 1，农村户口 = 0	0.399	0.490	0	1
INC	家庭收入	家庭年收入加 1 之后的对数值	7.640	4.802	0	14.914
POL	政治面貌	党员 = 1，非党员 = 0	0.086	0.280	0	1

三　模型与方法

这里将探究上述三个自变量对青年参与社团组织的影响，同时需要考察邻居溢出效应的影响。因此，建构如下空间计量回归模型：

$$CI = \alpha + \beta_1 EF + \beta_2 WIL + \beta_3 AB + \beta_4 SEX + \beta_5 EDU + \beta_6 UR + \beta_7 INC +$$
$$\beta_8 POL + \delta_1 W \times CI + \delta_2 W \times EF + \mu \qquad (\text{模型 6})$$

在上述模型中，相关变量已在表 4-36 中定义过。这里需要重点说明的是，模型 6 中的 α 代表截距项，β_i 代表相关变量的回归系数，μ 代表残差项。W 是空间邻近权重矩阵，具体定义与前文相同。参考之前的研究[1]，W 的空间权重矩阵在这里是用来体现邻近关系的。因此，$W \times CI$ 是 CI 变量的空间滞后项，$W \times EF$ 是 EF 变量的空间滞后项。δ_1 和 δ_2 是这两个空间滞后项的回归系数。

四　基线模型回归结果分析

参与社团组织的基线模型的回归结果见表 4-37。具体来说，表 4-37 中的第（1）列显示了因变量参与社团组织（CI）以及自变量参与成效（EF）的空间滞后效应与其他自变量的模型的实证结果；第（2）列在第（1）列的基础上加入了控制变量。

（一）自变量影响作用分析

两个模型中参与意愿（WIL）的系数都显著为负（见表 4-37）。由于参与意愿是一个反向测量变量，这个结果说明青年越有意愿参与社区活动，越愿意参与社团组织（CI）。社团活动能够给青年带来即时的满足感和成就感，如参与文娱社团活动时的娱乐体验、参与公益社团活动时助人的快乐等；同时，社团活动往往需要长时间的投入和积累，这需要以强烈的参与意愿为支撑。[2] 此外，通过社团活动，青年不仅可以与社团内部成员建立联系，还能够与社区中的其他居民建立联系，获得更广泛的社区认同和更强的归属感。

---

① Jiafeng Gu, "Do Neighbours Shape the Tourism Spending of Rural Households? Evidence from China," *Current Issues in Tourism* 26 (3) (2023): 2217-2221; Jiafeng Gu, "Neighborhood Does Matter: Farmers' Local Social Interactions and Land Rental Behaviors in China," *Land* 13 (1) (2024): 76.

② 赵凌云:《青年积极的社区参与是如何成为可能的？——上海基层社区个案研究》,《青年学报》2019 年第 2 期。

　　两个模型中参与能力（*AB*）的系数都显著为正（见表4-37），说明青年在参与社区事务中越能意识到自身的能力，越愿意参与社团组织。当青年在参与社区事务中意识到自身能力时，他们更倾向于选择基于兴趣和爱好的社团活动，以应对更大挑战，获得成就感。随着个人能力的提升，青年不仅会关注个人目标的实现，还会关注社团组织集体目标的实现。青年往往期望通过参与社团组织获得个人发展、专业技能提升、深度社交或特定兴趣满足。

　　两个模型中参与成效（*EF*）的系数都显著为负（见表4-37）。由于参与成效是一个反向测量变量，这个结果说明青年越认为参与社区事务讨论有效，越愿意参与社团组织（*CI*）。社团组织的成立通常基于社团成员共同的兴趣爱好，它能够提供一种更加亲密和有共同目标的环境，促进社团成员之间的互动和交流。这种积极的社交体验能够满足个体的情感需求，也有助于社区问题的解决。参与成效作为居民参与社区事务的结果反馈，对持续激发参与热情、促进参与行为具有关键驱动作用。在青年中，由参与成效激发的参与热情转化成社团组织参与行为。

表 4-37　参与社团组织的基线模型的回归结果

变量	因变量：*CI*	
	（1）	（2）
WIL	-3.648 ** （-2.44）	-3.823 *** （-2.60）
AB	0.018 *** （3.58）	0.014 *** （2.94）
EF	-0.010 ** （-1.99）	-0.008 * （-1.73）
SEX		-0.008 （-1.11）
EDU		0.023 *** （3.27）
UR		0.001 （0.20）

续表

变量	因变量：CI	
	（1）	（2）
INC		0.004***
		（5.32）
POL		0.007
		（0.54）
$W \times CI$	0.022***	0.017***
	（2.94）	（4.03）
$W \times EF$	−0.001***	−0.001***
	（−3.26）	（−4.42）
截距项	0.041**	0.020
	（2.00）	（0.83）
观测值	1546	1546
R^2	0.001	0.039
Wald χ^2	46.82***	106.94***
Wald test of spatial terms	12.33**	19.72***

注：括号中是 z 统计量；*** $p<0.01$，** $p<0.05$，* $p<0.1$。

（二）空间滞后效应分析

因变量参与社团组织的空间滞后效应（$W \times CI$）显著为正（见表4-37）。因此，邻居参与社团组织的行为会通过邻居溢出效应扩散到青年。一个积极向上、鼓励居民参与社团活动的社区，会为青年提供更多的支持和资源。① 社区管理者和社团组织通过开展培训、提供沟通渠道等方式，帮助青年更好地了解如何参与社团活动，并给予他们必要的鼓励和支持，使他们更愿意参与社团活动。此外，邻居参与社团组织的行为有助于增强社区凝聚力。当青年能够与邻居建立良好的关系时，邻居参与社团组织的行为会带动青年加入其中。② 当看到邻居参与社团组织并在其中找到归属感时，青年也会产生一种想要融入的渴望，希望通过

---

① 罗俊艳：《高校学生社团对个人发展影响的研究——基于广东省某高校的调查》，《中国电力教育》2012年第23期。

② Jon Benedik A. Bunquin, "The Effects of Social Media Use and Political Communication Networks on the Filipino Youth's Political Participation," *Search* 4（2020）：129–147.

参与社团组织，与志同道合的人建立联系，获得他人的认可和接纳，从而满足自己的社交和情感需求。

自变量参与成效的空间滞后效应（$W \times EF$）显著为负（见表 4-37）。由于参与成效（EF）是一个反向测量变量，这个结果说明邻居认为参与社区事务的成效越好，这种成效感知会通过邻居溢出效应影响青年，青年越愿意参与社团组织（CI）。在社会互动中，人们往往会模仿他人的行为，尤其是当这种行为带来积极结果时。如果邻居在社区事务中表现出色并获得积极成效，那么青年可能会受到鼓舞，也会参与社团组织。

五　异质性分析

（一）城乡异质性分析

就城乡异质性而言（见表 4-38），参与意愿（WIL）对农村青年参与社团组织（CI）存在显著负向影响，对城镇青年参与社团组织（CI）不存在显著影响。由于参与意愿是一个反向测量变量，这个结果说明农村青年越有意愿参与社区活动，越愿意参与社团组织。相较于城镇青年，农村青年的社区活动参与意愿更易转化成社团组织参与行为。

参与能力（AB）对城镇和农村青年参与社团组织（CI）均存在显著正向影响，但是表 4-38 中第（1）列的系数绝对值大于第（2）列的系数绝对值，说明参与能力对城镇青年参与社团组织的影响更大。这可能是由于城镇青年具有较强的能力展示动机，参与社团组织是重要的能力信号，比如在社团活动中展现出的组织能力，可以转化为社团组织的任职资本。

参与成效（EF）对农村青年参与社团组织（CI）存在显著负向影响，对城镇青年参与社团组织（CI）不存在显著影响。由于参与成效是一个反向测量变量，这个结果说明农村青年感知到的社区参与成效越好，越愿意参与社团组织。当农村青年相信自身参与可以带来积极的社区改变时，其改变社区环境的能力信念被强化，进而形成持续参与社团组织的内在动力。

参与成效的空间滞后效应（$W{\times}EF$）对城镇和农村青年参与社团组织（CI）均存在显著负向影响。参与社团组织的空间滞后效应（$W{\times}CI$）对城镇和农村青年参与社团组织（CI）均存在显著正向影响，且表 4-38 中第（1）列的系数绝对值大于第（2）列的系数绝对值，说明参与社团组织的空间滞后效应对城镇青年参与社团组织的影响更大。邻居参与社团组织，本质上通过微观的社会互动和宏观的社区氛围营造发挥对城镇青年参与社团组织的促进作用，有效降低了青年参与社团组织的心理、信息和交易成本，同时增强了社团组织参与的吸引力、可行性和意义。

表 4-38　参与社团组织的城乡异质性分析

变量	因变量：CI	
	城镇	农村
	（1）	（2）
WIL	−3.606 （−1.51）	−3.399[*] （−1.81）
AB	0.016[*] （1.93）	0.015[**] （2.48）
EF	−0.001 （−0.10）	−0.016[**] （−2.56）
控制变量	是	是
$W{\times}EF$	−0.001[***] （−3.95）	−0.001[***] （−3.30）
$W{\times}CI$	0.032[***] （3.80）	0.023[***] （3.23）
截距项	0.001 （0.01）	0.055[*] （1.78）
观测值	617	929
R^2	0.035	0.041
Wald χ^2	218.85[***]	58.59[***]
Wald test of spatial terms	17.37[***]	11.03[***]

注：括号中是 z 统计量；[***] $p<0.01$，[**] $p<0.05$，[*] $p<0.1$。

（二）政治面貌异质性分析

就政治面貌异质性而言（见表 4-39），参与意愿（*WIL*）对党员青年参与社团组织（*CI*）存在显著负向影响，对非党员青年参与社团组织（*CI*）不存在显著影响。由于参与意愿是一个反向测量变量，这个结果说明党员青年越有意愿参与社区活动，越倾向于参与社团组织。高参与意愿会推动党员青年积极寻找参与载体，社团组织成为党员青年参与社区事务的重要实践载体。而非党员青年参与社区活动的意愿并未通过社团组织参与转化为显著的参与行为。

参与能力（*AB*）对非党员青年参与社团组织（*CI*）存在显著正向影响，对党员青年参与社团组织（*CI*）不存在显著影响。对于非党员青年而言，个人能力是其克服参与障碍、采取有效行动并从中获得效能感和价值感的核心资源。较强的参与能力有助于增强他们应对社团事务的信心和实际影响力，成为推动其参与社团组织的关键赋能因素。然而，党员青年在参与社团组织时，可能常常依托党组织系统的资源网络和平台支持。党员身份提供了组织化资源获取渠道，部分替代或补充了个人能力的作用。因此，党员青年的社团组织参与行为对个人能力的依赖性较弱，导致参与能力的影响作用不显著。

参与成效（*EF*）对非党员青年参与社团组织（*CI*）存在显著负向影响，对党员青年参与社团组织（*CI*）不存在显著影响。由于参与成效是一个反向测量变量，这个结果说明非党员青年感知到的社区参与成效越好，越愿意参与社团组织。当非党员青年感知到参与的实际效果良好时，其参与的"成本-收益"评估会倾向于正面，从而显著激发其后续参与动力。相较而言，党员青年的社团组织参与行为可能更深刻地嵌入其政治身份赋予的责任感、组织要求和价值追求。即使短期内参与成效不佳，党员青年的参与行为也可能受到组织要求和积累政治资本等更强因素的影响，从而对成效感知的敏感度下降，影响不显著。

参与成效的空间滞后效应（*W×EF*）对党员和非党员青年参与社团组织（*CI*）均存在显著负向影响。但是，表 4-39 中第（1）列的系数绝对值大于第（2）列的系数绝对值，说明参与成效的空间滞后效应对党员青年参与社团组织的影响更大。参与社团组织的空间滞后效应（$W \times CI$）对党员和非党员青年参与社团组织（CI）均存在显著正向影响。但是，表4-39中第（1）列的系数绝对值大于第（2）列的系数绝对值，说明参与社团组织的空间滞后效应对党员青年参与社团组织的影响更大。现实中，党员身份承载着发挥先锋模范作用和密切联系群众的组织化角色期待。邻居积极参与社团组织的行为，会显著激发党员青年参与社团组织的行为动机。

表4-39　参与社团组织的政治面貌异质性分析

变量	因变量：CI	
	党员	非党员
	（1）	（2）
WIL	-21.023^{***} （-3.72）	-2.404 （-1.58）
AB	0.010 （0.53）	0.015^{***} （2.88）
EF	0.014 （0.76）	-0.011^{**} （-2.19）
控制变量	是	是
$W \times EF$	-0.005^{**} （-1.96）	-0.001^{***} （-4.24）
$W \times CI$	0.104^{*} （1.83）	0.017^{***} （3.95）
截距项	0.001 （0.01）	0.021 （0.85）
观测值	133	1413
R^2	0.018	0.041
Wald χ^2	80.86^{***}	89.07^{***}
Wald test of spatial terms	4.30	18.01^{***}

注：括号中是 z 统计量；*** $p < 0.01$，** $p < 0.05$，* $p < 0.1$。

（三）性别异质性分析

就性别异质性而言（见表4-40），参与意愿（*WIL*）对女性青年参与社团组织（*CI*）存在显著负向影响，对男性青年参与社团组织（*CI*）不存在显著影响。由于参与意愿是一个反向测量变量，这个结果说明女性青年越有意愿参与社区活动，越愿意参与社团组织（*CI*）。当前，社区妇女组织运作不协调和社区环境不够友好等因素，导致部分女性在参与社区服务中面临"弃权"、"低权"和"失权"的困境。[①] 甚至部分女性可能会认为政治和公共事务的管理权是男性的专属品，对社区事务的管理和决策缺乏兴趣，对参与社区治理存有逃避心理和依赖心理。[②]

参与能力（*AB*）对男性青年参与社团组织（*CI*）存在显著正向影响，对女性青年参与社团组织（*CI*）不存在显著影响。社会期待男性在公共领域展现更强胜任力。当男性青年自认为或被认为在社区事务所需能力上有所欠缺时，这种能力不足的感知可能会触发其对"失败"或"丢面子"的焦虑，担心暴露弱点有损男性形象。因此，能力不足可能成为其回避参与社团组织的重要影响因素。

参与成效（*EF*）对男性青年参与社团组织（*CI*）存在显著负向影响，对女性青年参与社团组织（*CI*）不存在显著影响。由于参与成效是一个反向测量变量，这个结果说明男性青年感知到的社区参与成效越好，越愿意参与社团组织。男性青年的社团组织参与动机往往被社会期待塑造得更具结果导向，强调竞争、效能和看得见的回报。当预判或体验到参与的积极成效时，他们更容易作出社团组织参与行为。相反，女性青年的社团参与动机可能更多元化，包含更强的关系维系、情感支持、互助关怀和过程价值。即使最终成效不佳，参与过程中的情感满足、关系建立或利他体验本身也可能构成重要价值，因此女性青年对参

[①] 李亚宁、刘青：《发展性社会工作理论视角下农村留守妇女参与社区治理的实践路径》，《农村经济与科技》2024年第10期。

[②] 卓惠萍、朱和立：《基层社会治理参与中的女性主体意识研究——以青岛市C区市民议事活动为切入点》，《山东行政学院学报》2020年第5期。

与成效的感知程度较低。

　　参与成效的空间滞后效应（$W×EF$）对男性和女性青年参与社团组织（CI）均存在显著负向影响，参与社团组织的空间滞后效应（$W×CI$）对男性和女性青年参与社团组织（CI）均存在显著正向影响。但是，表4-40中第（1）列的系数绝对值小于第（2）列的系数绝对值，说明参与社团组织的空间滞后效应对女性青年参与社团组织的影响更大。邻居的社团组织参与行为，对女性青年而言不仅是一种示范信号，而且是一个包含理解、支持、解决方案和角色认同的"赋能包"，其影响效应更为显著和深刻。

表4-40　参与社团组织的性别异质性分析

变量	因变量：CI	
	男性	女性
	（1）	（2）
WIL	−2.823 （−1.20）	−4.159** （−2.21）
AB	0.024*** （3.05）	0.006 （1.01）
EF	−0.014* （−1.78）	−0.005 （−0.83）
控制变量	是	是
$W×EF$	−0.001*** （−2.74）	−0.001*** （−4.29）
$W×CI$	0.027*** （2.74）	0.031*** （3.73）
截距项	0.001 （0.01）	0.001 （0.02）
观测值	698	848
R^2	0.007	0.010
Wald χ^2	209.81***	239.59***
Wald test of spatial terms	7.89**	18.82***

　　注：括号中是z统计量；*** $p<0.01$，** $p<0.05$。

（四）受教育程度异质性分析

就受教育程度异质性而言（见表4-41），参与意愿（*WIL*）对高受教育程度和低受教育程度青年参与社团组织（*CI*）均存在显著负向影响。但是，表4-41中第（1）列的系数绝对值大于第（2）列的系数绝对值。由于参与意愿是一个反向测量变量，这个结果说明参与意愿对高受教育程度青年参与社团组织（*CI*）的影响更大，高受教育程度青年越有意愿参加社区活动，越倾向于参与社团组织。

参与能力（*AB*）对高受教育程度和低受教育程度青年参与社团组织（*CI*）均存在显著正向影响。但是，表4-41中第（1）列的系数绝对值小于第（2）列的系数绝对值，说明参与能力对低受教育程度青年参与社团组织的影响更大。低受教育程度青年的知识技能和社会资本相对有限，个人能力往往成为其克服参与障碍、获得社区认可、弥补教育资本不足的关键资源。较强的参与能力能显著提升低受教育程度青年在社团组织参与中的自信心、话语权和贡献度，是其撬动参与机会和获得价值感的核心杠杆，故影响强度更大。

参与成效（*EF*）对高受教育程度青年参与社团组织（*CI*）存在显著负向影响，对低受教育程度青年参与社团组织（*CI*）不存在显著影响。由于参与成效是一个反向测量变量，这个结果说明高受教育程度青年感知到的社区参与成效越好，越愿意参与社团组织。高受教育程度青年通常拥有更强的分析批判能力、效能预期和结果导向思维。他们参与社团活动时，往往带有更清晰的目标设定和更高的质量要求。当高受教育程度青年预判或实际体验到参与社区活动有助于提升效率、解决现实问题时，他们更容易将时间和精力投入社团活动中。

参与成效的空间滞后效应（*W*×*EF*）对高受教育程度和低受教育程度青年参与社团组织（*CI*）均存在显著负向影响。参与社团组织的空间滞后效应（*W*×*CI*）对高受教育程度和低受教育程度青年参与社团组织存在显著正向影响。但是，表4-41中第（1）列的系数绝对值小于第（2）列的系数绝对值，说明参与社团组织的空间滞后效应对低受教育程度青年参与社团组织的影响更大。在正式制度性资源覆盖不足或获取困难的情况下，基于地缘、信任和互惠的邻里网络成为低受教育程度青年实现社会联结、获取支持、表达诉求和提升自我的关键替代性资源与行动场域。这突出了在促进社会参与和社会融合时，重视并激活社区内生力量，特别是发挥邻居的"桥梁"和"催化剂"作用，对低受教育程度青年的重要价值。

表 4-41　参与社团组织的受教育程度异质性分析

变量	因变量：CI	
	高受教育程度	低受教育程度
	（1）	（2）
WIL	-4.265^*	-3.200^*
	（-1.90）	（-1.66）
AB	0.013^*	0.015^{**}
	（1.71）	（2.27）
EF	-0.018^{**}	0.003
	（-2.53）	（0.54）
控制变量	是	是
$W \times EF$	-0.001^{***}	-0.001^{***}
	（-3.48）	（-4.13）
$W \times CI$	0.025^{***}	0.037^{***}
	（3.08）	（4.35）
截距项	0.001	0.005
	（0.01）	（0.17）
观测值	873	673
R^2	0.022	0.029
Wald χ^2	323.53^{***}	41.07^{***}
Wald test of spatial terms	12.30^{***}	19.76^{***}

注：括号中是 z 统计量；$^{***}p<0.01$，$^{**}p<0.05$，$^*p<0.1$。

（五）家庭收入异质性分析

就家庭收入异质性而言（见表 4-42），参与意愿（WIL）对高收入家庭青年参与社团组织（CI）存在显著负向影响，对低收入家庭青年参与社团组织（CI）不存在显著影响。由于参与意愿是一个反向测量变量，这个结果说明高收入家庭青年越有意愿参与社区活动，越倾向于参与社团组织。在社团组织参与方面，高收入家庭青年将参与意愿转化为参与行动的心理机制更加显著。相较而言，低收入家庭青年在社团组织参与方面的"意愿-行动"转化机制不明显。

参与能力（AB）对高收入家庭青年参与社团组织（CI）存在显著正向影响，对低收入家庭青年参与社团组织（CI）不存在显著影响。高收入家庭青年虽拥有经济资本优势，但也需要通过参与社团组织展现实际的领导能力、专业素养和资源整合能力，以赢得尊重和认可。

参与成效（EF）对高收入家庭青年参与社团组织（CI）存在显著负向影响，对低收入家庭青年参与社团组织（CI）不存在显著影响。由于参与成效是一个反向测量变量，这个结果说明高收入家庭青年感知到的社区参与成效越好，越愿意参与社团组织。高收入家庭青年参与社团组织常带有明确的价值实现期望，预判或体验到的实际成效达到预期，符合其关于机会成本的理性计算，认为这是对稀缺时间资源的有效投资或价值匹配，从而显著促进后续参与。相反，低收入家庭青年面临的替代性选择和社会上升通道相对有限，参与社团组织可以提供宝贵的社会支持、信息获取、能力提升或诉求表达渠道。因此，低收入家庭青年的参与价值阈限相对较低，对最终成效的感知程度也较低。

参与成效的空间滞后效应（W×EF）对高收入家庭青年参与社团组织（CI）存在显著负向影响，对低收入家庭青年参与社团组织（CI）不存在显著影响。参与社团组织的空间滞后效应（W×CI）对高收入和低收入家庭青年参与社团组织均存在显著正向影响。但是，表4-42中第（1）列的系数绝对值小于第（2）列的系数绝对值，说明参与社团组织的空间滞后效应对低收入家庭青年参与社团组织的影响更大。低收入家庭青年对本地社区的依赖性和互助需求通常更强，社区是其重要的社会支持系统和身份认同来源。邻居的社团组织参与行为，会强化低收入家庭青年对于社区作为命运共同体的集体认同，更易促发社团组织参与行为。

表 4-42 参与社团组织的家庭收入异质性分析

变量	因变量：CI	
	高收入	低收入
	（1）	（2）
WIL	-4.331**	-2.902
	（-2.43）	（-1.15）
AB	0.018***	0.003
	（3.02）	（0.34）
EF	-0.014**	0.006
	（-2.32）	（0.76）
控制变量	是	是
W×EF	-0.001***	-0.001
	（-5.18）	（-1.64）
W×CI	0.022***	0.034***
	（4.64）	（2.71）
截距项	-0.035	0.034
	（-0.80）	（0.85）
观测值	1123	423
R^2	0.013	0.007
Wald χ^2	91.10***	14.37***
Wald test of spatial terms	27.10***	7.37**

注：括号中是 z 统计量；*** $p<0.01$，** $p<0.05$。

第五章　新时代中国青年社会参与的重点领域（一）：乡村振兴

第一节　青年参与乡村振兴的背景

2024 年 12 月，中央经济工作会议提出要"统筹推进新型城镇化和乡村全面振兴，促进城乡融合发展"①。当前，农业农村仍然是我国现代化建设的短板，锚定建设农业强国目标做好"三农"工作，其中一项重点工作就是要有力有效推进乡村全面振兴，把推进乡村全面振兴作为新时代新征程"三农"工作的总抓手。特别是要立足发展实际，多做打基础、利长远的事情，找准乡村振兴的切入点。人才振兴是乡村振兴的基础，强化乡村振兴人才支撑，是推进乡村全面振兴的题中应有之义。当前，一些农村发展乏力，关键在于缺人才，缺发展引路人、产业带头人、政策明白人。一些地方加大引才力度，但在帮助人才解决职业发展、社会保障等方面的后顾之忧上还有欠缺。推进乡村振兴，必须坚持把乡村人力资本开发放在首要位置，吸引各类人才在乡村振兴中建功立业。其中，吸引更多的青年人返乡参与乡村振兴是乡村人力资本工作的重要内容，也是推动各类资源要素下沉乡村、以新产业新业态引领乡村产业发展的重要举措。

---

① 《中央经济工作会议在北京举行 习近平发表重要讲话》，https://www.12371.cn/2024/12/12/ARTI1734011636857721.shtml，最后访问日期：2025 年 5 月 3 日。

一　贯彻落实党中央关于乡村振兴顶层设计的必然要求

党的十八大以来，以习近平同志为核心的党中央坚持把解决好"三农"问题作为全党工作的重中之重。[①] 党的十九大报告明确提出要"实施乡村振兴战略"[②]，党的二十大报告进一步提出要"全面推进乡村振兴"[③]。乡村振兴战略是习近平总书记亲自谋划、亲自部署、亲自推动的一项国家战略，是事关全面建设社会主义现代化国家、全面推进中华民族伟大复兴的历史性任务。[④] 党的十九大提出实施乡村振兴战略，并写入党章，在我国"三农"发展进程中具有划时代的意义。农业农村现代化是实施乡村振兴战略的总目标，为新时代推进乡村振兴工作指明了前进的方向。新时代"三农"工作必须围绕农业农村现代化这个总目标来推进，以加快农业农村现代化更好推进中国式现代化建设。坚持农业农村优先发展是实施乡村振兴战略的总方针，体现了当前国家发展战略中对"三农"发展和城乡关系调整作出的重要部署。农业农村优先发展要求能否落到实处，直接关系到乡村振兴战略能否有效推进、农业农村现代化目标能否顺利实现。当前，推进乡村振兴的方向和重点是要推进农业农村现代化的一体化建设，按照产业兴旺、生态宜居、乡风文明、治理有效、生活富裕的乡村振兴战略总要求，推动包括产业振兴、人才振兴、文化振兴、生态振兴、组织振兴的全面振兴，促进农业全面升级、农村全面进步、农民全面发展。青年在推进乡村振兴中发挥了不可替代的引擎作用。作为最具创新活力的群体，青年在乡村产业振兴、人才振兴、文化振兴、生态振兴、组织振兴中发挥了关键作用，成

---

① 彭建强：《走中国特色社会主义乡村振兴道路》，http://theory.people.com.cn/n1/2023/0523/c40531-32692498.html，最后访问日期：2025 年 5 月 3 日。

② 《习近平：决胜全面建成小康社会 夺取新时代中国特色社会主义伟大胜利——在中国共产党第十九次全国代表大会上的报告》，https://www.gov.cn/zhuanti/2017-10/27/content_5234876.htm，最后访问日期：2025 年 5 月 3 日。

③ 《习近平：高举中国特色社会主义伟大旗帜 为全面建设社会主义现代化国家而团结奋斗——在中国共产党第二十次全国代表大会上的报告》，https://www.gov.cn/xinwen/2022-10/25/content_5721685.htm，最后访问日期：2025 年 5 月 3 日。

④ 韩长赋：《大国三农讲义》，中国人民大学出版社，2024，第 110 页。

为链接城乡要素资源、激活乡村内生动力的重要力量，为乡村全面振兴注入持久活力。

二 推进乡村人才振兴的题中之义

青年是推进乡村人才振兴的关键力量，乡村产业振兴、人才振兴、文化振兴、生态振兴、组织振兴需要各类人才担使命、扛重任。首先，青年具备知识和技术优势，能够将现代农业科技、数字化营销模式等引入农村，推动产业升级，成为破解乡村振兴人才瓶颈的关键力量。当前，中国式现代化的壮阔图景徐徐展开，科技浪潮滚滚而来，新质生产力发展欣欣向荣。劳动者是生产力中最活跃的因素，发展新质生产力呼唤新型劳动者。新时代青年是新型劳动者队伍中最为基础性、战略性、先锋性的力量，是发展新质生产力的突击队。推动青年参与乡村振兴，可以促使人才回归、资源回乡、项目回流，锻造"新农人"、引入"新农具"、建设"新农村"，推进劳动者、劳动资料、劳动对象及其优化组合的跃升，为乡村全面振兴注入源源不断的新动力。其次，青年富有创新精神和活力，通过返乡创业、担任村干部等方式，为乡村治理带来新理念，带动乡村基层组织建设，促进公共服务优化和乡村社会秩序重构。最后，青年是联结城乡的重要纽带，既能传承乡土文化，又能引入城市资源，促进乡村可持续发展，成为激活乡村内生动力的核心要素。因此，大力推动青年返乡参与乡村振兴，是乡村人才振兴的关键。

三 青年在中国式现代化建设中挺膺担当的光荣使命

参与乡村振兴，是青年在中国式现代化建设中挺膺担当的光荣使命。首先，参与乡村振兴，是党赋予青年的职责使命。党始终高度重视青年、关怀青年、信任青年，对青年一代寄予殷切期望。党从来都把青年看作祖国的未来、民族的希望，从来都把青年作为党和人民事业发展的生力军，从来都支持青年在伟大奋斗中实现自己的人生理想。习近平总书记在给中国农业大学科技小院的学生回信中强调："党的二十大对建设农业强国作出部署，希望同学们志存高远、脚踏实地，把课堂学习和乡村实践紧密结合起来，厚植爱农情怀，练就兴农本领，在乡村振兴的大舞台上建功立业，为加快推进农业农村现代化、全面建设社会主义现代化国家贡献青春力量。"① 其次，青年参与乡村振兴，是时代赋予青年的历史使命。"一代人有一代人的长征，一代人有一代人的担当。"②2022 年 5 月 10 日，习近平总书记在庆祝中国共产主义青年团成立 100 周年大会上强调："实现中国梦是一场历史接力赛，当代青年要在实现民族复兴的赛道上奋勇争先。"③ 在"三农"工作重心历史性转移的新阶段，青年要接过推动乡村发展的接力棒，走好新时代的长征路。组织动员广大青年服务农业农村高质量发展、投身乡村振兴伟大实践是共青团的一项重要任务。最后，青年参与乡村振兴，有助于把青年个人的理想追求融入党和国家事业之中，为党为祖国为人民作贡献。习近平总书记在党的十九大报告中强调："青年兴则国家兴，青年强则国家强""广大青年要坚定理想信念，志存高远，脚踏实地，勇做时代的弄潮儿，在实现中国梦的生动实践中放飞青春梦想。"④ 乡村振兴是实现中华民族伟大复兴中国梦的关键一环。乡村振兴为广大青年提供了展现才华的用武之地，青年正以他们的知识、热情和创新能力，成为推进乡村振兴的重要力量，并在扎根乡村、反哺乡村和奉献乡村的过程中实现个人发展与乡村发展的双向促进。

第二节　青年参与乡村振兴的实践要求

当前，返乡创业成为青年参与乡村振兴的重要实践样态。近年来，

---

① 《习近平给中国农业大学科技小院的学生回信》，https://www.gov.cn/yaowen/2023-05/03/content_5754010.htm，最后访问日期：2025 年 5 月 3 日。

② 《【每日一习话】党和人民事业发展离不开一代又一代有志青年的拼搏奉献》，https://politics.gmw.cn/2023-06/18/content_36637474.htm，最后访问日期：2025 年 5 月 3 日。

③ 习近平：《在庆祝中国共产主义青年团成立 100 周年大会上的讲话》，http://dangjian.people.com.cn/n1/2022/0511/c117092-32418944.html，最后访问日期：2025 年 5 月 3 日。

④ 《习近平：决胜全面建成小康社会 夺取新时代中国特色社会主义伟大胜利——在中国共产党第十九次全国代表大会上的报告》，https://www.gov.cn/zhuanti/2017-10/27/content_5234876.htm，最后访问日期：2025 年 5 月 3 日。

返乡入乡创新创业呈良性发展态势。据统计，从 2012 年到 2022 年底，全国返乡入乡创业人员数量累计达到 1220 万人[①]；据《"十四五"农业农村人才队伍建设发展规划》，到 2025 年，返乡入乡创业人员将超过 1500 万人[②]。具体到青年群体，在乡村振兴全局中，青年返乡创业是一项极为重要的复杂系统工程。习近平总书记强调指出："有序引导大学毕业生到乡、能人回乡、农民工返乡、企业家入乡，帮助他们解决后顾之忧，让其留得下、能创业。"[③] 在实践中，应坚持系统思维，加强顶层设计和整体谋划，在统筹兼顾中观察、分析、解决青年返乡创业的理论、政策和实践问题，加强各项工作的关联性、系统性、可行性研究，从根本上持续推进青年返乡创业的高质量发展。

一 理解和把握青年返乡创业的深刻意涵

乡村振兴战略实施以来，全国青年返乡创业持续呈现"点—线—面"良性发展的态势。对此，要从战略高度理解和把握其深刻意涵。

（一）青年返乡创业为全面推进乡村振兴提供人才支撑

从总体上看，刚性制约全面推进乡村振兴的首要问题依然是人才短缺。因此，要提高政治站位，充分认识到青年返乡创业在全面推进乡村振兴中的重要地位、作用和意义。在党中央提出的乡村振兴战略中，产业振兴、人才振兴、文化振兴、生态振兴和组织振兴是相互联系、相互支撑、相互促进的有机统一整体，要统筹部署、协同推进、抓住重点、补齐短板。其中，人才振兴是基础。当前，农村发展面临人才要素极为短缺的严峻现实，尤其是农村青年人才的流失，在很大程度上阻碍了乡村振兴战略的有效推进。一方面，农村青年劳动力总量不足，农村面临

---

① 常钦：《挖掘产业优势 推进乡村振兴》，https://www.gov.cn/xinwen/2023-03/27/content_5748419.htm，最后访问日期：2025 年 5 月 3 日。

② 田杰雄：《农业农村部：2025 年返乡入乡创业人员将超过 1500 万人》，https://baijiahao.baidu.com/s? id=1722992149681134500&wfr=spider&for=pc，最后访问日期：2025 年 5 月 3 日。

③ 常钦：《栽下梧桐树 引回"金凤凰"（乡村振兴，人才是关键②）》，http://cpc.people.com.cn/n1/2023/0217/c64387-32625531.html，最后访问日期：2025 年 5 月 3 日。

"空心化"挑战；同时，农村人口结构问题凸显，留守老人、妇女和儿童居多，人口受教育水平相对较低。特别是生产经营类青年人才更为匮乏，从而导致乡村振兴面临人才短缺的困境。另一方面，在一些地区，还存在对青年返乡创业认知水平不高、意识不强、支持力度不大等现实问题。因此，要从人才引领发展的战略高度，推动青年返乡创业，以青年人才要素带动资金、技术、信息等资源要素加速向农村集聚；优化农村人口结构、提升农业生产要素配置水平、推动农业提质增效。

（二）青年返乡创业是破解人才区域流向失衡和就业结构失衡的有效途径

改革开放 40 多年来，随着我国工业化、城镇化、信息化的快速推进，农村人口呈现向城镇转移的趋势，特别是大量农村青年向城市和东部沿海地区转移，导致出现区域人才失衡问题。一方面是人才区域流向失衡，集中表现为中西部经济欠发达地区缺乏对青年人才的吸引力，大量青年人才从中西部经济欠发达地区向东部经济发达地区单向流出，加剧了东、中、西部地区间发展的不平衡。推动青年返乡创业可在很大程度上促进青年发挥在城市发展中积累的资金、技术、信息优势，补齐当前农村发展的资金、技术、信息、人才方面的短板，形成互补效应。另一方面是就业结构失衡，集中表现为农村青年劳动力供给与需求的明显不匹配。大量农村青年劳动力向城镇聚集，由于其所掌握的专业知识技能有限，难以胜任知识型、技能型岗位，大多从事一些技术含量较低的劳动密集型工作。相比之下，农村发展又面临各类青年人才和劳动力的短缺问题。因此，应通过政策引导和市场驱动，促动青年返乡创业及青年劳动力有序流动，提升农村劳动力就业质量。

（三）促进青年返乡创业，深入实施人才强国战略

"功以才成，业由才广"。人才是第一资源，是全面建成社会主义现代化强国的基础性、战略性支撑。党的二十大报告将建成人才强国列为实现中国式现代化的重大战略之一。实施人才强国战略，要着眼于国家和民族长远发展大计，坚持人才引领驱动，形成青年成长成才的迭代效应和集聚效应。在乡村振兴战略下推动青年返乡创业，是实施人才强国战略的重要组成部分。不少返乡青年接受过良好的教育、具有在城镇工作的经验、掌握了较为先进的技术和企业经营才能，同时能及时发现城乡需求和商机。青年返乡创业，有利于将现代科技、生产方法和经营理念引入农村，深入推进科技兴农、绿色兴农、质量兴农，促进农业农村高质量发展。

（四）青年返乡创业是推进农村一二三产业融合发展的有力抓手

推动农村一二三产业融合发展是解决"三农"问题、促进乡村产业兴旺的有效途径，是构建我国现代化农业产业体系的重要举措。习近平总书记指出，"农村经济社会发展，说到底，关键在人"[①]。农村一二三产业融合发展的关键是青年人才驱动，要大力培育用好创业带头人、创业领军群体、熟练从业者队伍。其中，创业带头人是引领乡村创业的重要力量，可以先试先行，探索农村产业融合发展之路，调动农民群众的积极性。创业领军群体是乡村创业的"关键少数"群体，可以发挥人才集聚效应，实现资源优势互补，以"四链"（产业链、创新链、人才链、价值链）融合赋能农业高质量发展。熟练从业者队伍是乡村创业的基础和骨干力量，可为打通产业链堵点提供重要人力资本，推动形成全产业链农业合作的创新模式，把产业链主体留在农村，让农民更多地分享产业增值收益，推动农村产业高质量发展。

二 全面聚焦青年返乡创业难题

青年返乡创业是一项复杂的系统工程，各种要素、各种因素、各项工作之间关联性很高，往往牵一发而动全身。近年来，青年返乡创业面临一些难题，从而影响了青年返乡创业的积极性。要坚持系统观念，突出问题导向，结合目标导向和结果导向，全面聚焦青年返乡创业难题。

[①] 张福伟、魏利洁：《习近平：九字定义新型职业农民》，http://news.cctv.com/2017/04/13/ARTIvR6V1TPBozMlqIKZqGY8170413.shtml，最后访问日期：2025 年 5 月 3 日。

（一）对青年返乡创业存在认知误区

一些返乡青年对返乡创业认识不够全面，在面临市场、资金、信息、技术等方面的创业难题时，易出现能动性不足、自信心受挫、风险防范意识不强的心态。同时，受"爱面子""功利心"等影响，一些青年自主返乡创业的意愿较低，有一定文化水平和经济基础并主动返乡创业的青年较少。从乡村社会的角度来讲，对青年返乡创业存在一定的偏见，存在返乡青年被冠以"落伍者""失败者"等歧视性标签的现象。

（二）一些返乡创业青年自身的能力欠缺

一些返乡青年欠缺创业的综合能力。创业者的团队领导能力、运营管理能力、市场营销能力、人才培养能力、公关能力、渠道建设能力等，是影响创业的重要因素。然而，部分返乡创业青年对于不同创业阶段、不同产业类型、不同产业链下的创业能力要求缺乏充分了解。目前，针对返乡青年的创业技能培训主要是短期的知识普及型培训，缺乏深度培训、持续跟进和实用性指导，难以为青年提供更多系统化、精准化的能力建设渠道，导致一些返乡创业青年在创业实践中面临诸多挑战。

（三）城市的"虹吸效应"将长期存在

从人类历史发展看，人才总是向发展势头好、文明程度高、创新最活跃的地方聚集。综观国内外现代化城市的发展轨迹，城市化、工业化、数字化发展及城市的综合优势对劳动力形成了"虹吸效应"，导致大量农村青年劳动力向城市单向流动。在经济新常态背景下，城市对农村富余劳动力的吸引力虽有所下降，农村青年在城市的就业形势面临新要求、新挑战，但城市的"虹吸效应"依然会使大量农村青年劳动力流向城市，从而在一定程度上影响了返乡青年创业过程中的高质量劳动力供给。

（四）市场作用发挥不充分与公共服务短缺并存

返乡青年创业领域存在市场竞争不充分、要素配置不完善、信息不对称等问题。返乡创业青年中仍有部分人在资金、人力、技术等方面的资源有限，与市场联系不紧密，易形成信息鸿沟，导致资源错配，从而使返乡创业青年利益受损。与此同时，各地政府部门往往重视青年返乡创业的基础设施改善和典型树立，却忽视创业服务配套，集中体现为基础性服务、引导性服务、保障性服务的欠缺。

（五）生产要素错配与社会功能协调不足

土地、劳动力、资本、技术等生产要素合理配置是青年返乡创业成功的关键。然而，我国城乡生产要素存在错配现象，城市生产要素过度集聚，农村生产要素或单向流出或长期闲置，城乡之间缺乏畅通的要素流通渠道，加之农村公共服务水平偏低等，导致返乡青年面临创业要素资源和生活适需服务的双重制约，难以激发创业内生动力。与此同时，返乡创业青年在基础设施配套、基层公共服务等方面都有较大需求，却面临资源供给不足的现实困难。创业配套服务碎片化，政府、高校、企业等的协同联动不够，导致创业服务资源分散、创业教育资源供给滞后、各创业要素缺乏有效集聚和互通。

三　多措并举破解系统性难题

推动青年返乡创业，要多措并举破解系统性难题。要以创业生态链条构建为基础，加强创业主体间资源的交流，充分发挥返乡青年在乡村高质量发展中的主力军作用。近年来，全国各地青年返乡创业的经验和教训表明，抓住重点能够使个体获益、整体增能、内外融通、共同发展，产生事半功倍的创业效果；反之，则往往昙花一现，事倍功半，难以实现高质量发展。针对制约青年返乡创业的短板弱项，要从政策实施、服务保障、实践推进等不同角度凝聚多方主体合力，为青年创业者增慧赋能，同时营造良好的青年返乡创业环境，促进青年返乡创业高质量发展，为乡村全面振兴提供有力的人才支撑。

（一）强化政策集成，构建良好环境

加强不同地区、不同层级、不同部门的政策和组织协同，对青年返

乡创业的方向、目标和路径进行总体规划。第一，营造良好创业环境和营商环境，为青年返乡创业提供基础配套、公共服务、法律保障等全方位的支持；第二，聚焦青年在返乡创业中面临的融资、用地、人才、服务等方面的突出问题，完善相关政策措施，加大对返乡创业青年在住房、社保、子女教育等方面的保障力度，提供政策制度支持；第三，发挥财政资金的引导和支持作用，整合金融资源，积极支持返乡青年进行创业实践探索；第四，加大政策宣传力度，加强针对返乡创业青年用足用好用活政策的精准辅导，推动优惠政策直达快享。

（二）加强服务保障，完善功能配套

鼓励各地根据返乡青年创业特点和需求，完善农村青年创业服务体系，发挥社会组织的作用，加强资源整合与信息共享，为返乡创业青年提供有针对性的管理咨询、创业指导、资源对接、市场开拓等系统性支持服务。搭建农村青年创业服务平台，支持和引导地方建设青年创新创业基地、创业孵化基地、小型微型企业创业创新示范基地、众创空间等创业服务平台，鼓励"自主运营""委托运营""合作运营"等多元化平台运营方式，加强对返乡青年创业的组织培育。加强农村青年创业人才服务工作，对急需紧缺的特殊青年创业人才，实施特殊政策，加强人才服务站、专家服务基地等人才服务平台建设，为返乡创业青年人才提供政策咨询、项目申报、融资对接等服务。推动配套行业集聚协同发展，引导其提供与返乡青年创业需求相匹配的产品和服务。

（三）强化主体培育，增强创业动力

对有意愿返乡创业的青年进行精准化、全过程、立体式的创业培育，扩大农村青年创业人才规模，提升农村青年创业人才素质。鼓励各地统筹谋划、整合农村青年创业人才培训资源，针对青年重点创业领域提供针对性指导，推动教育培训资源共享、优势互补。创新培训方式，通过集中授课、案例教学、实地指导等方式，并充分利用现代技术手段，为农村青年创业人才提供线上线下相结合的精品培训课程。围绕地区乡村产业发展特点和青年创业需求，支持部分返乡创业试点地区建设创业实训基地，引导有条件的职业院校、科研院所、企业等开展协同创新并建设产教融合实训基地，为返乡创业青年提供职业技能培训基础平台支撑。通过这些措施，增强返乡创业青年群体内在的创业动力，提高创业能力。

（四）加强典型选树和宣传引导

先进典型是有形的正能量，可以起到带动引领作用，引导返乡青年积极投身创新创业实践。选树"返乡青年创业榜样"，多角度、多途径、常态化开展返乡青年创业榜样宣传。推选返乡青年创业领袖，打造返乡青年创业品牌项目，并邀请优秀创业者进行宣传推广，引导返乡青年发挥正能量。充分利用线上线下宣传渠道，大力宣传支持返乡青年创业的政策措施，分享成功者的创业经验和典型案例，调动返乡青年创业的积极性。

（五）加强模式探索和示范引领

创建青年返乡创业示范模式，树立抓落实的价值导向，推动各项政策的贯彻落实；同时营造比学赶超的氛围，调动返乡青年创业的积极性。在充分考虑区域差异、产业类别差异的基础上，探索形成不同的青年返乡创业示范模式，进行分类指导、有序推进，注重实效。依托农村创业示范园区建设，探索适合青年返乡创业企业的示范园区服务，包括创业辅导、政策咨询、运营管理、人才培训、投融资、产业资源对接等，完善青年返乡创业政策支持体系，构建良好创业生态，概括典型模式，总结成功经验并加以推广。

（六）加强全产业链培育，坚持实体经济导向

要学习宣传贯彻党的二十大精神，把青年返乡创业作为加强农业全产业链建设、发展实体经济的有力抓手，从根本上推动乡村产业振兴。引导返乡青年投身农业全产业链的创业领域，向产业链上下游创业企业提供资源支持，打通种植养殖、加工、储运、销售等环节，实现全环节衔接、全链条增值、全产业融合，培育关联度高、业态多样、创新力强的产业集群；引导返乡青年投身农村实体经济的创业领域，推进数字经

济与实体经济、传统实体经济产业和现代实体经济产业的深度融合，推动形成农村实体经济发展新格局。

第三节　推动青年参与乡村振兴的实践探索

——以乡村振兴青春建功行动为例

2022年《中共中央、国务院关于做好2022年全面推进乡村振兴重点工作的意见》提出实施乡村振兴青春建功行动①，2025年《中共中央、国务院关于进一步深化农村改革 扎实推进乡村全面振兴的意见》再次提出深入实施乡村振兴青春建功行动②，这为新时代共青团推动青年参与乡村振兴指明了实践方向。早在2019年，共青团中央就启动实施了乡村振兴青春建功行动，成为共青团组织动员广大青年投身乡村振兴战略实施的重要载体。通过实施乡村振兴青春建功行动，共青团立足为党培育乡村振兴青年人才的根本逻辑，统筹服务乡村振兴和服务乡村青年发展，围绕产业振兴、人才振兴、文化振兴、生态振兴和组织振兴，重点开展助力乡村青年人才成长、助力乡村社会建设、帮助乡村困难学生完成学业、帮助乡村青年创业就业等工作，促进共青团工作在农业农村领域打开新局面，团结引领广大青年在全面推进乡村振兴、加快推进农业农村现代化进程中建功立业。③

助力农村青年创业就业是乡村振兴青春建功行动的重点内容之一，农村电商是当前农村青年创业就业的重点领域。随着互联网技术的快速发展，农村电商在助农富农方面切实起到了作用，帮助广大农民实现了线下丰收、线上增收。2020年4月20日，习近平总书记在陕西省商洛

---

① 《中共中央、国务院关于做好2022年全面推进乡村振兴重点工作的意见》，https://www.gov.cn/zhengce/2022-02/22/content_5675035.htm，最后访问日期：2025年5月3日。
② 《中共中央、国务院关于进一步深化农村改革 扎实推进乡村全面振兴的意见》，https://www.gov.cn/zhengce/202502/content_7005158.htm，最后访问日期：2025年5月3日。
③ 《共青团中央印发〈关于深入开展乡村振兴青春建功行动的意见〉的通知》，https://www.gqt.org.cn/xxgk/tngz_gfxwj/gfxwj/202210/t20221012_790026.htm，最后访问日期：2025年5月3日。

市柞水县小岭镇金米村考察时来到直播平台前，成了"最强带货员"。[①]
他强调，"电商不仅可以帮助群众脱贫，而且还能助推乡村振兴，大有
可为"[②]。商务部国际贸易经济合作研究院发布的《中国电子商务区域
发展大数据分析报告》显示，2023 年，全国农村和农产品网络零售额
分别达 2.49 万亿元和 0.59 万亿元[③]，全国农产品网络零售额为 5870.3
亿元，增长 12.5%[④]。农村电商的蓬勃发展，极大地拓宽了农产品的销
售渠道。借助互联网平台，农产品得以突破地域限制，迈向更为广阔的
市场空间，使农产品销量显著增长。2024 年《中共中央、国务院关于
学习运用"千村示范、万村整治"工程经验有力有效推进乡村全面振
兴的意见》提出实施农村电商高质量发展工程，推进县域电商直播基
地建设，发展乡村土特产网络销售。[⑤] 此外，2024 年 3 月 5 日，《商务
部等 9 部门关于推动农村电商高质量发展的实施意见》提出，要培育
10000 名左右农村电商带头人[⑥]，农村电商创业就业带动能力进一步
提高。

随着数字经济的高速发展，直播电商成为电商经营的增长点，也成
为农村青年参与电商经营的新领域。直播电商架起了农产品和消费者之
间的"直通桥"，大大拓宽了农产品销售渠道，同时降低了农村青年参
与电商经营的技术门槛和投入成本。目前，直播电商平台既包括传统电
商平台，如京东直播、淘宝直播、拼多多直播等，也包括以娱乐或内容

① 《"陕西要有勇立潮头、争当时代弄潮儿的志向和气魄"——习近平总书记陕西考察纪
　　实》，《人民日报》2020 年 4 月 25 日，第 1 版。
② 《"陕西要有勇立潮头、争当时代弄潮儿的志向和气魄"——习近平总书记陕西考察纪
　　实》，《人民日报》2020 年 4 月 25 日，第 1 版。
③ 《消费向新力｜农村电商点燃乡村振兴新引擎》，https://baijiahao.baidu.com/s? id=18119
　　94302973597165&wfr=spider&for=pc，最后访问日期：2025 年 5 月 3 日。
④ 李栋：《拓渠道引人才 农村电商为乡村振兴注入新活力》，http://finance.people.com.cn/
　　n1/2024/0922/c1004-40325380.html，最后访问日期：2025 年 5 月 3 日。
⑤ 《中共中央、国务院关于学习运用"千村示范、万村整治"工程经验有力有效推进乡村
　　全面振兴的意见》，https://www.moa.gov.cn/ztzl/2024yhwj/2024nzyyhwj/202402/t20240204
　　_6447020.htm，最后访问日期：2025 年 5 月 3 日。
⑥ 《商务部等 9 部门关于推动农村电商高质量发展的实施意见》，http://file.mofcom.gov.cn/
　　article/zcfb/zcgnmy/202403/20240303480677.shtml，最后访问日期：2025 年 5 月 3 日。

为核心的综合性平台，如抖音、快手、斗鱼、得到等。以抖音电商为例，根据抖音电商发布的《2024丰收节抖音电商助农数据报告》，2023年9月至2024年9月，抖音电商累计销售农特产品71亿单，平均每天有1740万单农特产品包裹销往全国各地，订单量同比增长61%。[①]这一年间，抖音电商平台上挂车售卖农产品的短视频数量为1157亿条，直播间里农特产品讲解总时长达3825万小时，货架场景带动农特产品销量同比增长60%。[②]这些数据展示了直播电商在促进农产品销售方面的显著成效。数字经济时代，共青团作为农村青年工作的组织化力量，迫切需要适应农村青年的新特点、农村电商新业态发展趋势、数字信息技术的新变革，更加扎实地做好农村青年电商创业的组织引领工作。实践中，共青团在推动农村青年参与电商经营、助推农村电商产业发展的过程中，从对农村青年和社会公众的双重动员出发，将主体能力提升和环境优化作为重中之重，作出了许多有益探索。

一　提升农村青年的电商创业能力

农村青年电商创业能力提升是一项系统工程。共青团通过设立联动推进机制，例如，整合实施农村电商带头人工程和农村电商技能提升计划，设立导师负责制，提供精准化和全程式技术指导，提升农村青年的电商创业能力。共青团通过"适当干预"、统筹协调，建立"团委搭建平台、多方主体协同"培育机制，对农村创业青年，特别是返乡创业青年、"三农"工作队员、驻村第一书记及大学生村官等进行能力建设。

二　优化农村青年电商发展的产业环境

共青团以打通农村电商供应链"堵点"和"断点"、推进供应链数字化和智能化发展为重点，强化部门协同和资源整合，依托区域化团

---

① 《兴趣电商促农民增产增收》，http://www.xinhuanet.com/tech/20240926/03986425d75d4894893c99b5537ad406/c.html，最后访问日期：2025年5月3日。

② 缪翼：《跨越山川绘丰收》，https://www.moa.gov.cn/xw/bmdt/202409/t20240926_6463413.htm，最后访问日期：2025年5月3日。

建、东西部团组织结对帮扶等协作互助机制，发挥不同层级共青团在农村电商供应链建设中的作用，为农村青年参与电商创业提供良好的产业环境。

构建全产业链协同推进的团属动员体系。在乡村产业振兴领域，共青团通过构建产供销一体化的团属动员网络，打通生产、流通、销售链条上的"堵点"和"断点"，为农村青年提供全供应链电商创业服务，提升农村电商供应链管理水平。一方面，探索形成"省级团委建渠道，市级团委重统筹，县级团委抓供应，乡镇团委促生产"的协同帮扶体系，促进农村电商的产品生产、包装、销售、配送等各环节协调发展。针对涉农电商存在的数量少、供应链不稳定、运营成本高的问题，采取省级团委提供网络流量支持，市级团委搭建优秀电商平台并统筹供应链以及电商平台和供应链的关系，县级团委构建质量把控和售后的协作机制等做法，充分培育优秀的农村青年电商。另一方面，采取"自主运营""委托运营""合作运营"等方式，提供全供应链电商帮扶服务，构建长效服务机制。

以数字化服务助力打造品牌产品、品牌企业。共青团推动实施农业品牌提升行动，发展以"品牌助农"为特色的数字化信息服务，推动农村青年电商创业的"数字技术+文创产业+农村地区支柱产业和文旅景区"深度融合，实现从渠道数字化向品牌数字化拓展。各地共青团依托自身产业帮扶平台以及网络人才、网络渠道、网络媒体等方面的优势，与地方政府、农民专业合作经济组织及农业行业协会、中小农业企业、互联网零售企业进行合作共建，为地方企业、农村地区的产品品牌的策划、研发、包装、宣传、销售等提供数字化信息服务，推动构建农业品牌数字化发展的整体工作运行机制，逐步打造共青团电商帮扶的品牌产品、品牌企业。

构建优质流量资源的整合机制。品牌推广需要网络流量支持，共青团与政府部门、企业、社会组织共同构建流量资源整合机制，针对重点扶持的农村青年电商，积极搭建"点面结合、内外促进"的多元网络推介平台，完善欠发达地区农业品牌的网络推介、评选、推优等机制。

在此基础上，通过多渠道加强常态化网络宣传，扩大团属电商帮扶品牌的网络影响力。

三　完善电商助农的社会动员体系

共青团以促进网络资源的精准投放、提高网络动员的精准度、扩大网络动员的覆盖面、增进现实和虚拟空间的良性互动、提升城市青年参与度的保障机制为重点，强化资源整合，为城市青年参与电商助农提供渠道。

构建"组织化+网络化"的动员路径。在共青团电商帮扶的动员工作中，新媒体平台显现出流量资源优势及由此带来的社会资源潜力，同时也存在网络流量资源的错配和浪费问题。部分基层共青团充分发挥自身的组织优势，充分借助新媒体的流量优势，探索出"组织化+网络化"的动员路径。一方面，基于基层共青团对帮扶对象需求信息的精准掌握，引导优质网络流量资源从"泛投放"向"精准投放"转变，实现基层帮扶需求端和网络社会资源供给端的跨时空"点对点对接"。另一方面，发挥基层共青团组织动员路径下的统筹整合优势，实现基层帮扶需求端和网络社会资源供给端在产供销链条和公益捐赠链条上的"点线面整合"，提高了网络动员的精准度，扩大了覆盖面。此外，为提升网络助农动员的影响力和社会认同感，共青团发起电商助农代言项目，不仅邀请明星网红，而且注重发掘共青团系统和社会大众中的网络青年人才参与助农宣传。部分基层共青团着力培育共青团系统内部的网络青年代言人，包括共青团干部、青联委员、青年团员等；同时，为社会青年开辟多元化的网络代言渠道，联合新媒体平台，以及学校、企业、街道社区等线下渠道，广泛动员社会青年参与网络助农。

构建"线上+线下"的协同动员机制。共青团在搭建合作平台、制定制度规范、加强政策支持和组织监管等方面发挥主导作用的同时，还积极促进社会动员中的协调互动、开放共享、合作共赢。为加强各级各类共青团组织在网络空间中的协同合作，以及实体空间和网络空间的组织协作，一些共青团组织积极搭建"共享型"的社会动员平台，并将青年整合到不同的网络组织中，以此为基础构建"线上+线下"的协同动员机制。

构建"精神+利益"的引导机制。共青团在"理想信念"动员的基础上，构建利益引导机制。通过树立典型榜样，为农村创业青年、青年志愿者、企业树立示范标杆，吸引更多的青年和企业参与助农。同时，不断完善激励机制，对表现好的各方主体给予政策倾斜、手段配套、奖誉跟进上的激励措施。此外，还积极探索多元化的利益引导机制，针对各方主体的多元诉求，提供发展资源和机会。

第六章 新时代中国青年社会参与的重点领域（二）：城市社会治理

第一节 青年参与城市社会治理的背景

青年是社会的中坚力量，是城市社会治理的主力军和生力军。党的十九大报告指出，我国社会主要矛盾发生了重大变化，青年是标志时代的最灵敏的"晴雨表"，他们最为明显地感知到社会主要矛盾发生的变化。随着新时代青年的主体意识不断增强、利益诉求呈现多样化，他们重视更高质量的生活以及自由的发展空间。然而，我国城市化进程面临一些矛盾和问题，如交通拥堵、环境污染、资源浪费、基础设施不足等，这与青年对美好生活的需求产生了一定的错位。城市环境更完善、更宜居、更美好，青年的需求可以得到更加有效的满足，而推动青年参与城市社会治理，则是构建青年发展友好型城市、满足青年对美好生活需要的有效实践。近年来，许多年轻人走进社区、走进基层，深入群众，了解民情，从社会治理的"旁观者"转变为实实在在的参与者、推动者。

一 夯实基层社会治理根基的关键力量

习近平总书记指出："一个国家治理体系和治理能力的现代化水平很大程度上体现在基层。基础不牢，地动山摇。要不断夯实基层社会治理这个根基。"① 随着中国式现代化的推进，我国社会主要矛盾已经转化为人民日益增长的美好生活需要和不平衡不充分的发展之间的矛盾，由社会主要矛盾派生的具体矛盾和不稳定因素主要在基层。要防范化解社会矛盾风险，最大限度地将矛盾解决在基层，青年是其中的关键推动力量。青年大量活跃在城市基层、服务在城市基层、不断将数智化手段引入基层，是城市社会的"神经末梢"，也是城市基层矛盾的"移动传感器"。以新就业青年群体为例，骑手熟悉社区路况、快递员掌握居民需求、网约车司机了解城市交通动态。因此，赋能青年，使青年成为城市社区治理的中坚力量，有助于解决传统治理中信息滞后、覆盖面不足等痛点问题，推动社区治理的触角延伸到"最后一米"。

二 构建社会治理共同体的必然要求

习近平总书记指出，要"建设人人有责、人人尽责、人人享有的社会治理共同体"②。社会治理共同体的打造要求党领导下的多元治理主体通过有效整合形成合力。青年是城市社会治理的对象，更是城市社会治理的重要力量，承担着参与城市社会治理的责任，也有享受城市社会治理成果的权利。引导和吸纳青年参与城市社会治理，畅通和规范青年的诉求表达、利益协调、权益保障通道，有助于推动社会治理共同体建设。在推动青年融入城市社会治理的过程中，应秉持人人有责的原则，增强青年参与城市社会公共事务的责任意识，明晰参与范畴和角色定位；应秉持人人尽责的原则，着力提升青年履行参与城市社会治理责任的能力，使其成为把群众组织起来办好身边事的"关键群体"，带动更多的人参与；应秉持人人享有的原则，确保青年在城市发展中公平地享有发展权利、发展机会和发展成果。

---

① 参见徐隽《社会治理 活力彰显（"十三五"，我们这样走过）》，http://politics.people.com.cn/n1/2020/1130/c1001-31948549.html，最后访问日期：2025 年 5 月 3 日。
② 《习近平：高举中国特色社会主义伟大旗帜 为全面建设社会主义现代化国家而团结奋斗——在中国共产党第二十次全国代表大会上的报告》，https://www.gov.cn/xinwen/2022-10/25/content_5721685.htm，最后访问日期：2025 年 5 月 3 日。

三 践行人民城市理念的题中之义

习近平总书记指出："人民城市人民建，人民城市为人民。"[①] 推动青年融入城市社会治理是人民城市理念在城市建设中的集中体现。实现宜居安居是青年融入城市社会治理的首要任务，要充分发挥青年的积极性、主动性、创造性，把提升青年在城市社会中的获得感、幸福感、安全感作为出发点和落脚点。习近平总书记强调，"城市的核心是人，关键是十二个字：衣食住行、生老病死、安居乐业"[②]；"城市工作做得好不好，老百姓满意不满意，生活方便不方便，城市管理和服务状况是重要评判标准"[③]。推动青年参与解决其最关心、最直接、最现实的问题，有助于激发青年对城市社会的情感认同，进而形成青年发展与城市社会治理的双向互动。

第二节 青年参与城市社会治理的实践要求

推动青年融入城市社会治理，不仅关系到数量庞大的青年的健康成长和价值实现，而且有助于推进社会治理体制创新与国家治理体系和治理能力现代化。这对于确保青年始终凝聚在党的旗帜下，既充满活力又和谐有序，切实增强他们的获得感、幸福感、安全感，以及构建共建共治共享城市治理新格局具有重要意义。作为社会创新动力的重要组成部分，青年在城市社会治理中的参与不仅反映了个体和社会的发展需求，也可为城市社会治理提供新思维和创新方案，是推动社会治理创新和社

---

① 《习近平给上海市杨浦区"老杨树宣讲汇"全体同志回信强调：坚持人民城市人民建人民城市为人民 共建和谐美丽城市共创幸福美好生活》，https://www.gov.cn/yaowen/liebiao/202411/content_6984705.htm，最后访问日期：2025 年 5 月 3 日。

② 谢春涛：《学习贯彻习近平总书记关于城市工作重要论述理论研讨会发言摘编》，http://theory.people.com.cn/n1/2024/1114/c40531-40360845.html，最后访问日期：2025 年 5 月 3 日。

③ 《学习时报：让群众住得稳过得安有奔头》，https://m.thepaper.cn/baijiahao_23233224，最后访问日期：2025 年 5 月 3 日。

会治理现代化的关键环节。然而，当前青年更多的活动空间在学校、单位、社区以及虚拟的网络空间，青年对城市社会治理事务的有效参与有限。同时，青年在参与城市社会治理的过程中面临一些问题，例如，青年的参与主动性与能力相对不足，参与方式与途径较为单一，缺乏有效的参与机制，这些问题在一定程度上影响了青年参与城市社会治理的效率和创新动力。总体来看，在社会实践的广阔天地中，青年参与城市社会治理的意识和能力有待进一步提高，体制机制有待进一步完善。

一 增强青年参与城市社会治理的意愿

加强党建引领，通过单独组建、区域联建、行业共建、派驻帮建等方式方法，加强党组织网络建设与动态管理，深入开展理论宣传，使青年树立参与社会治理的理念；定期组织开展社会治理主题活动，发挥青年党员的先锋模范作用，对广大青年参与社会治理形成示范带动效应。建立长效激励引导机制，选树在社会治理方面的先进典型进行广泛宣传，增强青年参与社会治理的荣誉感和认同感；建立"物质+精神"相结合的奖励机制，借鉴"爱心银行""积分超市"等正向激励机制，激发青年参与社会治理的积极性和主动性。

二 加强青年参与城市社会治理的能力建设

通过政策服务和社会服务回应青年的急难愁盼问题，筑牢党政群企社服务阵地，加强服务组织的功能集成，强化劳动和社会保障、教育、心理健康关爱等多方面的服务供给，解决青年的后顾之忧，使青年更有精力和能力参与城市社会治理。要充分发挥青年广泛深入基层社区、熟练掌握数字化工具的优势，将健全社会治理体系与数字技术赋能、青年群体日常工作相结合，根据岗位特点和工作实际明确任务清单，加强青年群体在问题发现、风险预警、需求上报、社情民意传达、协商议事、事项处置等方面的能力建设。

三　为青年参与城市社会治理提供多元渠道

为青年群体参与城市社会治理打通"堵点"、接通"断点"，加强社会工作专业人才队伍和社区工作者队伍的协作与资源联动，推动行业管理部门、党建工作部门、教育部门、企业和社会组织合力构建"线上+线下""直接+间接""制度化+非制度化"等多元参与渠道，多层面搭建诉求表达和协商议事平台，设立青年参与社会治理的品牌项目和先锋岗位。注重有序引导青年通过各类组织化平台参与社会治理，加强不同组织的双边联系、多边联系及网络交叉联系，强化青年群体之间以及青年群体与其他社区成员间的协同参与。完善社会治理服务信息网络，构建青年群体与政府、社区、社会组织等的协同治理机制，为青年群体提供便捷高效的参与渠道，扩大参与范围，提升参与效率。

第三节　推动青年参与城市社会治理的实践探索

——以"社区青春行动"为例

2021 年 4 月，共青团中央办公厅印发《社区青春行动方案》，在全国启动了"社区青春行动"，充分发挥共青团组织动员优势，活跃社区团的组织和工作，积极引领广大青年在社区中提高参与意识、加强实践锻炼、增长本领才干，成为协助党和政府加强和创新社会治理的重要力量。[①] 自"社区青春行动"实施以来，首批遴选实施社区 567 个，服务覆盖常住人口 609.7 万，其中青少年（6~35 岁）占比为 31.4%。[②] 围绕国家治理体系和治理能力现代化目标要求，"社区青春行动"聚焦城市社区建设发展规律和青年发展要求，引导青年团员积极参与基层社会治理创新。"社区青春行动"作为共青团引领广大青年参与城市社会治

---

① 《共青团中央办公厅关于印发〈社区青春行动方案〉的通知》，https://www.gqt.org.cn/xxgk/tngz_gfxwj/gfxwj/202210/t20221014_790127.htm，最后访问日期：2025 年 5 月 3 日。

② 《社区青春行动》，http://youth.ujn.edu.cn/info/1632/44697.htm，最后访问日期：2025 年 5 月 3 日。

理的重要抓手，致力于让朝气蓬勃、思维活跃、拥有更多新知识新技能的青年群体从私人领域中走出来，投身社区建设，回归"附近"的生活，关心和维护社区公共利益和价值，激发社区活力和创造力。

自"社区青春行动"开展以来，在参与主体上，以青年力量为主导，以共青团组织为工作载体，青年团员既可以以个体形式参与社区治理和公共服务，也可以依托各类青年社会组织，广泛团结同辈群体，投身基层治理。当前，充分动员各类青年社会组织，发挥青年社会组织带头人的"头雁"效应，紧密联系各类青年群体，推动青年有组织地投身社区治理成为共青团工作的重点方向。在参与内容上，从"让城市对青年更友好、让青年在城市更有为"两个维度，聚焦党政所需和青年所盼，推动青年在政治、经济、文化、教育等多个层面进行社区参与，突出表现在教育帮扶、婚恋交友、就业指导、心理援助、权益保障、敬老爱老、生态环保等领域，探寻激活基层治理动能的"青春密码"，让青春之花在社区火热实践中绚丽绽放。在参与程度上，注重从浅层次参与入手，推动青年关心、关注周围社区和社区内不同群体的需求与问题，发挥广大青年在表达诉求、反映意见建议、参与议事协商方面的作用；在此基础上，着力推动青年的深层次参与，动员青年以实际行动参与社区治理和公共服务，为保障和改善民生、促进社区发展作出贡献。具体来说，通过"社区青春行动"，共青团在引领广大青年提高参与社区治理的意识和能力，以及为青年搭建参与渠道平台、强化政策支持与激励机制等方面作出了有益探索。

一 推动青年参与社区治理的行动策略

（一）党建引领强思想

共青团充分发挥党的助手和后备军作用，用好党建带团建"传家宝"，做到党建与团建同频共振。通过组织青年深入学习习近平新时代中国特色社会主义思想，依托社区团支部和功能型团组织，发挥基层团干部的带头作用，推动理论学习常态化、党建载体有效化、组织联动制度化，加强对青年的引导和教育，带动广大青年坚定理想信念、强化责任担当。在"社区青春行动"中，坚持思想引领，提升行动力；同时，完善党建引领下的组织架构，健全党团共建体系，加强组织联动，充分激发青年参与社区治理的积极性。

（二）聚焦需求定方向

坚持以需求驱动激发青年参与社区治理的内在动力，抓住青年面临的"痛点"问题，从中寻求点燃青年参与热情的"火种"。当代青年的需求呈现多样化、个性化、动态化特征，忽视青年需求的社区活动，难以吸引青年的关注和深度参与。只有打造以满足当代青年需求为前提的利益共同体，才能让青年自发地聚集在一起。因此，"社区青春行动"注重需求驱动，积极回应青年需求，激发他们的内在动力，进而提升其参与社区事务的活跃度与贡献度。在"社区青春行动"中，共青团通过对青年需求进行深入调研，及时掌握青年需求及其变化，为策略调整与资源分配提供数据支持，找到社区发展方向与青年需求的契合点，切实回应青年对宜居环境的多元需求；同时，积极关注青年反映强烈的"痛点"问题，设计符合其需求的具体项目与活动，吸引青年参与社区治理。

（三）畅通渠道汇民意

共青团充分尊重青年在自身发展中的主体地位，建立高效的沟通和反馈渠道，引导青年依法有序地反映问题、表达诉求与提出意见建议；同时引导青年深入基层了解居民现实需求，聚焦社区治理难题，让他们在社会课堂中受教育、长才干、作贡献，培养青年关注社会现实、解决实际问题的能力。在"社区青春行动"中，共青团通过建立平等公开的诉求表达渠道，为青年利益表达提供空间，并给予足够的关注与迅速的回应；同时，组织青年走进社区，定期收集社情民意，明确社区治理着力点，积极为社区环境建设建言献策。

（四）培育骨干立榜样

先进典型是有形的正能量，可以发挥带动引领作用，有助于引导青年积极投身社区治理创新实践。共青团充分利用青年骨干这一资源，多方面加强对青年骨干的培养锻炼，选树青年典型，深入开展宣传教育，号召更多的年轻人向他们学习，充分发挥青年骨干人才在促进青年参与社区治理中的带头人效应及引带作用。在"社区青春行动"中，共青团通过完善青年骨干人才参与社区治理机制，进一步激发青年参与热情；构建先锋带动机制，引导青年在社区治理、志愿服务中争先锋、当闯将；深入社区发掘青年骨干人才，增强青年社群的内生动力；打造青年志愿者骨干队伍，把青年力量链接到社区治理、居民生活的各个层面，使青年成长为协助基层党组织建设和创新社区治理的新力量。

（五）明确功能建组织

共青团以组织嵌入打通青年参与社区治理"最后一公里"，将工作力量下沉到基层一线，创新基层组织形态，组织青年、整合资源、服务社区，有效推动青年融入社区治理现代化建设。发挥青年社会组织的桥梁纽带作用，使青年在共同的兴趣爱好中寻求认同和支持、在自助互助中获得自信和成长、在组织规范化建设和专业化发展中得到锻炼，这些都为青年参与社区治理奠定了坚实的基础。在"社区青春行动"中，依托益缘、业缘、学缘、趣缘等建设活动型青年社团，扩大青年群体的社交圈、生活圈；聚力构建青年自助互助组织，发掘青年自身价值，促进彼此之间的接纳及认同；稳固团属阵地，夯实青年参与社区治理根基；赋能青年社会组织，为青年参与社区治理提供组织化平台；完善青年志愿服务体系，提升青年融入社区治理的服务效能。

（六）强化保障设机制

青年参与社区治理是一个系统性工程，既需要广大青年的积极努力，也离不开政府和社会的推动。在"社区青春行动"中，共青团构建了部门协同机制、人员响应机制、社区联系机制等，为青年参与社区治理提供相应的机制保障；同时，建立青年参与社区治理的常态化激励机制，注重价值和利益的双重引导，及时给予正向反馈，激发更多青年的参与动力。例如，根据青年参与状况，通过购买服务提供资金支持、出台人才激励政策及志愿服务积分兑换、优秀治理成效展示等激励方式，进一步增强青年参与的获得感。此外，扩大社会宣传效应，营造良好的社会氛围，引导青年参与社区治理。

二　推动青年参与社区治理的行动逻辑

（一）构建基于青年需求的社区共同体，促进青年发展与社区治理的双向互动

青年存在于社会之中，社区是社会构成的基本单元，也是青年生活成长的重要场域。马克思指出："人的本质是人的真正的社会联系，所以人在积极实现自己本质的过程中创造、生产人的社会联系、社会本质。"① 社区作为城市基本的空间单元，是与人们关系较密切的共同体空间，也是青年参与城市社会治理的重要场域。"青年面临着健康、教育、技能、就业、创业、社交、婚恋、生育、住房、养老等非常广泛的生命阶段性任务，由此产生了非常多元的现实需求以及基于这种需求的某种特殊性群体利益，这种广泛强烈的需求与资源供给的有限性使得青年又往往处于某种'脆弱'的地位。"② 青年的相当一部分需求是在社区外较难得到满足的，只能在日常性社区共同体空间中得到满足。因此，组织动员青年回归社区，在社区建设中满足自身需求、获得积极发展是"社区青春行动"的重要任务。

与此同时，青年也是社区建设的生力军和突击队。当前我国城市发展进入新阶段，随着人们的政治生活和社会生活逐渐从传统"单位"中脱离出来，基层社区日益成为各类人群的落脚点、各种利益的交汇点、各种矛盾的集聚点，社区在基层治理中的重要地位和兜底作用日益凸显。青年以其独到的视角和开放的思维方式，凭借较强的对新技术的

---

① 《马克思恩格斯全集》（第四十二卷），人民出版社，1979，第24页。
② 《筑牢青年发展之基础——解读国家〈中长期青年发展规划（2016—2025年）〉》，ht-tp://theory.people.com.cn/n1/2017/0424/c40531-29230756.html，最后访问日期：2025年5月3日。

应用能力，可以用创新的思维解决基层治理问题，使社区治理更贴合实际情况，更好地满足社区居民多变且多样化的需求。当前，基层治理面临利益关系日益复杂、各种矛盾交织叠加、群众诉求更加多元化等新形势，青年在应对基层治理工作中出现的新情况、新问题时能够发挥积极的作用。然而，在互联网迅速发展的当下，青年活跃在各个网络社群中，形成社交圈子，可能对遥远的陌生朋友送出温暖和善意、对他乡之事表现出极大的关心，却对邻近社区的身边人、身边事缺乏足够的关注，表现为与其他社区成员的关系疏离。

借助"社区青春行动"，共青团从社区公共服务层面出发打造紧扣青年需求的社区共同体，为青年参与社区治理注入动力。一方面，为青年提供能满足其需求（涵盖生存性需求和发展性需求）的相关资源和服务，推动青年需求与社区公共服务的精准对接，找到彼此的利益联结点；另一方面，立足不同青年群体的优势资源，推动青年积极参与解决社区治理的"痛点"和"堵点"问题，促进青年需求的满足、优势的发挥。借助"社区青春行动"，共青团从社区社会关系层面出发构建情感认同的社区共同体，为青年参与社区治理提供情感支撑。美国社会学家特纳认为，情感是导致社会变革的重要力量：负性能量的激活越强烈，这种能量所释放出来的爆发力越强烈；反之，如果能够及时消解或者转换消极情感，则能带来一种愉悦的主观体验，进而激发自我积极性。① 随着时代的发展，社会人在一定程度上陷入"原子化"状态，邻里关系在一定程度上也呈现表面化和功利化特征。② 一方面，"社区青春行动"为青年参与社区治理提供能够获得积极情感体验的活动，提高青年参与意愿。在深度参与社区治理实践中，青年既能享受有助于自我需求满足的社区服务，又能提供有助于邻里需求满足的社区服务，在互帮互助中提升公共素养，增强参与社区治理的使命感与责任感。另一

---

① 参见任薇《以情感治理推进社区共同体建设的三条路径》，https://baijiahao.baidu.com/s?id=1790220609888719210&wfr=spider&for=pc，最后访问日期：2025 年 5 月 3 日。

② 任薇：《以情感治理推进社区共同体建设的三条路径》，https://baijiahao.baidu.com/s? id=1790220609888719210&wfr=spider&for=pc，最后访问日期：2025 年 5 月 3 日。

方面，"社区青春行动"致力于消解青年在应对社区事务、处理社会关系时产生的消极情感。共青团为青年提供多元化的意见表达渠道，构建协商议事平台、多元合作机制，有助于青年及时提出针对社区建设的建议或者反馈问题，同时获取支持性资源，促进问题的解决。在这个过程中，青年的消极情感得到精准识别、及时处理和有效回应，让青年切实体会到共青团的周到、贴心与尊重，产生实实在在的获得感、幸福感、安全感，从而提高其参与社区治理的积极性。

（二）构建互嵌式协同治理体系，打通青年参与社区治理的关键环节

当前，青年作为社区治理的重要参与主体，面临参与路径不清晰、参与结构不合理、参与系统碎片化等问题。"社区青春行动"作为推动青年参与社区治理的关键载体，面向多元系统打造结构互嵌的协同治理体系，致力于在不同类型社区建设中打通协同治理的关键环节。共青团在"社区青春行动"中积极探索推动青年参与社区治理的新模式，细化网格化管理服务，依托网格治理"微单元"，在信息互通、资源汇集、组织动员、行动落实等方面发挥重要作用，着力打造共建共治共享的社区治理新格局。

第一，推动协同治理方案的科学制订。根据不同类型社区的问题清单、需求清单、资源清单和发展策略，建立不同的协同治理组织体系，形成"社区青春行动"的不同样本和实施方案。共青团坚持以社区为本，以居民需求为导向，推动多元主体共同参与制订科学合理的社区治理方案。

第二，增强基层团组织工作力量。基层团组织的工作网络不完善、工作机制不健全是目前大多数社区存在的问题。因工作方面的暂时性需求得不到回应形成的路径短缺问题，以及各方沟通不顺形成的路径不畅问题等，社区治理无法有效吸引青年参与。[1] 针对上述问题，"社区青春行动"积极推动团属组织各方主体有机联动，以制度方式织密织牢

---

[1]　沈建良、王雁、王新云：《"抱团共治"青年参与社区治理的问题与对策》，《中国青年报》2023年11月16日，第5版。

基层团组织网络，增强基层力量。共青团积极搭建覆盖社区的组织架构，扩大社区覆盖范围；同时，探索企事业单位和基层社区的联合团建创新实践，推动共青团组织优势实现从"单位制团建"到"社区团建"的扩散效应。

第三，健全协同治理工作体系。当前，社区各组织对党建带团建工作没有达成有效共识，彼此的工作支持力度和配合力度不够，共建共治共享的整体功能难以有效发挥，社区党建带团建整体格局尚未完全形成，导致青年在参与社区治理时面临支持力度参差不齐的问题。[①] 针对上述现象，"社区青春行动"着力加强共青团与多方主体在社区治理层面的协同机制。基层团组织依托自身组织资源优势，构建与地方政府、社区等的协同治理机制，上下联结街道及辖区内相关职能部门，左右协调社区、物业、业委会、居民代表等社区利益相关者，完善社区治理的工作网络。

（三）以数字技术赋能协同治理体系，推动青年参与社区治理的机制优化

新时代青年拥有适应网络时代发展的技术能力，这为青年参与社区治理提供了强有力的技术支撑。通过数字化赋能建立综合性智能化平台，可以创新社区治理协同机制，打破政府部门之间和部门内部不同层级的组织边界以及"信息孤岛"，促进信息资源共享，实现政府内部决策协同、管理协同和服务协同，提升政府治理效率。[②] 同时，适应科技发展趋势和青年参与特点，充分利用新媒体等数字化平台，为青年提供便捷高效的参与渠道，丰富青年参与形式，提升青年参与效率，提高青年参与社区治理的积极性。共青团因势利导，积极引导青年将自身专业知识与数字化技术相结合，着力建立多维信息交流服务平台，以科技手

---

① 沈建良、王雁、王新云：《"抱团共治"青年参与社区治理的问题与对策》，《中国青年报》2023年11月16日，第5版。

② 于丽娜：《数字化赋能社会治理共同体建构》，https://www.sjz.gov.cn/aqzl/columns/0273d38f - 8889 - 4bc0 - 90dd - 1a38b896f451/202405/06/a5130081 - 61ad - 4a6b - b053 - e50325d44997.html，最后访问日期：2025年5月3日。

段促进青年在社区治理中与政府、社区、社会组织等有效沟通和互动，为正向情感聚合提供工具和手段。

"社区青春行动"是共青团积极推动青年为基层社区贡献力量的有益尝试，对于促进青年积极发展、构建青年友好型城市发展环境、优化基层治理体系、提升基层治理效能和创新水平等具有重要的意义。推动青年参与社区治理是一项系统工程，需要政府、学校、社区、企业和社会组织等多方面共同努力。共青团推动青年参与社区治理的行动策略包括：党建引领强思想、聚焦需求定方向、畅通渠道汇民意、培育骨干立榜样、明确功能建组织、强化保障设机制等，以此激发青年的参与热情，提升参与能力，优化参与环境和条件，为社区和谐稳定和发展注入新的活力与动力。从行动逻辑来看，共青团积极构建紧扣青年需求的社区共同体，促进青年发展与社区治理的双向互动；构建互嵌式协同治理体系，打通青年参与社区治理的关键环节；以数字技术赋能协同治理体系，推动青年参与社区治理机制的优化。当前，青年以更加自信的态度、更加主动的精神，适应社区、融入社区、贡献社区，展现高度的社会责任感，逐步成长为社区发展的关怀者、建设者、主导者。在新时代背景下，积极推动青年参与社区建设，有助于协调社区各方利益，促进社区成员之间的沟通对话，凝聚发展共识，为社区民主决策提供创新思维和多样化的问题解决策略，为创建开放和多元的社区环境贡献力量。通过与社区其他居民的交流和合作，青年成为社区不同群体之间沟通的桥梁纽带，在激发社区活力的同时，极大地增强了社区的凝聚力，为社区和谐稳定贡献力量。

第七章　新时代中国青年社会参与的新发展

第一节　青年社会参与的新需求

一　即时反馈与情感共振

即时反馈和情感共振需求正成为数字时代青年深度参与社会实践的核心驱动力。这一现象既反映了技术发展对青年互动模式的影响，也折射出青年对意义联结的深层渴望。即时反馈是指行为或操作发生后立即获得的响应或结果确认，其核心在于缩短"行动-反馈"的时间差，通过实时性激励来强化参与动机。[1] 情感共振是指在他人情感表现或造成他人情感变化的情景的刺激作用下，所引起的情感或情绪上相同或相似的反应倾向。[2] 青年在参与社会事务过程中，通过网络信息平台等数字化媒介上的即时反馈，迅速、直接地获得关于其行为、观点或贡献效果的回应、评价或结果呈现。这种反馈机制打破了传统社会参与中沟通不畅的信息壁垒，显著提升了青年社会参与的效能感，成为青年社会参与的重要驱动因素。同样，青年在参与社会事务的过程中，更加倾向于通

---

[1] 和晓、毛伟宾、陈嘉仪、于傲：《社会分享媒介与反馈类型对情绪性事件情绪强度变化的影响》，《中国临床心理学杂志》2023 年第 4 期；冯霞、冯文锋、冯成志：《反馈类型和反馈时间对动作技能获得的影响》，《心理科学》2018 年第 3 期。

[2] 肖志芬：《情感共鸣与符号消费：综艺节目中的符号建构研究——以〈乐队的夏天〉为例》，《新闻与写作》2019 年第 9 期。

过情感联结、共情表达和价值观共鸣，使个人行动或集体倡议超越简单的信息传递或任务完成，触动他人内心深处的情感认同，激发集体情感共振，形成更深层次的社会凝聚力与行动力。这种共振不仅是认知上的认同，还是情感上的联结，能显著提升青年社会参与的感染力、持久性和影响力。

即时反馈与情感共振往往发生交互作用，也就是说，即时反馈会强化情感共振，而情感共振也会增加即时反馈的深度和强度，二者形成合力会更大限度地激发青年的社会参与动力。"搭子"社交是当前青年社会参与中即时反馈与情感共振交互作用下的典型产物。"搭子"是指青年在互联网时代通过共同的兴趣爱好等因素临时组建的友谊共同体。相比于传统熟人社会的强关系，"搭子"社交具有高效社交、边界舒适、精准陪伴、速成默契的特点。这些特点能够让青年在短时间内获得社交反馈，产生情感共鸣，从而满足个人的压力释放和安全归属的需求。①"搭子"社交的特征主要体现为以下几个方面。

（一）共同兴趣支撑的精准情感陪伴

基于共同的兴趣爱好等因素组建的"搭子"社交能够让青年在同一趣缘群体中拥有共同的情感体验，在互相交流与帮助中将情绪反馈最大化，传递感同身受的情感。2023年中国青年报社对1335名青年进行的一项调查显示，72.6%的受访青年表示自己生活里有"搭子"，在找"搭子"的过程中，大家通常会考虑兴趣爱好（70.1%）、道德品质（60.8%）、节奏是否合拍（48.5%）、消费观念（46.5%）、性格魅力（43.7%）等。与此同时，该项调查也显示，49.3%的青年认为"搭子"社交可能会导致青年缺乏建立深度人际关系的意识与情感能力。②

① 黄越、李勇、叶明、吴亚婷：《"搭子"社交：当代青年体育参与的内涵特征、生成逻辑与发展面向》，《广州体育学院学报》2024年第3期；于语和、周欢：《青年"搭子型"浅社交的心理透视与现实审思——基于哈贝马斯的交往行为理论》，《理论导刊》2023年第10期。

② 王品芝：《年轻人社交新方式 72.6%的受访青年生活里有"搭子"》，https://s.cyol.com/articles/2023-06/01/content_5xGWYBuM.html，最后访问日期：2025年5月3日。

可见,"搭子"社交虽然短期内为青年社会参与搭建了情感联结纽带,但是缺乏深层次的情感基础,长期体验下易导致个体对短暂、浅层的情绪收获产生依赖,不利于建立长期稳定、深层次的情感关系及社会参与机制。①

(二) 强边界感下形成的舒适与默契

青年的社交边界不仅仅指相处过程中的身体空间边界,更注重个人的心理边界不被他人入侵,这是一种自我保护的防御机制。有受访青年说道:"我有一个打球'搭子',平常基本不怎么聊天,纯打球,这就只能算是'搭子'。如果在打球过程中我们相处愉快,也聊点其他的,慢慢就会从'搭子'向朋友的方向发展。'搭子'可以成为结交朋友的一个契机,但也不要对成为朋友抱太大的期望,只能随缘。"② 在"搭子"社交中,青年相互温暖,同时注重隐私、减少情感束缚,这成为彼此心照不宣的默契。③

(三) 临时高效促成弱关系社交

"搭子"社交多依托数字化网络平台形成,其关系结构具有临时性和低门槛性特征。当"搭子"行为结束,青年可以即刻解绑。"搭子"在不限制青年个体身心自由的同时,还能促进相互支持,满足彼此情感需求,形成弱关系状态下的轻社交,从而减轻青年的情感负担。④

在以"搭子"社交为代表的当代青年社会参与中,即时反馈与情感共振已构成相互强化、共同提升参与效能的关键机制。即时反馈能够强化青年的情感投入,为后续的社会参与提供持续激励;而参与过程中的情感认同能够提升反馈的敏感度,形成参与行为深化与情感能量升级的良性循环。此外,在数字化工具的辅助下,两者还可以形成线上即时

---

① 廉思:《"搭子社交":青年社交模式的新表征》,《人民论坛》2024 年第 9 期。
② 王品芝:《年轻人社交新方式 72.6% 的受访青年生活里有"搭子"》,https://s.cyol.com/articles/2023-06/01/content_5xGWYBuM.html,最后访问日期:2025 年 5 月 3 日。
③ 王昕迪、胡鹏辉:《搭子社交:当代社会青年新型社交趋势与形成逻辑》,《中国青年研究》2023 年第 8 期。
④ 刘哲:《当代青年群体社交新样态》,《人民论坛》2024 年第 13 期。

反馈与线下情感浸润的循环，使青年社会参与形成自我强化的生态系统，共同构成青年融入公共生活的核心动力。

二　行动聚合与专业赋能

基于当前青年社会参与的发展趋势与实践，青年正通过行动聚合与专业赋能的深度融合，在基层治理、志愿服务、乡村振兴等领域发挥独特作用。行动聚合可以将分散的个体力量、想法和资源，通过有效的组织、协调和引导，汇聚成目标一致、步调协同的集体行动，缓解青年社会参与中常见的"碎片化"现象，如个体热情高涨但行动分散、资源重复浪费、影响力有限等，从而实现"1+1>2"的社会效果。将碎片化的个体行动和资源聚合起来，离不开对参与主体的专业赋能。专业赋能是通过系统性培养和实践平台搭建，将青年的专业知识、技能与实际问题解决相结合，提升其参与社会行动的能力与效能的过程。其核心在于弥合学校教育与社会实践之间的鸿沟，构建"知识-能力-价值"的转化链条。在青年行动聚合中，专业赋能聚焦将青年的学科知识、技术能力转化为集体行动，实现个人成长与社会价值的双向赋能。

当前，我国青年的社会参与意识不断增强，但参与能力缺乏建设和发展，面临高参与意愿和低参与水平的现实处境。[①] 因此，需要通过专业赋能提高青年在社会参与中的行动聚合水平。具体来说，可以从主体性赋能和工具性赋能两方面着手。

（一）通过主体性赋能增强青年的社会参与意愿

激发青年社会参与的主体性，既要因地制宜地构建良性循环机制，挖掘并满足青年的发展需求和价值需求，提升青年社会参与中的主观效能感，也要营造双向认同的社会参与氛围，促使青年对自身社会参与行动的主观认可，以及获得同辈群体的尊重和响应。

（二）通过工具性赋能提升青年的社会参与水平

随着数智技术的迅猛发展，青年需要不断提升数字素养，学习和运

---

① 黄永亮：《中国"90后"青年的社会参与研究》，《青年研究》2021年第4期。

用人工智能技术等数字技术来帮助个人或组织更有效地实现社会参与，提升数字化参与能力。[①]

总的来说，青年社会参与中的行动聚合与专业赋能，本质上是组织创新与能力革命的辩证统一。行动聚合通过思想引导、组织协调、资源整合构建集体行动网络，为专业价值释放提供基础载体；专业赋能则通过知识传递、技术革新、实战演练提升青年社会参与水平，确保行动聚合可持续发展。二者相互依存、动态演进，共同推动青年社会参与从自发走向自觉、从经验型转向专业化。

三 价值整合与全球化视野

在全球化背景下，青年社会参与的价值整合应兼顾本土关怀与国际视野，通过本土深耕与全球参与的双向实践，实现个人价值与社会发展的有机统一。价值观可以通过人们的行为及对事物的态度、评价反映出来，支配和调节人们的价值行为。[②] 当今青年深度嵌入全球化的信息传播和社会变迁的进程之中，价值取向、思维方式、行为方式、利益诉求等诸多方面发生了深刻的变化。全球化背景下的青年发展和青年社会参与正在打破"个人—社会—全球"的边界，通过"全球议题本地化，个人能力公共化"实现价值整合。[③] 因此，要鼓励和支持青年以负责任和创新的方式深度参与社会实践，在兼顾本土关怀与国际视野的条件下整合多元价值，推进社会发展和全球治理，促进文明交流进步，构建个人成长、社会进步与文化创新的强大引擎。具体体现为以下四个方面。

（一）个人发展与价值赋能

在个人层面，青年社会参与的需求包括技能与能力提升、身份认同

---

① 方俊、蒋艳：《技术赋权与人工智能时代的青年政治参与》，《中国青年社会科学》2020年第6期。

② 闫顺利、孙帅：《价值多元化的危机及其出路》，《苏州科技学院学报》（社会科学版）2008年第2期。

③ 王秋文：《全球化背景下的青年发展与青年参与——"第十届中俄经济社会发展比较论坛"》，《国外理论动态》2012年第12期。

与价值观塑造、职业探索与网络构建等多方面。青年注重通过参与国家经济社会议题和全球性议题，提升领导力、沟通协作能力、项目管理能力，培养批判性思维。在多元文化碰撞以及本土性和全球性议题探讨中，青年的社会责任感得到进一步强化、价值观得到进一步塑造，身份认同感得到提升；立足多元化的社会参与平台（如青年社会组织、国际组织、线上社群），寻找就业和发展机会。例如，近年来"青年夜校"成为备受青睐的社会参与平台之一，[①] 涵盖经济适用型、自我增值型、社交导向型和探索体验型等多种类型，可以从不同角度满足青年的多样化发展需求。[②]

（二）社会凝聚与价值创新

在社会层面，青年社会参与的需求包括推动社会问题解决、促进社会包容性发展与增强凝聚力、培育创新创业精神。青年是解决具体社会问题（如教育资源不均衡、基层社区矛盾、生态环境问题）的生力军；同时，青年也是新兴议题（如数字权利、心理健康）的积极推动者，善于运用社交媒体和新技术推动政策变革。青年社会参与项目可以跨越性别、阶层、年龄、地域界限，促进不同背景人群的对话、理解与合作，从而为青年弱势群体提供发声和参与平台，推动构建更加包容的社会。

（三）全球治理与公民价值

在全球层面，青年社会参与的需求包括促进全球公民意识的形成、影响全球议程与多边进程、搭建跨文化沟通交流桥梁。青年社会参与是培养全球公民的核心途径，青年理解自身行为与全球问题之间的联系（如消费选择与碳排放），并积极承担全球责任。青年通过参与国际会议、在线倡导等方式，向决策者表达诉求，影响国际规则和政策的制

---

① 顾意亮、鲍蔓华、奚冬琪：《夜校为何成为年轻人的"新宠"？》，https://www.rmzxw.com.cn/c/2023-11-27/3449906.shtml，最后访问日期：2025 年 5 月 3 日。

② 徐泽清、王依杉：《青年夜校参与行为与日常生活的重塑》，《中国青年研究》2024 年第 11 期。

定。青年组织在全球治理中扮演着重要的监督者、倡导者和合作伙伴角色。此外，跨国青年交流、联合项目、线上协作是打破文化区隔、增进不同国家和民族间理解与信任的有效方式。

（四）文化传承与价值融合

在文化层面，基于现代多元文化的价值观，青年既要通过社区文化项目参与、传统技艺学习、本土语言保护等行动，成为传承和发扬本土文化的重要主体，又要从跨文化交流与创新融合的视角出发，吸收不同文化元素，在艺术、音乐、设计等领域进行融合创新，创造出具有鲜明特色的新文化形态。青年是文化传播的使者，不仅可以将本土文化推向世界舞台，还可以通过国际交流学习关于和平、发展等思想、理念与文化，增进彼此之间的理解与信任，为全球和平事业注入新的活力。当前，青年社会参与正在催生一种共生文明：本土性与全球性相互映照、个体成长与社会进步同频共振。

第二节　青年社会参与的新特点

在信息化浪潮奔涌与全球化纵深发展的时代背景下，当代青年的社会参与正呈现价值多元、组织灵活、技术驱动的新特点。青年不再被单一的价值理念统摄，其参与社会事务的动机和目标更加丰富多样。青年倾向于围绕特定兴趣、议题或身份认同，在虚拟与现实交织的空间中形成高度细分的"圈层化"社群组织。数字技术已深度融入并重塑了参与的路径、方式和效能，成为驱动青年行动的核心引擎，而各类数字化工具的广泛普及，显著降低了社会参与的门槛，赋予青年前所未有的表达与行动能力。上述特征相互交织、彼此强化，共同塑造了当下青年社会参与的独特样态与运行逻辑。

一　价值取向多元化

我国正处于社会转型的关键时期，价值领域、思想领域和文化领域呈现多元化趋势，各类青年亚文化日趋流行，对青年社会参与产生了深刻影响。当代青年社会参与已突破传统单一的价值框架，形成了多维复合的价值取向。在全球化、数字化与中国经济社会高质量发展的时代背景下，青年通过丰富多样的参与形式，展现出自我价值实现与社会责任并重、工具理性与价值理性交织、传统价值与时代精神交融的复合型价值取向。具体体现为以下几个方面。

（一）自我成长与社会责任

青年通过参与社会实践培养综合能力，积累社会经验，提升个人竞争力；通过参与符合个人兴趣爱好的活动，发掘自身潜能，追求精神满足和个性化发展；通过探索职业方向、获取职业信息、积累行业经验，促进职业生涯发展。与此同时，青年在社会参与中践行"融入社会、服务社会"的价值追求。例如，践行公益精神与利他主义，积极参与志愿服务、慈善捐助、社区服务等；践行公民责任，积极投身公共事务（如环保、教育、公共卫生、社区治理），通过参与公共讨论、投票、监督、倡导政策等方式行使社会成员的权利并履行义务，推动社会进步；践行社会公平正义，积极参与反歧视、倡导平权、关注边缘群体权益的活动，致力于推动社会公平公正。

（二）集体认同与归属感

青年通过参与特定群体的社会活动寻求身份认同和情感联结，获得社群归属感和支持感；通过保护弘扬中华优秀传统文化，增强文化认同感和自豪感；积极参与关乎国家荣誉、民族发展的重大事件并贡献力量，激发爱国热情，汇聚民族力量，增强国家认同，厚植民族情怀。

（三）时代特征与新兴价值

青年紧跟时代潮流，倡导可持续发展，对气候变化、环境保护高度关注，参与环保组织、倡导绿色生活、支持可持续消费和生产模式成为青年的重要价值取向。青年践行科技向善，不断提升数字素养，积极拥抱新技术，关注科技应用的伦理问题（如数据隐私、算法公平），并推动数字技术在社会治理中的良性发展。

当代青年社会参与的多元化价值取向，既是青年主体性觉醒的结果，也是时代发展与社会变革的产物。在自我实现层面，青年通过技能提升与职业发展拓展个人能力边界，同时将这些能力转化为社区服务资源；在社会责任层面，青年将家国情怀具象化为支教支边、社区治理、法治建设等务实行动；在文化认同层面，青年创造性地传承中华优秀传统文化，构建基于价值共鸣的亚文化社群；在技术赋能层面，青年将数字能力转化为创新社会治理的资本，重塑参与范式。

二 社群组织圈层化

青年社群组织在数字化时代呈现显著的圈层化特征，表现为青年基于兴趣、价值观等要素聚合形成封闭或半封闭的社交圈层。这深刻影响了青年的社会参与模式。圈层化是指，在网络空间中由于信息获取定制化、个人社交圈子化、交互关系层级化等原因形成的在特定圈层中进行社交活动与信息交互的现象。[1] 青年社群组织圈层化的形成原因包括：大数据和算法技术为青年精准推荐链接兴趣圈，导致"信息茧房"的强化；青年一代因现实社交匮乏和代际疏离而有增强网络社会归属感的需求；在社会变迁带来的原子化生存状态中，青年具有再组织和重构社交网络的需求。青年社会参与中的圈层化现象具有以下主要特征。[2]

（一）多元参与空间下的自主选择

网络圈层文化划分精细、呈现形式多元、文化创作自由，符合青年的成长特点。青年可以自主选择加入或组建何种圈层，并根据个人需求自主决定圈内的参与度和活跃度，满足个性识别、情感诉求等需求。例如，网络直播领域吸纳了众多青年参与，触达多元文化圈层，成为优质

---

[1] 陈志勇：《"圈层化"困境：高校网络思想政治教育的新挑战》，《思想教育研究》2016年第5期。

[2] 张燕：《青年网络圈层文化发展的心理成因及引导对策》，《江西电力职业技术学院学报》2024年第2期；蒋明敏、吴爽：《网络圈层视域下青年价值选择的困顿与纾解》，《学校党建与思想教育》2023年第12期。

内容的重要展示平台，为青年社会参与提供了丰富多样的圈层选择。①

（二）信息高度同质化下的参与范围窄化

圈层内部信息高度同质化，导致青年关注领域集中于特定兴趣（如二次元、电竞），削弱了社会参与的广度和对社会多元化需求的响应。同时，圈层特有的符号体系（如动漫圈"黑话"）也易产生沟通屏障，跨圈层协作时因表达差异而产生误解。在"圈层壁垒"和"信息茧房"效应之下，青年社会参与的范围可能较为狭窄。"如今的年轻人和其他人群的一个显著区别在于，交流和表达越来越小众化，'圈里圈外'常常无法真正相互理解。只追捧自己圈层的热点。"② 多个青年大 V 表示，自己更信奉"话不投机半句多"，在自己认同的群体中交流更舒适。③

（三）具有动态的稳定性

基于趣缘、相同目标形成的社交圈层具有一定的稳定性，但稳定程度取决于圈层成员之间关系的稳定性，因此社交圈层在青年的退出和新加入的过程中呈现动态的稳定性。一项基于 15 名青年主播与 15 名青年粉丝的调查中，受访者表示："网络直播中粉丝来去自由，主播的态度则是来了欢迎，走了不挽留。"④ 主播会通过合理分配情感在新老粉丝之间周旋，不因偏爱而"掉粉"，同时尽可能增加粉丝数量；粉丝也可能在多个直播间来回逗留穿梭，既在一定程度上靠近，也保持相对的距

---

① 王四新、韩希佳：《网络直播良性有序发展赋能文化繁荣》，https://news.bjd.com.cn/2024/08/05/10857400.shtml，最后访问日期：2025 年 5 月 3 日。

② 乌梦达、周琳、袁汝婷、颜之宏、骆飞：《半月谈聚焦青年"圈层化"：从网上的狂欢到现实的孤单》，https://www.thepaper.cn/newsDetail_forward_3620607，最后访问日期：2025 年 5 月 3 日。

③ 乌梦达、周琳、袁汝婷、颜之宏、骆飞：《半月谈聚焦青年"圈层化"：从网上的狂欢到现实的孤单》，https://www.thepaper.cn/newsDetail_forward_3620607，最后访问日期：2025 年 5 月 3 日。

④ 董金权、罗鑫宇：《"情感"视角下的网络直播——基于 30 名青年主播和粉丝的深度访谈》，《中国青年研究》2021 年第 2 期。

离，从而在动态状态下形成相对稳定性和个体的可变性。①

（四）虚拟与现实社交相统一

虚拟的网络社交圈是对现实青年社交圈的延伸，扩大了青年的社会参与范围；同时，虚拟的网络社交圈也能够反作用于现实社交圈，影响现实生活中"圈层"的人们。例如，青年直播社群可以通过频繁的虚拟互动，推动虚拟情感关系现实化；部分主播在与粉丝的长时间互动下，发展为现实世界中的朋友。再如，有主播说道，"线上线下都有交流，很多同城的都成为现实中的好朋友""在平时线下，为了维系感情，我们也会一起打游戏"。②

青年社群组织圈层化是技术赋能、心理需求与社会转型共同作用的产物，其核心在于青年对认同感与话语权的重构。在尊重圈层自主性的基础上，推动圈层从"文化孤岛"转向"价值共同体"，实现"各美其美，美美与共"的青年圈层新生态，是进一步推动青年社会参与的大势所趋。

三　数字技术深层驱动

数字技术正深刻重构青年社会参与的形态与路径，通过降低门槛、创新场景、强化效能，将青年社会参与推向无界化、轻量化、精准化的新阶段。数字技术不是简单地指涉某种数字技术化的工具，而是以大数据为基础，包括互联网、云计算、区块链、人工智能等综合作用的技术体系。当前，青年正积极运用各类数字技术拓展社会参与的深度与广度，在心理健康、助老服务、职业教育、文化保护、社区发展等领域进行多元化的创新实践。数字技术驱动下的青年社会参与具有以下几个主要特征。

---

① 董金权、罗鑫宇：《"情感"视角下的网络直播——基于30名青年主播和粉丝的深度访谈》，《中国青年研究》2021年第2期。
② 董金权、罗鑫宇：《"情感"视角下的网络直播——基于30名青年主播和粉丝的深度访谈》，《中国青年研究》2021年第2期。

（一）精准化需求识别

数字技术可以精准识别青年的多方面需求，提供个性化服务，提升青年社会参与的体验感与满意度。在数字时代，通过数字基建、物联网、大数据、云计算等技术深度挖掘青年参与的需求，提升对数字资源的整合能力，精准回应、按需供应已经成为提升青年参与度的重中之重。[①] 中国移动研究院在 2022 年发布的《中国青年数字发展报告》显示，2022 年，青年群体的互联网普及率已经达到 95.3%，青年日均在网时长达到 5.8 小时，深度的网络使用与广泛的网络涉猎让青年"粘"在了互联网上，互联网的传递性、自由性、共享性、开放性、隐私性等特征能够满足青年对自由、幻想等的追求。[②]

（二）低门槛操作

数字技术发展为青年社会参与提供了更多的低门槛工具，操作简便，使用成本低，使青年更易获取快速融入的渠道或平台。数字技术能够通过智能化硬件使用减少青年社会参与的烦琐环节，同时可以在数字化平台内置数字化反馈窗口，缩短流程、提升体验感，极大地降低了参与的复杂性。中国移动研究院在 2022 年发布的《中国青年数字发展报告》显示，青年在各类 App 提供的数字生活场景中渗透率极高。例如，2022 年青年的人均使用 App 个数达到 62 个；青年在社交互动类 App 的渗透率高达 97.0%，在文娱休闲类 App 的渗透率高达 93.9%，在交通出行类 App 的渗透率高达 91.6%，在网络购物类 App 的渗透率达89.5%。[③] 较高的 App 渗透率与其低门槛操作密切相关，为青年社会参与提供了成本控制、技能适配、效率提升的优化路径。

[①] 李军、段娟娟、严家高、董蕾、邵雪梅：《数字技术驱动公众参与全民健身公共服务治理：逻辑指向与纾困理路》，《武汉体育学院学报》2025 年第 4 期。

[②] 《中国青年数字发展报告》，https://13115299.s21i.faiusr.com/61/1/ABUIABA9GAAg-7b QowYosdvZqAQ.pdf，最后访问日期：2025 年 5 月 3 日。

[③] 《中国青年数字发展报告》，https://13115299.s21i.faiusr.com/61/1/ABUIABA9GAAg-7b QowYosdvZqAQ.pdf，最后访问日期：2025 年 5 月 3 日。

（三） 较强的互动性

随着数字平台的广泛普及和应用，平台化参与赋予青年扁平化的互动渠道和社会网络，增强了青年的互动性，在很大程度上凝聚了共识，提升了参与的组织化程度和集体效能感。随着线上社交日益成为青年表达自我的途径，价值认同需求也不断增加，青年通过与相同兴趣爱好的群体交流，提升自身的社会认同感。数字技术改变了青年社会参与的形式，从深层次重构青年的社会参与逻辑、能力边界与价值网络，为青年参与公共事务提供全新可能。

主要参考文献

中文专著

蔡定剑：《公众参与：欧洲的制度和经验》，法律出版社，2009。

董小苹：《全球化与青年参与》，上海社会科学院出版社，2004。

顾佳峰：《时空社会科学：理论与方法》，经济日报出版社，2024。

关玲永：《我国城市治理中公民参与研究》，吉林大学出版社，2009。

景天魁：《社会发展的时空结构》，黑龙江人民出版社，2002。

景天魁：《时空社会学》，北京师范大学出版社，2012。

景天魁、张志敏：《时空社会学：拓展和创新》，北京师范大学出版社，2017。

刘珊：《中国青年社会参与研究》，华中科技大学出版社，2022。

涂锋：《不同政治面貌村民的村民自治与农村社区建设参与比较》，社会科学文献出版社，2014。

约翰·克莱顿·托马斯：《公共决策中的公民参与：公共管理者的新技能和新策略》，孙柏瑛译，中国人民大学出版社，2005。

赵联飞：《网络参与的代际差异——70后、80后、90后群体的比较》，社会科学文献出版社，2020。

郑长忠：《关系空间再造的政治逻辑：中国共青团组织形态创新研究》，天津人民出版社，2020。

中央编译局比较政治与经济研究中心、北京大学中国政府创新研究中心：《公共参与手册——参与改变命运》，社会科学文献出版社，2009。

中文期刊/集刊

ChoiChung-OK、吴小英：《走向 21 世纪的韩国青年政策》，《青年研究》 1999 年第 12 期。

操小晋、朱喜钢、邓元媛、余思奇：《生命历程理论视角下青年群体的 县域城镇化与地方认同——基于 Y 县的个案研究》，《城市发展研 究》2021 年第 12 期。

常进锋、章洵：《互联网使用对城市青年社会参与的影响研究——基于 CSS 2021 数据的实证分析》，《青年发展论坛》2024 年第 3 期。

陈丹引、闵学勤：《线上社区参与的邻里效应——基于社区微信群的实 证分析》，《社会发展研究》2021 年第 3 期。

陈庆梅、邓希泉、王语嫣：《青年政治参与何以可能与如何提升？—— 以"青年议会"研究为基础》，《中国青年研究》2020 年第 1 期。

陈树强：《增权：社会工作理论与实践的新视角》，《社会学研究》2003 年第 5 期。

陈涛、刘伊琳、梁哲浩、陈思：《城乡社区治理中的居民在线参与行为 研究——基于公民自愿主义和社区情感承诺的视角》，《中国行政 管理》2021 年第 12 期。

陈玉萍：《中外青年就业援助政策措施研究》，《湖北社会科学》2013 年第 10 期。

陈志勇：《"圈层化"困境：高校网络思想政治教育的新挑战》，《思想 教育研究》2016 年第 5 期。

谌鸿燕：《大学生志愿者参与社区治理的文化动员机制》，《当代青年研 究》2022 年第 1 期。

成刚、卢嘉琪、陈郑：《家庭资本对中学生体质健康的影响研究》，《教 育科学研究》2020 年第 11 期。

邓凤、向征：《基层社区居民进行社区参与的调查研究——以绵阳市 A 社区为例》，《社会科学前沿》2021 年第 6 期。

邓蕾：《社区治理中青年的认知、行动及影响因素——基于上海的调查》，《中国青年社会科学》2015 年第 5 期。

邓希泉：《青年法定年龄的国际比较研究》，《中国青年研究》2018 年第 2 期。

邓智平、郑黄烨：《流动青年的社会参与及影响因素研究》，《中国青年社会科学》2023 年第 4 期。

丁瑜：《妇女何以成为社群主体——以 G 市 L 村妇女自组织营造经验为例》，《妇女研究论丛》2019 年第 4 期。

丁元竹：《新时代我国社会工作的新担当与新作为》，《人民论坛》2025 年第 10 期。

董金权、罗鑫宇：《"情感"视角下的网络直播——基于 30 名青年主播和粉丝的深度访谈》，《中国青年研究》2021 年第 2 期。

董小苹：《1992—2012：中国青少年的社会参与》，《青年研究》2013 年第 6 期。

杜怡：《居民认知对参与行为的影响研究——基于 CGSS 2015 数据的实证分析》，《应用数学进展》2022 年第 3 期。

杜元可：《城市新就业青年住房问题研究》，《住宅与房地产》2021 年第 36 期。

段萌萌：《社会网络，社会规范对城市居民社区参与的实证分析》，《应用数学进展》2022 年第 4 期。

方俊、蒋艳：《技术赋权与人工智能时代的青年政治参与》，《中国青年社会科学》2020 年第 6 期。

方玲玲、张云霞：《城镇居民参与社区教育意愿影响因素分析——基于 Logistic 回归模型》，《教育学术月刊》2020 年第 4 期。

方楠：《互联网时代的"新差序格局"——微信圈层场域中社交结构与关系格局的变迁与重组》，《河北科技大学学报》（社会科学版）2020 年第 1 期。

冯旺舟、戴芸芸：《新时代高校志愿服务融入社区治理的困境与重塑——基于大数据的视角》，《中国青年社会科学》2021 年第 3 期。

冯霞、冯文锋、冯成志：《反馈类型和反馈时间对动作技能获得的影响》，

《心理科学》2018 年第 3 期。

高文珺：《"参与-认同"：青年日常网络文化实践的特征与发展》，《浙
　　江工商大学学报》2025 年第 3 期。

郭帅梁：《认知行为理论下青年志愿服务影响因素研究》，《社会科学前
　　沿》2023 年第 10 期。

郭庭楠：《生活垃圾分类处置的社会参与机制研究——基于社会学视角
　　的分析》，《党政干部学刊》2017 年第 8 期。

韩一玮、倪慧、张雨晴：《城市第一代独生子女赡养父母压力研究——
　　以南京市栖霞区为例》，《劳动保障世界》2020 年第 21 期。

何雪松：《社会理论的空间转向》，《社会》2006 年第 2 期。

和晓、毛伟宾、陈嘉仪、于傲：《社会分享媒介与反馈类型对情绪性事
　　件情绪强度变化的影响》，《中国临床心理学杂志》2023 年第 4 期。

贺军科：《如何做好新时代青年工作》，《求是》2020 年第 10 期。

侯且岸：《李大钊的建党思考与实践》，《马克思主义与现实》2021 年
　　第 3 期。

胡献忠：《同频共振：中国式现代化与新时代青年现代人格塑造》，《中
　　国共青团》2024 年第 12 期。

胡湘明、王莹：《新型农村社区建设对青年参与的吸聚效应研究——以
　　河南省新型农村社区为例》，《山西青年管理干部学院学报》2013
　　年第 2 期。

华莉莉、张恽：《青年工作联席会议机制的构建——以上海实践为例》，
　　《中国青年研究》2017 年第 9 期。

黄建宏：《居民视角下社区治理共同体形成的路径与单元选择》，《岭南
　　学刊》2020 年第 6 期。

黄荣贵、桂勇：《集体性社会资本对社区参与的影响——基于多层次数
　　据的分析》，《社会》2011 年第 6 期。

黄肖静：《青少年增权研究述评》，《中国青年政治学院学报》2007 年
　　第 3 期。

黄小军：《社区文化建设中居民幸福感影响因素实证研究》，《福建论

坛》（人文社会科学版）2014 年第 10 期。

黄永亮：《中国 "90 后" 青年的社会参与研究》，《青年研究》2021 年第 4 期。

黄越、李勇、叶明、吴亚婷：《 "搭子" 社交：当代青年体育参与的内涵特征、生成逻辑与发展面向》，《广州体育学院学报》2024 年第 3 期。

蒋建国：《网络族群：自我认同、身份区隔与亚文化传播》，《南京社会科学》2013 年第 2 期。

蒋明敏、吴爽：《网络圈层视域下青年价值选择的困顿与纾解》，《学校党建与思想教育》2023 年第 12 期。

金铭钰、田超琼、和雅琴：《职业院校青年有序参与基层社会治理的实践与探索》，《产业与科技论坛》2023 年第 7 期。

金一虹：《嵌入村庄政治的性别——农村社会转型中妇女公共参与个案研究》，《妇女研究论丛》2019 年第 4 期。

景瑞祥、汪娜、侯现慧：《农户赡养负担、消费结构升级与内部消费结构差距——来自中国家庭追踪调查的证据》，《农业技术经济》2024 年第 7 期。

景天魁：《时空社会学：一门前景无限的新兴学科》，《人文杂志》2013 年第 7 期。

景天魁：《时空社会学在中国的兴起》，《西北师大学报》（社会科学版）2018 年第 2 期。

李春玲：《我国青年价值观变迁研究的多重理论视角》，《青年探索》2020 年第 6 期。

李春玲：《青年群体就业心态演变新趋势》，《人民论坛》2022 年第 8 期。

李春梅、师晓娟：《青年社会参与政策的现状及效果评价研究》，《中国青年研究》2018 年第 7 期。

李春敏：《列斐伏尔的空间生产理论探析》，《人文杂志》2011 年第 1 期。

李春雨：《俄罗斯青年政策的理论与实践》，《当代青年研究》2016 年第 4 期。

李凤舞：《赋权增能理论视域下居民参与社区治理的路径探析——以 L 社区治理实践为例》，《信阳师范学院学报》（哲学社会科学版）2023 年第 4 期。

李军、段娟娟、严家高、董蕾、邵雪梅：《数字技术驱动公众参与全民健身公共服务治理：逻辑指向与纾困理路》，《武汉体育学院学报》2025 年第 4 期。

李龙飞：《社交媒体叙事网络对乡村居民社区融入的影响机制研究》，《新闻大学》2024 年第 12 期。

李梅：《中国 70 年社会变迁与结构转型》，《探索与争鸣》2019 年第 6 期。

李娜：《社会治理视阈下农村青年社会心态的培育路径探究》，《新疆开放大学学报》2024 年第 1 期。

李强：《改革开放 30 年来中国社会分层结构的变迁》，《北京社会科学》2008 年第 5 期。

李强、王昊：《中国社会分层结构的四个世界》，《社会科学战线》2014 年第 9 期。

李欣蓓、张艳华：《20 年来我国"当代青年"主题研究热点与路径——基于 CSSCI 来源期刊的可视化图谱分析》，《中国青年社会科学》2020 年第 4 期。

李亚宁、刘青：《发展性社会工作理论视角下农村留守妇女参与社区治理的实践路径》，《农村经济与科技》2024 年第 10 期。

李彦鑫：《职业院校学生有序参与基层社会治理的必要性及实施路径研究》，《佳木斯大学社会科学学报》2024 年第 6 期。

李永庆、吴猛：《新型城镇化背景下农村社区居民参与的困境及其解构》，《齐齐哈尔大学学报》（哲学社会科学版）2020 年第 6 期。

李中建、袁璐璐：《体制内就业的职业代际流动：家庭背景与学历》，《南方经济》2019 年第 9 期。

栗潇远：《社会关系网络对志愿性社区参与意愿的影响效应——基于 2519 位城区常住居民调查数据的分析》，《城市问题》2021 年第

11 期。

廉思:《"搭子社交":青年社交模式的新表征》,《人民论坛》2024 年第 9 期。

林明惠:《中国共产党领导百年青年运动的光辉历程》,《思想政治工作研究》2022 年第 5 期。

刘兵:《农村留守青年社区政治参与的性别差异研究——基于 CGSS 2010 年调查数据》,《山西农业大学学报》(社会科学版)2015 年第 1 期。

刘飞彤:《不同类型社会组织参与情况对居民社区参与的影响——基于"中国劳动力动态调查"2018 年调查数据的实证研究》,《应用数学进展》2022 年第 4 期。

刘凤义、计佳成、刘子嘉:《高质量就业的政治经济学分析》,《经济纵横》2024 年第 6 期。

刘富珍、何南南:《建团百年视角下的青年社会参与——以青岛地区为例》,《青少年学刊》2022 年第 2 期。

刘桂茹:《从审美共享到价值共创:数字媒介场域青年的国潮消费与认同表达》,《理论月刊》2025 年第 5 期。

刘浩:《县域青年、精英再生产与乡村人才振兴》,《中国青年研究》2021 年第 12 期。

刘宏森:《改革和发展进程中的青年参与》,《青年探索》2018 年第 1 期。

刘静:《嵌入与建构:青年社会组织参与社区治理的行动逻辑》,《社会与公益》2024 年第 12 期。

刘丽娟、张大维、马致远:《组织赋能与关系统合:党建何以引领业委会有效治理?》,《社会政策研究》2023 年第 2 期。

刘温馨:《青年参与基层治理的效能提升研究》,《青少年研究与实践》2024 年第 2 期。

刘晓静:《青少年参与社区治理的路径与主体性再造》,《中国青年研究》2019 年第 4 期。

刘玉飞、汪伟、常晓坤:《人情支出、同群攀比与居民家庭消费结构升级——来自 CFPS 数据的证据》,《学术研究》2020 年第 6 期。

刘哲:《当代青年群体社交新样态》,《人民论坛》2024 年第 13 期。

龙斧、段玲童:《家庭消费如何塑造社会阶层认知——基于 CSS 2015—2021 的实证研究》,《山西财经大学学报》2025 年第 3 期。

陆杰华、刘畅:《区域性别文化影响视角下的性别收入不平等研究——基于 2018 年劳动力动态调查数据的验证》,《西北人口》2023 年第 4 期。

陆杰华、孙杨:《全生命周期视角下青年发展:理论、议题及其改革路径》,《青年探索》2024 年第 5 期。

陆士桢:《当代中国青年网络政治参与的深度研究》,《青年探索》2014 年第 6 期。

陆士桢、潘晴:《当代中国青年网络政治参与基本状况研究报告——全国范围内的基础调查》,《中国青年社会科学》2015 年第 1 期。

陆玉林、张羽:《我国城市弱势青少年群体增权问题探析》,《中国青年政治学院学报》2007 年第 3 期。

鹿锦秋:《城市女性居民社区参与主体性的影响因素——基于山东省城市社区调研数据的实证分析》,《山东理工大学学报》(社会科学版)2023 年第 2 期。

罗大蒙:《共享、互动与情感生产:城市社区邻里共同体的建构逻辑》,《理论月刊》2023 年第 11 期。

罗俊艳:《高校学生社团对个人发展影响的研究——基于广东省某高校的调查》,《中国电力教育》2012 年第 23 期。

罗晓晖:《刍议文化活动中的老年人组织化参与》,《老龄科学研究》2021 年第 6 期。

马烈:《关于"党团矛盾""党团合并"的历史考察(上)》,《江苏第二师范学院学报》2003 年第 6 期。

马玉娜:《国外青年发展的法律政策及其启示》,《中国青年社会科学》2018 年第 2 期。

马玉娜、顾佳峰:《县际公共养老福利资源配置研究——兼论空间与制度结构的影响》，《社会学研究》2015 年第 3 期。

马玉娜、顾佳峰：《"空间–制度"互动与公共福利资源配置：以机构养老为例》，《北京大学学报》（哲学社会科学版）2018 年第 1 期。

蒙可斌：《新时代青少年体质健康促进路径研究》，《当代体育科技》2018 年第 27 期。

孟利艳：《对政治越有疏离感越不参与政治吗——青年的政治态度偏好与线上、线下生活政治行为选择》，《中国青年研究》2020 年第 2 期。

聂晨：《从"三明治一代"到"中坚青年"：多重责任下角色冲突与角色增益的比较讨论》，《中国青年研究》2021 年第 11 期。

牛奔：《新时代青年政治引领的价值、挑战和策略》，《北京青年研究》2021 年第 2 期。

潘孝富、何立冬、陈澔文、曹坚、王芸：《社区认同与社区参与：社区心理所有权的中介作用与邻里关系的调节作用》，《社区心理学研究》2022 年第 2 期。

潘远杭、王嘉瑶、张慧芳、林诚彦：《城镇居民社区参与对生活满意度的影响》，《合作经济与科技》2022 年第 17 期。

彭定萍、丁峰、祁慧博：《如何从个体化走向社会融合——社会参与对青年幸福感之研究》，《中国青年研究》2020 年第 1 期。

彭立平：《志愿服务参与对大学生主观幸福感的影响：自我效能感和自我认同的链式中介作用》，《中国临床心理学杂志》2022 年第 5 期。

彭凌：《城市社区居民参与的问题和原因分析》，《科教文汇》（下旬刊）2012 年第 21 期。

彭庆红、田珊：《中国青年与中国共产党关系百年发展的回顾与思考》，《思想教育研究》2022 年第 7 期。

彭榕：《"场"视角下的中国青年网络参与》，《中国青年研究》2012 年第 5 期。

邱婴芝、陈宏胜、李志刚、王若宇、刘晔、覃小菲：《基于邻里效应视角的城市居民心理健康影响因素研究——以广州市为例》，《地理科学进展》2019 年第 2 期。

权小娟、郑明珠、宋希斌、缪晓雷:《中国青年国家认同的变迁趋势（1990—2018）——时期与世代效应》,《青年研究》2025 年第 1 期。

任泽平、白学松、刘煜鑫、张硕、裴恒、王晓辉、吴秉昆、王松山、黄丽东、瞿晖、张超、闫宇:《中国青年创业发展报告（2021）》,《中国青年研究》2022 年第 2 期。

邵明华:《青年文化创新的新场域与新动能》,《人民论坛》2025 年第 8 期。

沈杰:《世代理论视域中"80 后"在巨变时代的自我确证》,《中国青年社会科学》2020 年第 5 期。

石静:《城市居民社区参与状况分析》,《人民论坛·学术前沿》2010 年第 7 期。

时昱、沈德赛:《当代中国青年社会参与现状、问题与路径分析》,《中国青年研究》2018 年第 5 期。

宋蓓娜:《失范与重构:网络空间的社会乱象及其治理之策——以"饭圈文化"为例》,《河北学刊》2023 年第 3 期。

宋文辉:《城市社区文化建设中居民参与认知的困境及其排解》,《行政论坛》2013 年第 4 期。

宋月萍、刘志强、唐士茹:《青年流动人口二代的社会融入:内涵、特征、困境及应对》,《中国青年研究》2024 年第 6 期。

谭双凤:《社会资本理论视角下居民参与乡村社区治理路径研究》,《农业技术与装备》2024 年第 6 期。

田北海、王连生:《城乡居民社区参与的障碍因素与实现路径》,《学习与实践》2017 年第 12 期。

田艳:《新形势下开展基层群众文化活动的策略研究》,《中国民族博览》2024 年第 14 期。

童敏、刘芳:《基层治理与中国社会工作理论体系建构》,《河北学刊》2021 年第 4 期。

王道勋、陈延斌:《社会治理中青年参与能力提升研究》,《广西社会科学》2019 年第 1 期。

王甫勤:《社区异质性与中国民众村居委选举参与研究》,《同济大学学报》(社会科学版) 2016 年第 3 期。

王富国:《乡村振兴背景下社会工作参与农村社区治理的路径》,《农村经济与科技》2022 年第 19 期。

王海稳、魏超:《消费主义对当代青年身份认同影响机制分析》,《生产力研究》2017 年第 1 期。

王婕:《中国青年志愿服务项目的现状与对策研究——基于 505 个志愿服务项目的数据调查》,《中国青年研究》2016 年第 6 期。

王敬、海莉娟:《传统与现代之间:代际失衡、青年妇女夺权与家庭养老弱化》,《中国青年研究》2019 年第 3 期。

王楠:《当代青年网络话语表达范式:生成、功能与引导》,《思想教育研究》2022 年第 12 期。

王秋文:《全球化背景下的青年发展与青年参与——"第十届中俄经济社会发展比较论坛"》,《国外理论动态》2012 年第 12 期。

王恬:《共生视域下公众参与提升社区治理能力的作用机制与路径》,《四川师范大学学报》(社会科学版) 2023 年第 4 期。

王笑非:《我国青年就业新特征、新挑战与应对策略——基于中国家庭追踪调查 (CFPS) 数据的考察》,《青年探索》2025 年第 1 期。

王昕迪、胡鹏辉:《搭子社交:当代社会青年新型社交趋势与形成逻辑》,《中国青年研究》2023 年第 8 期。

王亚晶:《日本:何以最"老"》,《记者观察》2023 年第 7 期。

王业强、李豫:《当前青年住房扶持政策的问题及建议》,《北方工业大学学报》2022 年第 3 期。

王艺、朱梦蝶、杨海平:《中国社区居民阅读行为的同群效应——基于 CGSS 数据的实证分析》,《图书情报工作》2024 年第 21 期。

王莹:《居民生活满意度、社会信任对志愿服务参与行为的影响——基于 CSS 2021 数据的实证研究》,《运筹与模糊学》2023 年第 13 期。

王优优:《寄希望于青年——列宁〈青年团的任务〉和毛泽东〈青年团的工作要照顾青年的特点〉读后感》,《理论观察》2013 年第 1 期。

王玉：《基于当代青年需要心理的思想政治教育优化研究》，《心理学进展》2024 年第 7 期。

王源、李秋林：《新时代广东青年女性社区治理参与意向分析——基于广东高职院校 798 份调研数据的分析》，《现代商贸工业》2025 年第 7 期。

王竹立、吴彦茹：《数智时代的知识管理：知识不确定性的挑战及应对策略》，《现代远程教育研究》2024 年第 1 期。

韦彩盛：《居民社会信任对社区治理绩效的影响研究——以武汉市为例》，载张立荣主编《中国地方政府治理评论》，2022 年总第 10 辑，华中师范大学出版社。

卫刘华：《比利时青年政策与青年工作体系研究》，《中国青年研究》2012 年第 8 期。

吴蓉、黄旭、刘晔、李志刚、刘于琪：《地方依恋对城市居民社区参与的影响研究——以广州为例》，《地理科学》2019 年第 5 期。

吴同、邓洋洋：《从个体到主体：青年社区参与的可能与实现路径——以上海 B 区青年社区参与行动干预为例》，《青年学报》2020 年第 1 期。

吴文峰、吴洪翔、吴汶蔚、李大林、卢永彪：《社区参与对易地扶贫搬迁户生活满意度的影响：社区认同的纵向中介作用》，《中国临床心理学杂志》2024 年第 4 期。

吴延明、雷莎莎、杨洁：《我国居民文化参与的影响因素——基于社会学新制度主义视角》，《湖北科技学院学报》2023 年第 6 期。

吴玉玲、孙中伟：《从"以生产为中心"到"以生活为中心"——中国人工作-生活观念变迁研究（1990—2018）》，《社会学研究》2023 年第 4 期。

习近平：《激励新时代青年在中国式现代化建设中挺膺担当》，《求是》2025 年第 9 期。

夏辛萍：《退休女性社区志愿服务角色转换和社会参与》，《中国老年学杂志》2018 年第 2 期。

肖立辉：《全过程人民民主的理论逻辑与体系框架》，《人民论坛》2022
　　年第 1 期。

肖泽磊、熊麒、徐一萌：《从"脱域"到"嵌入"：在职青年城市社区
　　参与的重构》，《青年发展论坛》2025 年第 1 期。

肖志芬：《情感共鸣与符号消费：综艺节目中的符号建构研究——以
　　〈乐队的夏天〉为例》，《新闻与写作》2019 年第 9 期。

谢红军：《中韩青年政策比较研究》，《山西青年管理干部学院学报》
　　2006 年第 4 期。

邢占军：《城乡居民主观生活质量比较研究初探》，《社会》2006 年第
　　1 期。

熊艺锦、朱煦、范熙：《志愿行为与大学生亲社会倾向的关系：情绪调
　　节自我效能感的中介作用》，《心理月刊》2023 年第 23 期。

徐林、杨帆：《社区参与的分层检视——基于主体意愿与能力的二维视
　　角》，《北京行政学院学报》2016 年第 6 期。

徐旻霞、郑路：《邻里互动、主观幸福感与小镇青年社区民主政治参与》，
　　《青年研究》2022 年第 5 期。

徐淑娟、赵明芳：《压力传导机制在大学生职业生涯教育中的应用研究》，
　　《江苏高教》2024 年第 6 期。

徐泽清、王依杉：《青年夜校参与行为与日常生活的重塑》，《中国青年
　　研究》2024 年第 11 期。

徐浙宁：《城市发展对青年生活满意度的影响》，《青年研究》2020 年
　　第 5 期。

徐正、毛佩瑾、赵小平：《居民参与社区社会组织的影响因素》，《城市
　　问题》2015 年第 7 期。

许汉泽、徐明强：《城市居民社区政治参与影响因素的实证分析》，《西
　　南石油大学学报》（社会科学版）2013 年第 5 期。

许加彪、李欣：《群际接触理论视角下互联网使用对居民国家认同感的
　　影响机制——基于 CSS 2021 的实证分析》，《民族学刊》2025 年第
　　4 期。

闫翠娟：《新时代青年文化的参与品格及其价值意蕴》，《江南大学学报》（人文社会科学版）2019 年第 3 期。

闫红红、张和清：《优势视角下农村妇女组织与社区参与的实践探索——以广东省 M 村妇女社会工作项目为例》，《妇女研究论丛》2019 年第 2 期。

闫顺利、孙帅：《价值多元化的危机及其出路》，《苏州科技学院学报》（社会科学版）2008 年第 2 期。

颜玉凡、叶南客：《认同与参与——城市居民的社区公共文化生活逻辑研究》，《社会学研究》2019 年第 2 期。

晏齐宏：《互联网对新生代农民工意见表达意愿的影响机制——基于赋权理论的分析》，《新闻与传播评论》2018 年第 5 期。

杨宝、李津：《社区社会组织、邻里交往与公共事务参与——基于 CGSS 2012 的实证分析》，《学习论坛》2019 年第 4 期。

杨江华、杨思宇：《青年网络社交圈群特征与政治参与》，《青年研究》2023 年第 5 期。

杨菊华：《家庭结构八大转变与政策回应》，《人口学刊》2025 年第 1 期。

杨俊一：《论改革开放 30 年中国社会制度的变迁》，《上海行政学院学报》2008 年第 5 期。

杨琳、饶金涛：《虚拟社区信息交互与数字乡村治理参与意愿——信息需求满足与社区认同的链式中介作用》，《人口与发展》2024 年第 6 期。

杨绍俊、夏辛萍：《社会资本视角下社工促进居民参与社区治理行动路径研究——以成都市 T 社区为例》，《社会科学前沿》2024 年第 5 期。

杨宇轩、黄智涵、谢珊珊、李琴心、陈哲：《激进还是冷漠？网络使用对东亚青年内部政治效能感影响机制研究》，《社会科学前沿》2021 年第 5 期。

姚进忠、巨东红：《立体赋权：农村留守儿童社会支持网络的建构》，

《当代青年研究》2012 年第 12 期。

叶大扬、陈志勇：《网络空间治理视角下短视频发展向度》,《东南学术》2021 年第 5 期。

叶威先：《参与政府组织的志愿服务对青年普遍信任的影响——基于 CSS 2019 年数据的实证分析》,《福建农林大学学报》（哲学社会科学版）2025 年第 1 期。

殷俊、游姣、郭元元：《赡养老人专项附加扣除政策的收入再分配效应研究——基于三种调整方案的测算与评价》,《社会保障研究》2021 年第 5 期。

尹可丽、杨若婷：《乡村基层群众的社区参与及其心理机制：基于风险关联日常的视角》,《社区心理学研究》2024 年第 2 期。

于淼、陶兆铭：《被排斥与自我排斥的身份认同———一项深圳市残疾青年的经验研究》,《青年研究》2017 年第 4 期。

于语和、周欢：《青年"搭子型"浅社交的心理透视与现实审思——基于哈贝马斯的交往行为理论》,《理论导刊》2023 年第 10 期。

曾昕：《短暂的公共情感：网生代青年的赛博悼念》,《新闻与传播评论》2024 年第 6 期。

张保林：《数字消费发展对城市流通竞争力的影响效应——基于中介效应和空间杜宾模型检验》,《商业经济研究》2025 年第 10 期。

张必春：《"常青树"路径：可行能力视角下居民参与社区治理能力建设》,《华中师范大学学报》（人文社会科学版）2023 年第 2 期。

张长伟：《增权：解决高校贫困生"心理贫困"问题的新视角》,《教育探索》2005 年第 9 期。

张朝华、麦韵妍：《村社变迁、同群和榜样效应与农村青年就业选择》,《中国西部》2020 年第 5 期。

张朝孝：《组织行为学视角下大学生社会责任感的培育途径研究》,《贵州师范学院学报》2024 年第 2 期。

张华：《1949—2009：中国青年社会参与的特点和历史经验》,《中国青年研究》2009 年第 10 期。

张静敏、陈业强：《性别化策略：对城市老年人社区参与性别差异的解读》，《济南大学学报》（社会科学版）2022 年第 4 期。

张琳、杨毅：《从"出圈"到"破圈"：Z 世代青年群体的圈层文化消费研究》，《理论月刊》2021 年第 5 期。

张敏：《青年务工人员的社区参与研究——以成都市 M 社区青年务工人员为例》，《智库时代》2019 年第 44 期。

张明新、常明芝：《青年群体的媒体使用对政治表达的影响——检验政治知识与媒体信任的调节效果》，《新闻与传播评论》2023 年第 1 期。

张睿：《社区治理中居民参与路径探析》，《长春师范大学学报》2024 年第 3 期。

张文宏、雷开春：《城市新移民社会融合的结构、现状与影响因素分析》，《社会学研究》2008 年第 5 期。

张晓杰、王孝：《活跃性主体和理性式的社区居民参与治理模型研究》，《中国名城》2024 年第 7 期。

张燕：《青年网络圈层文化发展的心理成因及引导对策》，《江西电力职业技术学院学报》2024 年第 2 期。

张志原：《爱屋及乌：家庭住房资产与城市居民的社区治理参与》，《东南学术》2023 年第 6 期。

赵凌云：《青年积极的社区参与是如何成为可能的？——上海基层社区个案研究》，《青年学报》2019 年第 2 期。

赵文龙、李知一：《教育程度、媒介使用与青年群体社会信任》，《北京工业大学学报》（社会科学版）2022 年第 3 期。

赵月枝、王欣钰：《国际传播的"地方转向"：理论、资源与实践路径》，《宁夏社会科学》2025 年第 1 期。

赵云亭：《青年进社区行动助推社区治理的嵌合式发展路径——多案例的比较分析》，《天津行政学院学报》2024 年第 4 期。

钟宇慧：《共青团促进城镇化中本土农村青年社区参与的策略探讨——基于佛山市南海区的调查》，《青少年学刊》2016 年第 4 期。

周洁、沈政、张书赫、闫铭威、吴连翠:《浙江省农村社区文化建设的居民认知与参与行为》,《浙江农业科学》2022 年第 5 期。

周孟杰、刘子瑁、燕道成:《返乡青年参与农村基层微治理的短视频实践研究》,《中国青年研究》2024 年第 10 期。

周晓虹:《中国青年的历史蜕变:国家与社会关系的视角》,《江苏社会科学》2015 年第 6 期。

朱丽丽、李慕琰:《数字体验主义:基于社交网络的青年群体生活风格》,《新闻记者》2017 年第 9 期。

庄会虎、李丹:《新时代青年自主参与社区治理的机制与路径》,《经济导报》2024 年 6 月 3 日,第 7 版。

卓惠萍、朱和立:《基层社会治理参与中的女性主体意识研究——以青岛市 C 区市民议事活动为切入点》,《山东行政学院学报》2020 年第 5 期。

英文专著

Andreas Walther, Axel Pohl, Patricia Loncle, & Nigel Patrick Thomas, *Researching Youth Participation-Theoretical and Methodological Limitations of Existing Research and Innovative Perspectives* (London: Routledge, 2019).

Bernardo Bernardi, *Age Class Systems: Social Institutions and Polities Based on Age* (Cambridge: Cambridge University Press, 1985).

Constance A. Flanagan, *Teenage Citizens: The Political Theories of the Young* (Cambridge: Harvard University Press, 2012).

David J. Hawkins, Joseph G. Weis, *The Social Development Model: An Integrated Approach to Delinquency Prevention* (London: Routledge, 2017).

Edward W. Soja, *Thirdspace: Journeys to Los Angeles and Other Real-and-Imagined Places* (Oxford: Blackwell, 1996).

Henri Lefebvre, *The Production of Space* (London: Routledge, 2014).

Roger A. Hart, *Stepping Back from "The Ladder": Reflections on a Model of*

Participatory Work with Children (Dordrecht: Springer Netherlands, 2008).

Tamara Ashley, Alexis Weedon, *First, Second and Third: Exploring Soja's Thirdspace Theory in Relation to Everyday Arts and Culture for Young People* (London: UCL Press, 2020).

英文期刊

Ali Shamai, Hamid Abya, & Mohsen Ebrahimi, "Factors Influencing Citizen Participation in Community Management," *Management Science Letters* 5 (4) (2015): 407−412.

Anam Javeed, Mohammed Aljuaid, Sajid Mehmood, Muhammad Yar Khan, Zahid Mahmood, Duaa Shahid, & Syed Sikandar Wali, "Factors Affecting Youth Empowerment and Entrepreneurial Initiatives: Social Implications and Way Forward," *Frontiers in Psychology* 13 (2022): 122−159.

Bente Halkier, "Political Virtue and Shopping: Individuals, Consumerism and Collective Action," *Perspectives on Politics* 2 (3) (2004): 575−576.

Bernadine Brady, Robert J. Chaskin, & Caroline1 McGregor, "Promoting Civic and Political Engagement among Marginalized Urban Youth in Three Cities: Strategies and Challenges," *Children and Youth Services Review* 116 (2020): 105−134.

Brooke Blevins, Karon N. LeCompte, Tiffani Riggers-Piehl, Nate Scholten, & Kevin R. Magill, "The Impact of an Action Civics Program on the Community & Political Engagement of Youth," *The Social Studies* 1 (2020): 1−14.

Camelia E. Hostinar, & Gregory E. Miller, "Protective Factors for Youth Confronting Economic Hardship," *American Psychologist* 74 (6) (2019): 641−652.

Carol M. Musil, Nahida L. Gordon, Camille B. Warner, Jaclene A. Zaus-zniewski, Theresa Standing, & May Wykle, "Grandmothers and Caregiving to Grandchildren: Continuity, Change, and Outcomes over 24 Months," *The Gerontologist* 51 (1) (2011): 86–100.

Constance Flanagan, "Young People's Civic Engagement and Political Development," in A. Furlong (ed.), *International Handbook on Youth and Young Adulthood* (New York: Routledge, 2009).

Constance Flanagan, & Peter Levine, "Civic Engagement and the Transition to Adulthood," *The Future of Children* 20 (1) (2010): 159–179.

David Maunders, "Youth Policy in the USA," *Youth Studies Australia* 13 (2) (1994): 6–15.

Ed Diener, Robert A. Emmons, Randy J. Larsen, & Sharon Griffin, "The Satisfaction with Life Scale," *Journal of Personality Assessment* 49 (1) (1985): 71–75.

Elvira Cicognani, Davide Mazzoni, Cinzia Albanesi, & Bruna Zani, "Sense of Community and Empowerment among Young People: Understanding Pathways from Civic Participation to Social Well-Being," *International Journal of Voluntary and Nonprofit Organizations* 26 (1) 2015: 24–44.

Emily J. Ozer, Michelle Abraczinskas, Ahna Ballonoff Suleiman, Heather Kennedy, & Amia Nash, "Youth Participatory Approaches and Health Equity: Conceptualization and Integrative Review," *American Journal of Community Psychology* 66 (3–4) (2020): 267–278.

Emily J. Ozer, Michelle Abraczinskas, Ahna Ballonoff Suleiman, Heather Kennedy, & Amia Nash, "Youth-Led Participatory Action Research and Developmental Science: Intersections and Innovations," *Annual Review of Developmental Psychology* 6 (1) (2024): 401–423.

Gabriela Martinez Sainz, & Amy Hanna, "Youth Digital Activism, Social Media and Human Rights Education: The Fridays for Future Movement,"

Human Rights Education Review 6 (1) (2023): 116-136.

Gina McGovern, Bernardette J. Pinetta, Jessica M. Montoro, Jozet Channey, Enid Rosario-Ramos, & Deborah Rivas-Drake, "Youth, Social Justice, and Communities of Color: A Case for Social-Emotional-Political Learning," *Journal of Community Psychology* 35 (6) (2007): 709-725.

Guna Spurava, Jari Varsaluoma, & Kaisa Väänänen, "Challenges to Meaningful Youth E-Participation in Political Decision-Making in Finland," *Interacting with Computers* 37 (4) (2024): 210-220.

Helen Cahill, & Babak Dadvand, "Re-conceptualising Youth Participation: A Framework to Inform Action," *Children and Youth Services Review* 95 (12) (2018): 243-253.

Homero Gil de Zúñiga, NakwonJung, & Sebastián Valenzuela, "Social Media Use for News and Individuals' Social Capital, Civic Engagement and Political Participation," *Journal of Computer-Mediated Communication* 17 (3) (2012): 319-336.

Islam M. Rezaul, & Wa Mungai Ndungi, "The British Council's Social Action Project (SAP): Nurturing Youth Leadership Through Community Engagement," *Journal of Community Positive Practices* 24 (2) (2024): 1-14.

James Laurence, "The Impact of Youth Engagement on Life Satisfaction: A Quasi-Experimental Field Study of a UK National Youth Engagement Scheme," *European Sociological Review* 37 (2) (2021): 305-329.

Jeffrey J. Arnett, "Emerging Adulthood: A Theory of Development from the Late Teens Through the Twenties," *American Psychologist* 55 (5) (2000): 469-480.

Jiafeng Gu, "Importance of Neighbors in Rural Households' Conversion to Cleaner Cooking Fuels: The Impact and Mechanisms of Peer Effects," *Journal of Cleaner Production* 379 (2022): 134776.

Jiafeng Gu, "Do Neighbours Shape the Tourism Spending of Rural Households? Evidence from China," *Current Issues in Tourism* 26 (3) (2023): 2217-2221.

Jiafeng Gu, "Neighborhood Does Matter: Farmers' Local Social Interactions and Land Rental Behaviors in China," *Land* 13 (1) (2024): 76.

Jon Benedik A. Bunquin, "The Effects of Social Media Use and Political Communication Networks on the Filipino Youth's Political Participation," *Search* 4 (2020): 129-147.

Joseph E. Kahne, & Susan E. Sporte, "Developing Citizens: The Impact of Civic Learning Opportunities on Students' Commitment to Civic Participation," *American Educational Research Journal* 45 (3) (2008): 738-766.

Julia Weiss, "What is Youth Political Participation? Literature Review on Youth Political Participation and Political Attitude," *Frontiers in Political Science* 2 (2020): 1-13.

Karen Pittman, Marcelo Diversi, & Thaddeus Ferber, "Social Policy Supports for Adolescence in the Twenty-First Century: Framing Questions," *Journal of Research on Adolescence*, 12 (1) (2002): 149-158.

Kimberly L. Barnes-O'Connor, "Federal Support for Youth Development," *The Future of Children* 9 (2) (1999): 143-147.

Lara Kobilke, & Antonia Markiewitz, "Understanding Youth Participation in Social Media Challenges: A Scoping Review of Definitions, Typologies, and Theoretical Perspectives," *Computers in Human Behavior* 157 (2024): 108-165.

Maria1 Grasso, & Katherine Smith, "Gender Inequalities in Political Participation and Political Engagement among Young People in Europe: Are Young Women Less Politically Engaged than Young Men?" *Politics* 42 (2021): 39-57.

Mariam Mandoh, Rebecca Raeside, Allyson Todd, Julie Redfern, Seema

Mihrshahi, Hoi Lun Cheng, Philayrath Phongsavan, & Stephanie R. Partridge, "Evaluating the Effect of a 12-Month Youth Advisory Group on Adolescent's Leadership Skills and Perceptions Related to Chronic Disease Prevention Research: A Mixed-Methods Study," *BMC Public Health* 23 (1) (2023): 123-144.

Marie Briguglio, & Ariana Sultana, "Man Cannot Live by Bread Alone: Cultural Participation and Life-Satisfaction in Malta," *Journal of Mediterranean Studies* 10000 (1) (2018): 15-36.

Marvin E. Olsen, "Social Participation and Voting Turnout: A Multivariate Analysis," *American Sociological Review* 37 (1972): 317-333.

Mary E. Arnold, Brooke Dolenc, & Elissa E. Wells, "Youth Community Engagement: A Recipe for Success," *Journal of Community Engagement and Scholarship* 1 (1) (2022): 76-121.

Mawethu Msebi, & Jacques W. Beukes, "Enhancing Youth Involvement in Community Development: A Pragmatic Strategy for Local Churches," *Verbum et Ecclesia* 45 (1) (2024): 1-11.

Mingyue Du, Ching Sing Chai, Weifeng Di, & Xingwei Wang, "What Affects Adolescents' Willingness to Maintain Climate Change Action Participation: An Extended Theory of Planned Behavior to Explore the Evidence from China," *Journal of Cleaner Production* 422 (10) (2023): 138-153.

Minna1 Tuominen, & LeenaHaanpää, "Young People's Well-Being and the Association with Social Capital, i. e. Social Networks, Trust and Reciprocity," *Social Indicators Research* 157 (1) (2021): 369-386.

Mitterauer Michael, "Servants and Youth," *Continuity and Change* 5 (1) (1990): 11-38.

Naima T. Wong, Marc A. Zimmerman, & Edith A. Parker, "A Typology of Youth Participation and Empowerment for Child and Adolescent Health Promotion," *American Journal of Community Psychology* 46 (4) (2010):

100-114.

Peter J. Benekos, Alida V. Merlo, & Charles M. Puzzanchera, "In Defence of Children and Youth: Reforming Juvenile Justice Policies," *International Journal of Police Science & Management* 15 (2) (2013): 125-143.

Rail M. Shamionov, Marina V. Grigoryeva, & Anton V. Grigoryev, "World Assumptions and Youth Identity as Predictors of Social Activity Preferences," *Psychology in Russia: State of the Art* 12 (2) (2020): 115-133.

Rashmita S. Mistry, & Laura Elenbaas, "It's All in the Family: Parents' Economic Worries and Youth's Perceptions of Financial Stress and Educational Outcomes," *Journal of Youth and Adolescence* 50 (4) (2021): 724-738.

Richard M. Ryan, & Edward L. Deci, "Self-determination Theory and the Facilitation of Intrinsic Motivation, Social Development, and Well-Being," *American Psychologist* 55 (1) (2000): 68-78.

Sander van Lanen, & Erik Meij, "Producing Space Through Social Work: Lefebvre's Social Production of Space and the History of Social Work in the Netherlands," *European Journal of Social Work* (2025): 1-13.

Sherald Sanchez, Rachel Thorburn, Marika Rea, PamelaKaufman, Robert Schwartz, Peter Selby, & Michael Chaiton, "A Systematic Review of Theories, Models and Frameworks Used for Youth Engagement in Health Research," *Health Expectations* 27 (1) (2024): 1-13.

Sherry R. Arnstein, "A Ladder of Citizen Participation," *Journal of the American Institute of Planners* 35 (4) (1969): 216-224.

Sophie Naudeau, Wendy Cunningham, Mattias K. A. Lundberg, & Linda McGinnis, "Programs and Policies That Promote Positive Youth Development and Prevent Risky Behaviors: An International Perspective," *New Directions for Child & Adolescent Development* 2008 (122) (2010):

75-87.

Stephanie Plenty, & Carina Mood, "Money, Peers and Parents: Social and Economic Aspects of Inequality in Youth Wellbeing," *Journal of Youth and Adolescence* 45 (2016): 1294-1308.

Susu Liu, Zhuoyi Wen, Jionglong Su, Alice Ming-lin Chong, Shiyi Kong, & Zhengyong Jiang, "Social Trust, Trust Differential, and Radius of Trust on Volunteering: Evidence from the Hong Kong Chinese," *Journal of Social Service Research* 47 (2) (2021): 276-291.

Thomas A. Glass, Carlos F. Mendes De Leon, Shari S. Bassuk, & Lisa F. Berkman, "Social Engagement and Depressive Symptoms in Late Life: Longitudinal Findings," *Journal of Aging and Health* 18 (4) (2006): 604-628.

Tim Bärwalde, Laura Hoffmann, Astrid Fink, Carina Völlm, Olaf Martin, Marie Bernard, Britta Gebhard, & Matthias Richter, "The Adolescent Concept of Social Participation—A Qualitative Study on the Concept of Social Participation from Adolescents with and without Physical Disabilities," *Qualitative Health Research* 33 (3) (2023): 143-153.

Wayne K. Hoy, "Book Review: Self-Efficacy: The Exercise of Control by Albert Bandura," *Educational Administration Quarterly* 34 (1) (1998): 153-158.

Xuanyu Hu, & Lili Xie, "Volunteering, Social Trust and Life Satisfaction of the Young-Old in China: Based on Urban-Rural Differences," *Social Sciences* 14 (3) (2025): 153.

Yannan Guo, Ziruo Xu, Hexiao Ding, Cailing Wang, Xinran Peng, Yuping An, Jing Wang, Wangjing Hu, Sicheng Li, Zhengyang Hui, & Wei Xia, "The Experience and Influence of Youth in China in Coping with Stressful Life Events During the Post-COVID-19 Pandemic Era: A Qualitative Study," *BMC Public Health* 25 (1) (2025): 1421.

Yingfa Wu, & Qingyi Zhao, "The Social Gradient of Trust in Government:

An Empirical Analysis Based on the 2019 Wave of the Chinese Social Survey," *Chinese Journal of Sociology* 10（4）（2024）: 616-638.

Yuna Ma, & Jiafeng Gu, "Internet and Depression in Adolescents: Evidence from China," *Frontiers in Psychology* 14（2023）: 10.

Yuna Ma, Jiafeng Gu, & Ruixi Lv, "Job Satisfaction and Alcohol Consumption: Empirical Evidence from China," *International Journal of Environmental Research and Public Health* 19（2）（2022）: 933.

Zhouhao Sha, Dong Ren, Chengyou Li, & Zeru Wang, "Agricultural Subsidies on Common Prosperity: Evidence from the Chinese Social Survey," *International Review of Economics and Finance* 91（C）（2024）: 1-18.

Ziwei Luo, & Haoran Wu, "Can Higher Education Promote Youth Volunteering Engagement? —An Empirical Analysis Based on CGSS 2019," *Operations Research and Fuzziology* 14（2）（2024）: 94-105.

Zulmir Bečevićl, & Magnus Dahlstedt, "On the Margins of Citizenship: Youth Participation and Youth Exclusion in Times of Neoliberal Urbanism," *Journal of Youth Studies* 25（3）（2022）: 362-379.

图书在版编目(CIP)数据

新时代中国青年社会参与研究 / 马玉娜著 . --北京：
社会科学文献出版社，2025.7. --ISBN 978-7-5228
-5785-5

Ⅰ. D669.5

中国国家版本馆 CIP 数据核字第 2025VD4934 号

新时代中国青年社会参与研究

著　　者 / 马玉娜

出 版 人 / 冀祥德
责任编辑 / 杨桂凤　孟宁宁
责任印制 / 岳　阳

出　　版 / 社会科学文献出版社·群学分社（010）59367002
　　　　　　地址：北京市北三环中路甲 29 号院华龙大厦　邮编：100029
　　　　　　网址：www.ssap.com.cn
发　　行 / 社会科学文献出版社（010）59367028
印　　装 / 唐山玺诚印务有限公司

规　　格 / 开　本：787mm×1092mm　1/16
　　　　　　印　张：17　字　数：253 千字
版　　次 / 2025 年 7 月第 1 版　2025 年 7 月第 1 次印刷
书　　号 / ISBN 978-7-5228-5785-5
定　　价 / 118.00 元

读者服务电话：4008918866